1905 7 2025
成都七中 建校120周年
120th ANNIVERSARY OF CHENGDU NO.7 HIGH SCHOOL

成都七中师生回忆录

最忆是七中

主编 ◎ 易国栋

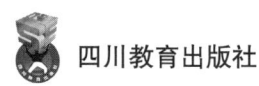

四川教育出版社

图书在版编目(CIP)数据

最忆是七中 / 易国栋主编. -- 成都：四川教育出版社，2025.4. -- ISBN 978-7-5408-9708-6

Ⅰ.G639.287.11-53

中国国家版本馆 CIP 数据核字第 20253NJ985 号

最忆是七中
ZUI YI SHI QIZHONG

主编　易国栋

出 品 人	雷　华
策划组稿	卢亚兵
责任编辑	李霞湘
责任校对	赵若竹
封面设计	成都编悦文化传播有限公司
版式设计	四川胜翔数码印务设计有限公司
责任印制	李栩彤
出版发行	四川教育出版社
地　　址	四川省成都市锦江区三色路 238 号新华之星 A 座
邮政编码	610023
网　　址	www.chuanjiaoshe.com
制　　作	四川胜翔数码印务设计有限公司
印　　刷	四川省平轩印务有限公司
版　　次	2025 年 4 月第 1 版
印　　次	2025 年 4 月第 1 次印刷
开　　本	787mm×1092mm　1/16
印　　张	26.25
字　　数	415 千
书　　号	ISBN 978-7-5408-9708-6
定　　价	85.00 元

如发现质量问题，请与本社联系。总编室电话：(028) 86365120

《最忆是七中》编辑委员会

主　任

易国栋　张　翼

执行主编

王雪梅　胡　丹

编　委

蔡泽勇　刘正平　任　震　李　欣　罗欣雨
阮雨儿　任希鹏　沈　雷　沈　钦　叶　敏
张　璐　吴晓鸣　安礼玲

目录

001　　**序：何以七中　七中何为**　　易国栋

第一篇　岁月如歌

007　　忆成都七中在新中国成立后的首届校长刘文范　　温辅臣
016　　解校长的故事　　吴晓鸣
020　　追忆老校长解子光　　黄孝珍
022　　解子光校长印象　　刘朝纲
026　　我在七中二十年　　刘国璋
030　　我与杨礼校长之间的一个小故事　　刘正平
032　　回忆杨礼校长　　董沛
034　　我的 1994　　戴高龄
038　　远望、近看、沉浸——我与七中　　王志坚
048　　王志坚校长印象　　石峰
052　　我在成都七中的教育探索　　刘国伟
055　　回忆七中校长　　石峰
061　　我与高新校区三任执行校长的故事　　王雪梅
073　　曾和我共事的老教研组组长们　　刘朝纲
082　　怀念我的恩师钱明祥先生　　李笑非

085　墨池沿革纪略　　孙剑锐
086　七中赋　　雷功元
088　成都七中一百二十周年校庆颂　　钟光映
089　校歌的故事　　李晓东
099　我在成都七中终生难忘的往事　　王　正
102　七中二三事　　严培冰
104　回忆我的高中岁月　　唐清文
107　无怨无悔　不负年华　　成枢琪
110　斗　鸡　　彭大泽
111　学工、学农、学军的成都七中学子　　蔡坤一
115　成县女中往事　　张多能
120　七中旧事　　张多能
124　我家四代七中人　　李治德
127　七中岁月琐记　　朱　正
131　成都七中首届少年男排杂忆　　罗中先
147　回望三十年前的七中生活　　卜　钢
153　百廿七中　青春与光——献给母校成都七中一百二十周年校庆
　　　　　　　　　　　　　　　　　　　　　　　　马　宁

第二篇　师恩如山

159　七中的恩师们　　徐　黎
164　难以忘却的往事　　郭　民
167　下辈子还做您的学生　　谢显宁
170　知我者　去我心忧　　张兴贵
174　无尽的思念——回忆李昌秀老师　　王　楠
181　师恩难忘　唯愿寿康　　何明洁
184　走遍天涯海角　依然心系七中　　邱意扉
187　我的高三　我的奋斗　　康　展

193	不知江月待何人　不知乘月几人归	王　晔
197	我与七中的缘分　彭小芹	
200	再拾银杏叶——我的七中故事	罗岩熙
204	老爷子刘朝纲　罗晓晖	
210	七中教师成长记　高　峥	
224	舒承智老师画像　张　弛	
227	我的班课　我的教育——《春夜喜雨》之教育解读	邱　旭
233	我在成都七中教书的二三事　杨　帆	
238	竞赛班的那些事　邹　旭	
243	将心比心　灵魂育人——我亲身经历的教育故事	赵东琳
247	教育如光　让爱生花　夏　雪	
251	在成都七中作"学渣"是怎样的体验　佚　名	

第三篇　青春如梦

255	成都七中华侨同学印象　洪时中	
259	弟弟遗物中的一枚七中教师校徽　孙剑锐	
262	七中难忘的"文体情思"　马　忠	
267	无月的中秋　无涯的七中　杨百彦	
270	那座山——致我们这一代人　匡　宇	
273	墨池同学当择善固执——怀念我的外公　张洁洁	
276	在成都七中就读是什么样的体验　陈　睿	
278	那年　叶　飞	
281	心之所向　笔之所至——记我们难以忘怀的林荫往事	田　敏
285	难忘七中岁月　蒲　逊	
289	我的七中故事　李佳妮	
292	点亮路灯的人——2009届十三班爱心小分队的故事	康　华
296	同堂共生　教育均衡——成都七中网校与教育理想传承	刘　磊
299	七中的时光与回忆　刘一然	

302　我的七中故事　　徐仲雅
305　何以七中　七中何为　　李雨桐
307　我在七中当教练——代码之巅的追梦者　　蔺　洋
313　那些让我印象深刻的七中学生　　任益民
319　成都七中机器人梦工厂的故事　　张　庆

第四篇　师道如光

339　学生是这样炼成的　　袁教逯
341　课堂记趣　　许志坚
345　名师叶有男　　张多能
348　我读高中时的语文老师　　邓祖铭
350　他们谱写着教育的诗篇　　洪时中
354　我的七中老师　　肖　建
357　我的外婆张玉如　　张轶文
361　高山仰止　风骨长存——写在成都七中一百二十年校庆前
　　　　　　　　　　　　　　　　　　　　　廖常伟
368　我和我的成都七中　　刘纳新
371　时光流转三十余年的七中启示　　王　松
373　忆七中时光　　李肖光
376　永恒的文学梦——我的七中故事　　徐欣雨
380　关于七中的记忆　　汪　燕
386　一张老照片引起的回忆　　刘朝纲
390　林荫街边的语文人生　　黄明勇
396　致我们永不褪色的青春　　王正可
400　杨惠老师二三事　　杨俊锋
403　抱朴守拙　问学求精——我在七中教化学　　叶昌平

410　**跋：百廿薪火　弦歌不辍**
　　　——致七中的过去、现在与未来　　张　翼

序

何以七中　七中何为

成都七中党委书记　易国栋

千秋一扬雄，百代传七中。

百廿七中，是川蜀文化的云和水；百廿七中，是墨池芙蓉两书院的流和变。

戴高龄老校长说，今天的成都七中已经不需要轰轰烈烈的形式来证明自己，七中一百二十周年校庆要简约、低调和思考，思考七中高质量发展的法宝和传统究竟是什么。刘国璋老校长在校庆前夕，提出了成都七中建校一百二十周年的诘问——何以七中，七中何为？校庆前夕，七中人首先需要追问并思考两个问题：七中优秀学生的标准究竟是什么？何以七中，七中何为？

成都七中，我们学习、工作和生活过的地方，我们真正了解她、读懂她了吗？是什么文化成就了今日的七中？是什么精神塑造了今天的七中？七中作为一个绵延一百二十年的生命体，更美的她应该是什么样子？未来的七中应该走向何方？

何以七中，七中何为？这是七中建校一百二十周年的世纪之问和灵魂之问，是一个学校基本的自我认知和不断发展的基点。先辈们创办七中的初心是什么？前辈们建设七中的初心是什么？是什么梦想、是何种信念与怎样的坚守，沉淀为七中的文化传统；是什么梦想、是何种信念与怎样的坚守，塑造了今日七中的精神长相？

何以七中，七中何为？这是一个没有终极答案的问题，一个没有标准答案的问题。这个问题虽然没有标准答案，但一定是价值之问，一定是立校之问。不能正确回答这个问题，学校办学会偏离正确的方向，校庆活动会偏离正确的方向。

何以七中？一千个读者眼中就有一千个哈姆雷特，不同的人有不同的视角、不同的标准，对七中也就有不同的认识和评价。于是，就有了七中的自我形象、七中的同行形象、七中的社会形象、七中的行政形象、七中的学术形象……

七中的校友们说，七中的特质在于丰富的课外活动、高度重视学生的综合素质、尊重学生的个性、文化包容多元、校园生活平凡而热烈……

七中的教师们说，七中的特质在于理念先进、尊重师生、务实高效、打团体仗、人文关怀、深度教研、精细管理、凝心聚力、榜样示范……

戴高龄老校长说，七中的特质在于有一支有理想并善于在团队中学习、在工作中不断提升自己的追求卓越的教师队伍。

王志坚老校长说，七中的特质在于优秀的七中文化：七中文化铸就七中人积极向上的集体人格；七中文化体现在先进的教育理念和师生的行为标准上；七中文化推动七中的可持续发展，七中文化是优秀的、发展的学校文化，具有时代性、民主性、科学性、实践性、共生性。七中文化让七中永远追求学生成才、教师成功、学校领先。

原高新校区执行校长、现树德中学党委书记胡霞老师说，七中的特质在于研究的常态化，研究让七中推陈出新，研究让七中超越经验，研究让七中出思想，研究让思想有高度。

原林荫校区执行校长、现石室中学校长毛道生老师说，七中的特质在于七中和七中人的世界眼光、家国情怀、志存高远、自信自强、学术研究、变革创新、超人精神、团结协作、独立自主、博爱善良、开放包容。特别是七中的"超人精神",超人的意志和超常的努力成就了七中和七中的师生。

原高新校区执行校长、现成都二中党委书记史玉川老师说,七中的法宝是文化和人的力量。

何以七中?教育专家们说七中的特质和法宝有很多,特别体现在价值立校、文化养校、服务国家、开放包容、敢为人先、团队建设、深度教研、素养导向、多元成才、拔尖创新、整体和个体、自主和自觉、规范和标准、境界和情怀……

我们追问"何以七中"是为了守住七中的根和魂,是为了告诫我们自己:不管走多远,都不要忘记为什么出发。

时间由过去、现在、未来三维构成。校庆除了庆祝,更重要的是追寻往昔、读懂七中。追寻往昔、读懂七中,才能把握今天、走向未来,才能更好地回答"七中何为"!

七中何为?这是《教育强国建设规划纲要(2024—2035年)》实施背景下的时代之问,这是名校究竟名在何处的社会之问。面对七中、置身七中、代言七中,是今天的我们必须面对并要回答的问题。

七中何为?我尝试做出以下回答:

1. 传承创新。

2. 文化养校。

3. 价值立校:立德树人,理想信念教育为拔尖创新人才早期培养铸魂;责任感、使命感塑造师生的精神长相。

4. 育人理念:人文滋养、个性成长;全球视野,中国脊梁。

5. 队伍建设:不当教书匠,要做教育家;凝心聚力、师资一流。

6. 优质特色:智能化、个性化;因人导学、因材施教,育人模式一流。

7. 名校担当,模范群伦,学校要实现从知名度到美誉度的跃升。

…………

七中何为?七中要传承、示范、引领和推动,推动自己也推动这个时代……

七中有打造《哪吒之魔童闹海》主题音乐、震撼人心的阿鲲,七中有打造Kimi、方便大家的周昕宇,七中有打造搜狗、传承汉字的王小川,七中有基因剪刀手、助力器官移植的杨璐涵……七中有他们，七中又不仅仅有他们！七中有你，七中有我，七中有千千万万平凡而不甘平庸的你我！

流行歌曲《少年》有这样的歌词：我还是从前那个少年，没有一丝丝改变，时间只不过是考验，种在心中信念丝毫未减，眼前这个少年还是最初那张脸，面前再多艰险不退却。

百廿七中，恰如少年，历经风雨，光彩依然，信念不减。

校庆除了庆祝，更重要的是读懂七中；校庆除了庆祝，更重要的是思考。

一百二十年，我们不能被经验固化；一百二十年，我们不能被荣誉固化；一百二十年，我们不能被鲜花和掌声固化……这才是百廿正青春的七中该有的样子！

七中何为？建校一百二十周年的成都七中还需要勇敢地自我革新。

孙悟空大闹天宫，革的是别人的命。哪吒闹海，革的是自己的命——抛却已有的一切，突破各种界限，用荷花莲藕，重塑一个全新的身体；脱胎换骨，获得一颗崭新的心。面对汹涌到来的智能时代，一百二十周年的七中，更需要像哪吒一样自我革新。

史铁生说："在满园弥漫的沉静光芒中，一个人更容易看到时间，并看见自己的身影。"化用史铁生的这句名言，我们可以说，在曦园弥漫的沉静光芒中，我们更容易看到时间并看见自己的身影。一百二十周年校庆，我们不仅要看到七中的前世今生，更要看到自己和学校成长的印记。

让我们一起继续思考并尝试回答"何以七中，七中何为"这个自省之问、社会之问和时代之问。

第一篇

岁月如歌

忆成都七中在新中国成立后的首届校长刘文范[①]

温辅臣[②]

  2020年4月末,欣闻同窗言,成都七中易校长欲将七中校志内有关刘文范校长任职时之一段历史加以补充,并要求我等知情人提供素材。我对敢于求历史真相的行为从来持尊敬态度,加之我妻子、女儿均为七中校友,故自觉应对此尽责,并以文悼念刘校长。

——题记

  "成都第七中学校"这一校名,是在新中国成立后第三年才使用的。国民政府时期及成都解放初期,其校名为"成都县立中学校",简称"成县中"。校门上方有石材一方,上阳刻七字,金光灿灿,故口碑上有"金字招牌成县中"之美称。国民政府时期,末任校长为周开培先生。我便是这位校长任期内最末一届招入的学生,班级编号为男初六十七班。1949年9月入校,12月中旬即因时局紧张,学生未经期末考试就离开了学校。

  1950年3月初,校方张榜通告,全体学生返校就读,且又招入一届新生,即男初六十八班。开学典礼上,一位身着解放军军装的中年人,经介

  [①] 1950年3月至6月,刘文范先生为军代表,只兼任副校长。正校长(临时)为龚仲舆先生,凡有榜文,其落款处为龚校长,但1950年3月之后他就离校,故不能称之为"一届"校长,甚至"首任"亦属牵强。

  [②] 作者为男初六十七班学生。1905年至1952年成都七中年级是以数字排序、命名。——编者注,以下同。

绍之后步上讲台，以一口地道成都腔向全校师生训话。他就是刘文范先生。当时介绍其身份是"成都市军事管制委员会派驻成县中代表"，简称"军代表"，亦有称为"刘代表"的，其职责是对成县中进行全面领导，行政职务是副校长。他身高一米七左右，瘦瘦的，但十分精干，五官端正，无特别可言，唯有那上唇处短而黑的八字须，在教师中亦属独有，腰系一条军用皮带，右侧皮盒内插有勃朗宁小手枪一支。我辈初一小男孩自然只敢敬而远之。后来在校内常与其相遇，见他常常笑脸相迎，与周校长时期训育主任竹棍伺候大相径庭，故渐生好感。

军代表终日在校巡视，的确是大有缘故。1950年的成都治安状况不好。国民党政府留在大陆的敌特分子四处破坏、造谣，邪教组织"一贯道"更在夜间小巷内装神弄鬼，令市民、学生人心惶惶。学校环境堪称内忧外患，刘校长亲自视察必不可免，更须求得良策以解困，今日反思有所理解。刘校长有以下举措，现一一述之。

改变自己。他脱去戎装着民服，只穿中山装，没有了挺胸收腹的气态，似乎还可踱方步。这一与众多教职工相一致之举，立刻大大缩短了与师生之间的距离。此后学生们常在节假日傍晚时分，于东马棚街一带，或于法国医院（即今市三医院）近处，见其与夫人（王仲雄，时任成都一中校长）散步。向其敬礼以后，他不单真诚地笑脸相迎，有时还与学生浅谈几句家常。面对和蔼可亲的长者，学生们对其"军代表"的称谓便自然地过渡为"刘校长"了。

组织师生保卫校园。这是刘校长坚持了一年之久的大举措。此举不单严防了敌对分子的破坏，还达到了增强师生之间的感情，加强学生之间的团结，提高教职工、学生政治觉悟，锻炼学生胆量气魄的目的。1950年冬，夜深人静时，常有鬼哭狼嚎之声传来。刘校长着手组织了夜间巡逻队，巡逻队由一青年男教师领班，每班四五个学生，设三个固定哨位，教师带一学生为游动哨，刘校长每晚亲自查哨监督。全校学生参加巡逻，初中生亦然。1951年秋我住校后便参与了巡逻队，因个子小而只能安排为固定哨，发给我的"武器"是垒球棒一根。月白风清夜，手握球棒，顾影自怜的同时，亦颇有些丈夫气概。一次我轮为深夜班（每班两小时），见一人前来，便立刻大叫一声"口令"。来人低答之后走到我身前，才细声说道："询问口令只能用低沉小声，只需来人听得便可。"同时又问了我所在的班级和姓名。谁知此后，刘校长一见我面便能呼出我的姓名，令我十分惊异。夜间巡逻工作直至1951年底才告结束，那时成都市民已安居乐业了。

正确引导学生，提高政治觉悟，树立正确劳动观点。1950年秋冬之交，刘校长宣布成立新中国成县中的首届学生会，主席、委员由各班提名，经全校酝酿后，由班长会议决定候选人，再由全校学生投票，选举票多为当选者。过程这般民主，自然是风平浪静地便产生了首届学生会的领导者，而且迅速开始了工作。工作内容是刘校长安排的。这些学生会成员，主要是高中学生中的意见领袖，此举之成功颇含了"擒贼擒王"的意味。然而对于这些"王者"而言，这则是他们的人生转折，此后由于多与学校领导接触，得到更多正面教育，其中有人调市团委工作，有人未毕业便投笔从戎，入朝抗美，首批入藏人员中也有其身影。由于校领导的正确指引，学生会成员也确有工作能力，校内不少大的活动都是由学生会具体指挥完成的。刘校长并非事必躬亲。例如上文中谈到的巡夜人员安排即为其一。又如学生会指挥的首项活动是"迁女校"，将数百张桌凳由茶店子转至青龙街，这可不是一件轻而易举之事，但顺利完成，校产几无损坏。再如1951年初的首届校运会的组织等。尤其是校园的清洁工作一直不由工人完成，而是全校各班分片包干，学生会检查评定，这一工作成绩突出，效果明显，"爱国卫生运动"开展得有声有色。此举当属把学生中的意见领袖引导到正确方向上来，并将全体学生引向听党话、跟党走的政治道路上的成功举措之一。

面向全体学生，将教育工作深入开展，这是在我记忆中印象颇为深刻的经历。思想教育形式活泼，与学校校风建设融为一体，更与时事政治、国家政策相结合，应该说这是当年七中独树一帜的特点。比如大型活动在女校迁入后更是丰富多彩，七中的秧歌舞队、霸王鞭队、腰鼓队、军乐队，队伍庞大整齐，每当"五一""十一"游行之际，全员上街，声势之大无有出其右者，街沿两边居民比肩接踵而立，人人竖着拇指，赞声不断。当时的我辈小子更是自觉威风十足，骄傲无比。较小型活动，则有校内的报告会、小组讨论、上团课等。报告会绝不枯燥,如"美帝文化侵华史报告会""抗美援朝归国英雄报告会""荣誉军人讲解放战争的胜利事迹"等,活动甚多,不一一详述。以下就对我个人的教育影响较大者略述一二。首先是小组讨论。初中娃娃要以国事为题或以哲学内容为题做一番演讲,那是难于上青天的,要想过关,必须认真对待。向高年级大哥哥大姐姐讨教半年之后,我就大有长进,发言时被人嘲笑的情况就少了许多。又如参与社会活动,我属多次被调的学生之一,初次是调至戒烟(鸦片)宣传队去学打快板,站在大街十字路口,四周人流如潮,我心慌意乱怕背错了词,真是不亦苦乎。第二次是被选入抗美援朝联唱队担任合唱队员,滥竽充数倒也无所畏惧,但个子太小,且尚为童声,音乐老师试音之后竟然将我编入女高音部。站在男高音末尾,女高音首位之前,身着男装,口唱女高音部,且为第一排,实在是史无前例。有同学询问我唱何声部时,我只能支支吾吾,真是尴尬至极。尽管如此被"折磨",但收益不小,十三四岁的我竟然几乎没有了孩子气。更出乎意料的是,1952年春的一次早自习时,我和同班同学彭胜商被班主任张富荃老师叫到办公室,张老师认真说道:"从今天中午开始,你两人到女三十五班去担任读报员,为她们班读报。这是刘校长指定的,必须执行。"我大骇,但无奈。此后的每一周,我都有三天中午在午休后用十五分钟时间,拿报纸遮着面孔,用难以掩饰的娃娃腔为面前的一大堆长发姑娘读报。空闲时常想,我怎成了大哥哥呢?

成都七中能迅速度过百废待兴的乱境,凝聚师生力量,团结一心,走上向名校的更高境界攀登之路,这不能不说七中校领导尽职尽责,在校史上留下了浓墨重彩的一笔。

学校工作重心向教育教学高质量开展的方向转移,学校的几大举措是十分见成效的,现分述于后。

第一,定人心。人心不定,百事难为。解放初期,七中在定师生之心,尤其是安学生之心上卓有成效。国家于1951年春实行人民助学金制度,对生活困难的学生进行补助。七中立时响应,一些家庭成分不好的学生也可以申请。从学生申请至张榜批准,仅用一月时间全部完成,数百学生立刻住校，一日三餐得以保证，其惶惑之心烟消云散。我是受益者之一，从此免了一日两餐、中午没午饭吃之苦，内心深处感激党，定要报答党和人民之心油然而生。安定激发学生之积极向上精神，无论教育活动或教学活动，学校一声召唤，皆争先响应，我当然也在其中。校领导对教师也是关怀备至，一些教师住家离学校太远，不能按时到校，只能借学生寝室住宿，三两人一间，十分不便。但很快我们学生便发觉不少教师开始搬家，就住在学校附近一带的小四合院中，个个笑逐颜开。他们告诉我们，学校借得这些公家的住房给教师居住。学生与教师的安定，为下一步的教学质量大幅度提高奠定了必需的基础。

第二，趁热打铁，抓紧团队建设。"少儿队"建立和活动情况在此略去。中学生心中的组织是"中国新民主主义青年团"。在安定团结的气氛中，全校高初中生努力争取加入青年团，这在1952年初即已蔚然成风。我清楚记得，我所在的男初六十七班中写入团申请书的人就有一半以上。但是当时要入团实在太难，若无突出表现是毫无可能的，而正式团员也非要更上一层楼才行，不仅政治活动中要当骨干，学习成绩也要名列前茅，更要成为遵纪模范。因此申请人多，被批准者极少是常态。七中的少先队员有一个习惯，每当整队集合后，解散前，中小队长都会高呼一声："准备着加入新民主主义青年团！"队员们则齐呼："时刻准备着！"入团是我少年时期的一个大转折点。1952年夏期末考试毕，班主任通知我，要我准备参加学校组织的团训班学习，是刘校长点了名的。这份光荣实在是令我欣喜，因为入校才一年便参加这样的团训班，与团员一起去学习，简直是做梦也想不到的。团员训练班在华西医科学院内举办，学员三十名，其中有候补期团员数名，非团员积极分子数名，多为高中生。学习内容是社会主义教育。教师是刘校长和一位专职团干部马建芳老师（后调成都十中任校长）。这是七中唯一一次对学生中个别被选拔者进行系统的社会主义、共产主义教育的学习班。学习时间为四十天，无休息日，上午听课，下午讨论，晚上文体活动，或看苏联电影。1952年8月初结业，候补期团员全部转正。我与另两名高中生成为正式团员，无候补期，被称为"一步登天"。我还另有一个特别之处，是年纪小于团员规定的"实足年龄十五岁"，才十四岁又五个月，故为年纪最小的团员。结业后七天参加中考,以优异成绩考入本校高中,与提前半年毕业的男初六十八班被录取同学一同编入男高三十五班。这个班也称五十五(秋)高一班。高中时期,团员队伍不断壮大,七中团总支成立,其中政治空气浓厚与团队建设的成功密切相关。团员力求入党,目标十分明确——党的后备军。1955年初,我班竟然有一同学(张大宏,清华大学首届计算机专业毕业,后任四川省计经委计算中心总工程师)入了党。中学生入党在那时是罕见之事。在入团之后,学校交给我的任务就重了许多。1952年冬,学校在高中部各班抽调一人参加第一次全国人口普查,我被指派,任务是寻找原七中学生中失学者的下落。我拿到姓名、地址后,便每天在大街小巷走访。难点是地址。所给名单上多有"某某街一带""地址不详,可能在某某街"这类表述。此工作全脱离学习,每晚还得自学当天功课,再完成作业。疲劳是当然的,但是我却有大收获,那就是大大提高了我的自学能力和社会工作能力。1953年秋,刘校长令我担任七中广播站站长兼播音员,每日三餐时必须广播师生来稿、学校通知并播放音乐、歌曲。广播站四名学生轮流值班。此工作伴我至毕业,两年多时间未出过一次错,得到了刘校长和专职团干部马老师的鼓励。我在这一系列的锻炼中逐渐成熟。为此我至今仍然保留着对当年的老师们和刘校长的深深敬意和怀念。

第三,端正教风,严明校纪。有了安定的人心,学生中有了团队的带头作用,这一整顿措施见效颇快。与解放前夕的成县中校况相比,真霄壤之别。我先介绍一下1949年初的成县中。当时的成县中早已因校规极严扬名成都,我入学时的第一课即为训育主任讲校规,仅惩罚一章就令人不寒而栗,细则中有"训诫""小过""大过""默退""开除"等条款,三次训诫折算为一次小过,三次小过折算为一次大过,三次大过则默退,错误性质严重者则遭受张榜开除之处罚。然而在我正式上课时,此规已名存实亡。高中学生课堂闹闹哄哄,初中的我辈则满校园乱窜,训育主任、教导主任成天手握三尺竹片与我辈玩起猫捉老鼠的游戏来。如此校纪必然有残留新中国成立,所以整顿是势在必行的,这一工作的开展颇为顺利,因为有团员、队员的带头作用,班主任的关怀督促,1951年初,新校规(已彻底禁止体罚）的推行，令校园风气焕然一新。在以刘校长为书记的学校党支部的管理、带动下，教风得以根本好转，教书育人在教师中蔚然成风。这一成就为下一步提高教学质量打下了坚实基础。校风极好，仅举一例即可。1951年夏，墨池西北侧之刘家花园扩为校园，其中仅梨树即有数十棵之多，学校交予学生兴趣小组负责管理。中秋时节硕果累累，树枝多有被压弯者，梨子可直接用嘴吃到。然而经学校教育，竟无一名学生去摘，落果也上交学校。这样良好的品德表现美名远扬，不少学校均组织学生来七中参观。

刘校长在任期内，他的工作分为两个阶段。我以为总的说来可以概括为奠基。前阶段（1950—1952）为成为名校奠定教风、学风的坚实基础；后阶段（1953—1954）依然是奠基，是为不断提高教学质量、教育质量、广出人才的工作持续健康发展奠定扎实根基。上文已就前一阶段工作谈了自己所能提供的情况，以下就后一阶段的工作谈一谈记忆中的情况。

第一是教师队伍建设。成县中名师既多，但随着学校的班级成倍增加，师资力量就明显不足。学校解困的措施是外调与培养两手抓。1952年之后，学校的教师数量大增，老教师、中年教师是骨干，他们中的每一位都堪称良师，论教学作风，个个都做到了严谨与活泼相融合，教学过程丝丝入扣，教学语言丰富多彩、引人入胜，教学姿态平易近人、和蔼可亲，教学方法更是各有千秋。我的印象是很多学生感到听老师讲课是一种享受，一课上完即盼望着下一次课。教师之间相互交流在七中是常态。我在高中阶段不知参加了多少次公开课，教室后面密密麻麻地挤了许多青年教师，有不少还是外校的。上公开课的老师当然是七中的名师了，他们步上讲台后，只需三言两语则引入正题。你看他们从从容容娓娓道出，字字珠玑、言简意赅，讲至重点时妙趣横生、引人入胜，突出难点时举重若轻、听众释然，在不知不觉中其讲授即毕。更妙不可言的是，当老师说到"今天我们就暂讲至此"时，五秒之内下课铃声必响。而此时，台下听众已如醉如痴，半晌之后方掌声大作。无人质疑，多听如此之课，青年教师焉得不成为下一代名师？我高中毕业后不久，教我的教师中，物理老师曾复儒、化学老师贾仲康、代数老师袁天柱等均调入西南师范学院任教，所授课程皆为该学科的"中学某某教材教学法"。特别是特级教师白敦仁，更是被国家派往波兰华沙大学任客座教授。

第二是把对学生的多种能力培养巧妙融合于教学的全过程之中。很多成都七中学生进入大学之后，其多种能力之强是其他学校学生不及的，几乎个个都是佼佼者。这是每科教师均注重能力培养的结果。举一例，1954年上期，语文教师卢敬之（后调锦江中学任语文教研组长）在教学中为培养我们的语言表达能力，提出了"为纯洁祖国语言而斗争"的口号，课堂抽问极多，甚至在课外组织讲演比赛，要求学生尽力避免在讲述过程中因思维调整而发出的"啊""嗯"之类的杂音，力求通畅。一学期之后，效果明显。我们男高三十五班同学至今相遇，人人都能侃侃而谈，足见当年受益匪浅。其他各科，尤其是有实验课的学科，就更不用多说了。学生的能力培养离不开学生知识面的扩大，七中学生的知识面广也是突出特点之一。扩大学生知识面的举措有二。一是广泛开展兴趣小组活动。以我班为例，每位同学都会参加一个组甚至两个组，如市一级的初级滑翔机训练班、中学生广播合唱团，校一级的小组更是不胜枚举，我即参加了飞机模型创造组，担任了化学兴趣小组组长。二是鼓励课外阅读。七中图书馆是最令我辈向往之地，藏书多，门类广，借阅方便。高一时，我班利用午休的时间看小说已经蔚然成风。若哪本书得一同学青睐，他必向全班推荐，该书即在全班迅速走红。我也是课外书爱好者之一，中学阶段即广读了国内外名著，甚至去读《逻辑学》《空气动力学》之类，虽然不太懂，但广开了眼界。至于声乐、器乐更是大众所爱，我班五十四人即有二十余人掌握了两种乐器。

综上所述，一言以蔽之，刘文范校长任职期间做了很多工作，取得了不小成绩，为成都七中今日能成为全国名校奠定了坚实基础，他在七中历史上的地位不可或缺。

> 补记：多年前即有心思撰文，欲追忆于我今生做人大有教益的七中良师们和刘文范校长，惜乎文可成而无门可叩。今日幸甚，得现任易校长之允，能将论文以史实追忆之名投于母校。再次对易校长致敬。

家母生前告知：民国时期，成县中即分男女校，男校为墨池书院，女校为芙蓉书院。男校一直就在墨池之侧，女校初建地址为长顺下街竹叫巷口一大院内，解放后改为川西旅馆，抗战时避难，迁于茶店子。家母在女校就读，其时已开设算学、自然等新课，学生亦必剪齐耳短发。因系口述，无以考证，故前文未将之写出。

作者手写稿（部分）

解校长的故事

吴晓鸣[1]

我不是学教育的,也没有从事过教育工作。以我的学力和见识都无法总结解子光校长深邃而博大、开明而超前、传统又多元的教育思想。我是成都七中初中未毕业的学生,职业是记者、社会工作者,我从我的角度讲讲解校长的故事,那些深深嵌入学生历史记忆的关于他的生命故事。我知道的解校长故事太多,集中从2011年7月25日的追思会讲起,当然也不局限于追思会。追思会那天,各届校友济济一堂,各种回忆、各种情感、各个心灵深处的或温暖或感恩或反思的故事……在会场汩汩流动,就在那个会场,在贝多芬《命运》交响曲中……

教育家陶行知说,校长是一个学校的灵魂。校长是教育的传播者、实践者和领导者,是学校教育的核心和关键,是学校牵一发而动全身的"命脉",校长的教育思想、人品人格直接关系学校的兴衰优劣。做一个好校长,不仅是校长的良好意愿,更是一所学校、一方教育的美好愿景。北京大学蔡元培、清华大学梅贻琦、金陵女子大学吴贻芳、武汉大学刘道玉……他们永远都会在校史上、在中国教育史上熠熠生辉。

成都七中老校长解子光响亮而执着地提出"教师要当教育家,不要当教书匠;校长不要当'俗吏',要当教师的'带头大哥'"。在他去世十四年以后,他的学生、他的继任者、他的"妈校"怀念、纪念他,挖掘总结他的教

---

[1] 作者为初1968届四班学生。

育思想，这估计是成都乃至四川中学教育界的奇迹了。

第一个故事来自王昂生，七中高 1958 届学生

在解校长的追思会上，王昂生特意带来了 1958 年从成都七中毕业时的毕业证复印件，在追思会上讲了一个影响他一生的故事。这份毕业证正面是证书和王昂生的照片，背面是毕业成绩单。成绩单上共十一门功课，其中九门是五分，政治和操行两门原来是四分，后来改为五分，改动处加盖了解子光的校长印。

"直到几十年后，我才知道政治和操行这两门课，才是当时主宰学生命运的核心。"王昂生说，在那个年代，政治和操行两门课的分数并非按照考试成绩打分，而是依据出身、家庭和个人表现打分。

在王昂生看来，按照他的家庭成分，只能打三分，再加一点个人表现，打 4 分已是"极大恩赐"。在复查时，是"解老板"（当时学生给解校长起的绰号）发现后，坚持改成五分。

王昂生也是几十年后才知道，当时只有这两门课都得到五分，才能升到全国最好的大学，四分为较好，三分只能去较差的大学或大专。"可以说，是'解老板'的这个改动，决定了我的一生。"

王昂生后来顺利升入中国科学技术大学，并在 1998 年为中国赢得了世界防灾减灾最高奖——联合国灾害防御奖。

第二个故事来自中国工程院院士张兴栋，七中高 1956 届学生

张兴栋认为应该弘扬解子光校长开放的教育理念。为参加老校长追思会，头天晚上从北京往成都赶，因北京大雨航班延误，他在机场等了一夜，直到次日早上才抵蓉。多位朋友曾劝他放弃，他坚持要参加。他认为解校长开放、超前、多元化的教育理念，让他终身获益。他引以为傲的是在解子光任校长时期的学生中，光他们班就出了两个院士——叶尚福和张兴栋本人。

第三个故事来自侯德础，七中高 1966 届学生

百年校庆前，解子光写信给侯德础更正十年前的错字。追思会上，侯德础展示了解校长写给成都七中百年校庆校友回忆文集《墨光百载纪华年》编辑组的一封信。信中说："望能于母校'九十年校庆专刊'中移植该文时，其一，请务必更正原作排印两错字；其二，请将原专刊上所用黑体字一串浮名全抹去，仅留初四十班、高九班学生之荣名焉。"信的末尾，落款也只是"校友解子光"。侯德础说，老校长这种严谨、谦恭的作风，让他深受感动。

第四个故事来自银昌明，七中高 1959 届学生

曾任成都市广播电视局副局长的银昌明说解子光校长每次做报告，下面鸦雀无声，有的同学在报告中间想去厕所，但为了听完整的报告，硬是憋着直到报告结束。"几次听说有同学尿了裤子。年轻时不醒事，还嘲笑那些尿裤子的同学，后来才明白那是解校长的讲座太有魅力！"2011 年举办解校长追思会完全由当时的七中校友会全部承担，其中用于彩喷背景板、印刷三百张纪念卡片、购买三百支缤纷康乃馨的费用，银昌明说由他们班出。但我现在怀疑这笔钱是银局长自掏腰包，他有爱掏腰包的习惯，何况是他敬重无比的解校长。

第五个故事发生在 1999 年春节

1999 年春天，七中老三届①同学数百人参加西昌知青专列重返第二故乡活动，我去打前站。当年下乡的时候七中同学集中在冕宁县的先锋、沙坝和泽远三个公社，而著名的西昌卫星基地就在泽远公社那个大山沟里，很多同学希望能够去看看。前站工作组到了冕宁县，冕宁县委县政府问需要为知青们做什么，我提了两个请求：一，让大家免费参观泽远山沟里面的西昌卫星基地，那是七中同学插队落户的地方，心心念念的第二故乡；二，

---

① "老三届"指因"文化大革命"滞留学校没有及时升学和毕业的 1966 届、1967 届和 1968 届三届在校高初中一共六个年级学生。七中老三届同学大多到冕宁县的先锋公社、沙坝公社和泽远公社插队落户当知青。——编者注

请冕宁县委县政府为这些冕宁知青每人准备一盒五元钱的盒饭午餐。结果没想到发生了一件事，意外彰显出七中同学的精神风貌。七中同学参观完卫星基地去吃饭时，冕宁县委县政府为冕宁知青准备的饭基本上被也到卫星基地参观的西昌知青围着快吃光了。因为当时知青专列前站工作组分头与冕宁县和西昌市说好了的，冕宁县委县政府为冕宁知青准备午餐，西昌市委市政府为西昌知青准备午餐，结果一大批西昌知青没有回他们的生产队，而是跑到位于冕宁县泽远山沟来参观卫星基地了，胸前都挂着知青专列吊牌，无法分辨是西昌知青还是冕宁知青。这个时候，七中初1966届吕帖同学振臂高呼："七中的同学把饭让给西昌知青吃，我们上车去西昌吃。"七中同学在这一声呼喊中，很快上了大巴车，向西昌方向驶去。等数百七中同学饿着肚子驱车五十多公里到西昌城里吃午饭时已近黄昏，整个过程没有一个同学有怨言。我在1999年4月的七中校庆日校友座谈会上讲到这件事，解校长一拍桌子站起来，用他洪亮的声音说："啥子是七中精神？这个就是七中精神！小吴，把它写下来。"遗憾我当年一缺乏认知，二有些懒惰，没有及时完成解校长布置的作业，今天早晨突然想起，便赶快写出来！

追忆老校长解子光

黄孝珍[1]

我曾执教于成都七中六年，一直承担班主任及语文教学工作，在平时工作中与解校长接触较多。他在我心中既是一位威而不怒、工作严谨、博学多才、谈吐幽默的好校长，又是一位公而忘私、平易近人的长者。

记得1962年，我儿子三岁，需要入托幼儿园，我为孩子无法入托发愁不已。突然有一天，学校通知我和另外三位老师到某幼儿园办理孩子入托手续。顺利地办理了全托手续，大家高兴的同时也非常感谢学校的关怀。

过了一段时间，突然听说解校长的小儿子夭折了。我心里一惊：怎么会呢？原来该幼儿园给了解校长一个幼儿入托的名额，但解校长婉言谢绝了，并说"请不要给我个人，希望多给七中教职工几个名额"。后来幼儿园给了七中四个全托名额。解校长非常高兴，立即就把这四个来之不易的名额分配给了周德芬老师、肖曼倩老师、王铨玉老师和我，而解校长小儿子仍未入托，依旧放在他父母家中。后来解校长小儿子生病了（疑似麻疹），他因工作忙也无暇顾及，直到孩子病危他才请假急忙回家，抱着宝贝儿子朝医院跑去，在医院抢救不到两小时就停止了呼吸。他就这样看着四岁多的宝贝儿子活生生地从他面前离去，作为父亲，这是怎样一种不可名状的撕肝裂肺的痛啊！而他是一校之长，重任在肩，他含悲忍痛，工作如故，痛失爱子的悲伤之情在工作中从未有丝毫的流露。

---

[1] 作者曾为成都七中语文教师，1958年至1964年在七中任教。

当我知道原委后，潸然泪下。除了衷心感念解校长对我们的关怀，一种敬佩之情油然而生。他本可以送自己的小儿子入托得到很好的照顾，或许就不至于发生后来的事情。解校长在为公还是为私、为己还是为大家面前，义无反顾地选择了为公、为大家。一位德高望重的校长的高尚人品，一位共产党员"毫不利己，专门利人"的精神，不都诠释在这无声的大爱之中了吗?!

解子光校长离开我们十多年了，他对教师的关怀我们终生铭记，他高尚的人品值得我们永远学习，他毫不利己的精神是激励我们忠诚于党的教育事业的力量源泉！

解子光校长印象

刘朝纲[①]

解子光是成都七中的名校长。我到七中任教时他已调到成都市教育局任局长，和他只有短短的几次接触，所以留给我的只有印象，然而他的名声却早有耳闻。他的为人让我敬仰，在学校建校一百二十周年时，我不禁提笔写下这篇怀念他的文章。

我20世纪80年代由天全中学调到成都七中教书，学校分了一套二居室给我。和妻子分处两地十多年，现在我们终于团圆了，还有了房子，算是安居乐业了。一天我去五姐夫家拜访，一见面他就说："老弟在七中工作努力，晚上都带着老婆娃娃在学校办公室办公。"我很诧异，他怎么晓得？他才告诉我是解子光告诉他的。这时我才想起我在办公室改作业备课时，常看到一个老头，梳着后背头，戴着一副深色眼镜，在办公楼的过道走来走去。想必那就是解子光校长了。我五姐夫粟严治怎么会认识解校长？后来我才知道，原来他们是成县中的同学，20世纪六七十年代我五姐夫在百花潭中学当校长，工作上常有往来。

我和解校长另一次近距离接触，是他以成都市教育学会会长的身份到成都第十二中学做报告，我作为教育学会会员去听他的报告。报告的内容已不记得，但当时听报告的情景记忆犹新。场内座无虚席，解校长（此时应是解会长）仍然留着大背头，戴着深色眼镜坐在主席台，声音洪亮地讲着，

[①] 作者曾为成都七中语文教师，1980年9月至2003年7月在七中任教。

他的讲话条理清晰，语言比较书面化，没有"嗯""啊"这些赘语。后来听熟悉他的人说，解校长是武汉大学哲学系毕业，讲话逻辑严密，不仅文科好，理科也不错。据说他在七中当校长时，常在教学楼的过道走来走去。他听课不一定进教室，就站在过道听，有时听到年轻教师上课不对路，他就直接走进教室叫这位教师听他怎么讲，然后再请这位教师讲课。现在看来这有点伤年轻教师面子，不过从另外一个角度讲，一个校长经常听课已不得了了，还能随时走上讲堂现身示范就更不得了！

解子光校长

七中九十年校庆时，解校长作为校友来到了学校，我五姐夫粟严治也来到学校。当时在学校大操场开庆祝会，到处彩旗飘飘，两位老校友相见分外高兴，我还在大操场给他俩照了张合影。遗憾的是现在他们都已成了故人。

我最近一次和他接触是他的续弦去世。我和语文组工会组长周泽金老师代表语文组去慰问他。解校长当时已经退休，住在成都第二十四中教师宿舍。他住的是二居室通间，内间是寝室，外间是书房兼会客室。我万没有想到曾经当过成都市教育局局长的他住处如此简陋，三合土打的地面，一张床，一张书桌，一把藤椅，几个书架。那张床是一架没有上漆的白木床，支撑蚊帐的是几根竹竿，矮矮的两个栅栏型挡头，我估计这床是宿舍原配的床，因为当时一般人家里早已不做这样的床了。这次看到他住的居室使我认识到，一个追求理想生活的人是不重视物质生活的。

2003年我也退休了，到地处温江的成都七中实验学校工作，就更难遇到解校长了。后来听校友说，学校修百年校志时请他出来主持，他非常乐意，并说这是他此生要完成的最后一件大事，他在七中工作了二十六年，不完成这件大事他死不瞑目。2005年百年校庆时他终于完成了他的夙愿，由他主持的《成都七中百年校志（1905—2005）》按时出版了。

解子光校长参加七中百年校庆时与校友合影

2024年下期开学，七中党委书记易国栋做的主题报告是"不当教书匠，要做教育家"，这话就是当年解校长对七中教师的谆谆教诲。现在，党和国家对教师提出要有教育家精神，看来解校长有先见之明。2024年教师节，易国栋书记和学校党政班子为了贯彻教育家精神，在教师节庆祝大会上请校友吴晓鸣讲校长的教育故事，请我讲七中老教研组长的故事，通过前辈的事例告诉七中人什么是教育家精神。我讲话结尾有这样一段话：金杯银杯不如众人的口碑，解校长没有任何荣誉称号，他就是一辈子勤勤恳恳地当好教师、当好校长，让七中出人才、成名校，你能说他不是教育家？我看要成为教育家首先要做到四点：学生敬佩你，同事佩服你，家长感激你，领导信任你。做到这四点，你离教育家就不远了。

解校长走了，但是他"不当教书匠，要做教育家"的话言犹在耳。"墨洗一池，垂范百廿"，垂范什么？我想核心就是教育家精神！

我在七中二十年

刘国璋[1]

"1963年9月初的一天,我与一同分配到成都七中的查有梁、余孝德同学到学校报到。一出新南门,我们便沿着田间小道,走了十多分钟才到校门口。但见校门两侧荷塘叶绿花红,不时飘来阵阵清香,使我们这些即将踏上工作岗位的年轻人,顿时感到心旷神怡,对新的生活充满了无限希望。"这是我1994年4月为成都七中建校九十周年写的回忆文章开头的一段文字。它真实地反映了我刚刚走入社会时的心情和憧憬。

当年分配到校的新教师共有十六名之多,都是学校领导到西师、川师[2]等师范院校选拔而来的。我们仨是唯一来自同校同系同专业的同学,自然关系密切,非同一般。

孔子曰:"三人行,必有我师焉。"

查有梁老师理论功底扎实,语言表达幽默,讲起课来旁征博引、深入浅出,很受同学们的欢迎。他的思维活跃、反应敏捷,不仅逻辑思维严谨,而且发散思维独特,被大家夸为"理论物理"。

---

[1] 作者曾任成都七中副校长,1963年9月至1985年2月在七中工作。
[2] 西师当时称西南师范学院。该校1950年由四川省立教育学院与国立女子师范学院合并而成,1985年更名为西南师范大学,2005年与西南农业大学合并,组建为西南大学。川师当时称四川师范学院。该校前身是东北大学留川师生创建的私立川北农工学院,1949年更名为私立川北大学,合并私立川北文学院后改为公立川北大学,1950年定名为川北大学,1952年与川东教育学院合并为四川师范学院,1985年更名为四川师范大学。后文中涉及类似高校名称,或有变动者如成都工学院等,或有用全称的如华东师范大学等,或有用简称的如清华北大等,为尊重作者表述,如不影响理解,均直接使用作者原稿中用法,不再一一标注或说明。——编者注

1970年，他离开七中，先在市中学教研室，后调到四川省社会科学院从事理论研究工作，在教育科学研究上成就突出、著作颇丰。他还擅长写诗，风格独特。我曾开玩笑说他的诗是"散文的诗形排列"，并夸他"诗可诗，非常诗；人可人，非常人"。

余孝德老师上大学时我俩并不熟悉。入学时他高我一个年级，中途他抽调到系上参加静电加速器的科研工作，项目中止后插班到我们年级。余老师动手能力强，擅长物理实验，上课语言生动、风趣幽默，常常逗得学生哄堂大笑，人称"实验物理"。

1979年我随四川省教育厅到上海等地参观学习电化教学回来后，全靠余老师鼎力相助，安装好了全校的闭路电视等电教设施。后又建微机室，成立电化教学研究室，均由他全权负责。应该说，他是成都七中电化教学的创建人和奠基者。

余老师为人厚道、乐观豁达、乐于助人，教职工们但凡有什么急事难事，他都非常热心地给予帮助。夫人生病提前退休、本人眼疾身体欠佳，他都能乐观面对。他走到哪里，哪里就有笑声，大家都非常乐意与他交往。他是七中有名的"乐天派"。

至于我，从教师的角度看只能算是合格的物理教师。只是在从事教学管理工作后我坚持未脱离教师本行，一直在班上兼课直到调离七中。因此，私下有人戏称我为"政治物理"。

人的一生总会遇到几位贵人，他们在关键时刻给你关爱、点拨、引领，使你感到温暖、得以顿悟、看清方向，从此人生走进一片新天地。

在成都七中我遇到的第一位贵人就是老校长解子光先生。初到学校，解校长给新教师的见面礼就是两句话："你们不要当教书匠，要做教育家。""对于新教师要'夹磨'，要'压担子'。"第一年他安排我教高二物理课并兼任副班主任。第二年学校开办滑翔班，这是与体委合办的培养飞行员的预备班，他调我任班主任兼物理课。第三年滑翔班迁走，我又回来任初1967届二班班主任兼物理课。这三年期间，他派我去学习无线电技术，参加市上组织的青年干部培训，到西昌慰问下乡知青。有一次他到市里开会，专门叫上我一道步行前往，一路上问工作、谈思想、提要求、给鼓励，无一不让我感到他的关心和厚爱。他还特别对我讲:"你要向你老兄学习,他在市教育局干得不错、很能干,是个'笔杆子'。"

1979年8月,解校长力推我担任教导处副主任。年底,他调任成都市教育局副局长,后升任局长。这期间他一直关注我的成长,为我的进步创造更好的条件。他先后派我到上海育才学校学习一月有余,接受老教育家段力佩校长的亲自教诲;又提名推荐我出席中国教育学会第三届会员代表大会,并在会上当选为理事会理事。他还多次通过我哥带话,关心我的入党问题。1983年3月,市教育局任命我为成都七中副校长。后来很多市教育局的老同志都对我说,我们知道你都是听老解说的,他在我们面前不知说了你好多好话啊!

我遇到的第二位贵人是杨礼同志。1966年6月,他由成都七中政治教研组长升任副校长,1978年9月恢复副校长职务,1981年3月任党支部书记。1984年6月,经市教育局批准,七中实行校长负责制,由他任校长,经他提名,由我与谭继先、吴富存三位任副校长。从此,成都七中进入了教育改革发展的新时期。

党的十一届三中全会后,学校"拨乱反正",把工作重心转到以教学为中心的轨道上。学校领导班子以"矢志重振七中"的魄力,坚持"磨刀不误砍柴工"的精神,着手教师队伍的重建。杨校长大胆地放手让我分管教学工作,他在恢复教研组、建立年级组、开展集体备课、首创班科教师联系会制度、开展教改实验、"带题研修"、培养学科带头人、建立研修制度等方面对我进行具体指导帮助,使我受益匪浅。他采纳了我的建议,在1984年9月建立了教育研修室并让我兼任主任。1984年5月,学校召开第一届教代会,他让我代表学校领导班子在会上做《立足改革、锐意进取,为跻身全国先进行列而努力》的主题报告。由此,成都七中开启了创建中华名校的新征程。

我遇到的第三位贵人是王可植同学。他在大学与我同年级不同班,相识而不熟悉。毕业后他分配到四川省教育厅工作,也没有太多联系。1981年12月,时任电教处副处长的他到七中挂职锻炼任副校长(后返省教育厅任副厅长,省教委副主任、主任)。他来后我们一见如故,彼此无话不说,十分融洽。

粉碎"四人帮"后，纠正"左"倾错误，注重发展知识分子党员，此时学校已有多位教师加入了中国共产党，但我却迟迟未写入党申请书。可植同学得知这一情况，主动找我谈心，最后我下定决心递交了入党申请书。他和佘万福同志非常乐意地做了我的入党介绍人。1982年8月，经过学校党支部大会讨论通过、市教育局党组批准，我光荣地成为中国共产党党员，实现了二十多年前的诺言，完成了追求政治进步"入队""入团""入党"的"人生三部曲"。

三位贵人，一位给我关照提携，一位让我放手干事，一位帮我解开心结。经过二十年磨砺锤炼，我未能实现老校长的期望，却在1984年底因各种机缘巧合，走上了另一条人生之路。

我与杨礼校长之间的一个小故事

刘正平[①]

2023年新年第一天，下午六点电视转播维也纳新年音乐会之前，我给曹秀清老师打电话拜年，并告诉她看音乐会的时间马上到了。

时间回溯到20世纪90年代前期，杨礼校长刚退休没两年。一天，他回学校参加退休教师活动，我碰到了他，他亲切地招呼我，并站在校园里摆了一会儿龙门阵。

之前杨校长在职时，对教职工特别是对我们年轻人要求十分严格，我十分敬重他，但说实话，我们好多人又都有点怕他，认为他可敬不可亲。退休了，可能也是因为更年长了，杨校长变得和蔼可亲了。

摆谈中从学校管乐团聊到古典音乐，聊到元旦转播的维也纳新年音乐会，他说他连续两年都没有把准时间，都只看了个大半截。那会儿电视还不能回放，补看不容易，所以我马上说："以后到元旦，我提前一个小时通知您。"

从第二年起，每到元旦，我都把给杨校长、曹老师拜年的时间定在下午四五点钟，祝福的话表达了以后，接着通报音乐会的播出时间，接下来，杨校长总要聊一聊音乐，聊一聊他十分钟爱的七中管乐团。

这一晃就是二十多年，2019年杨校长永远地离开了我们，但我还是经

[①] 作者曾为成都七中数学教师，1978年12月至2012年2月在七中任教。

常想起他老人家，特别是元旦这天。

　　这几年，每到这天，我都会在几乎同样的这个时间给曹老师拜年，给同样喜欢新年音乐会的曹老师通报播出时间，每年这时，曹老师也都会让我转达，向所有她认识或不认识的朋友问好，感谢他们对杨校长的热爱与怀念。

　　2023年的维也纳新年音乐会有个特别的亮点，闻名世界的维也纳童声合唱团又一次登台配合交响乐团的演出，而且建团五百多年的维也纳童声合唱团，今年第一次有了女童参加。

　　喜欢音乐且关爱青少年关爱女童的杨校长，您在天堂中看见她们可爱的身影、听见她们天籁般的声音了吗？

回忆杨礼校长

董 沛[①]

杨礼校长是一位锐意进取、眼界开阔的校长，是成都七中改革开放的领军人物。1965年，杨校长被任命为七中副校长，1975年正式担任七中校长。

当时真算得上是百废待兴，人手不够，条件也差。杨校长在教职工代表大会上提出了教育工作和社会需求相结合的主张。他和卧龙自然保护区联系，让致力在山区辛勤工作的人员的子女能在七中上学，又让教职员工能在暑假去山区参观访问，休闲养生。当时学校常停电，教职员工烧的是蜂窝煤，住房狭窄拥挤，几平方米的房子挤了一家三四口人，对学生学习和教师工作都有影响。杨校长派人和兄弟单位反复沟通，积极向市上争取，终于为大家解决了各种问题。

杨校长非常注重教育思想的革新，同时特别注重人才培养。老带新、熟带生成了风气，互相听课，共同研究，每个年级各科都要集体备课，狠抓教学的第一线——课堂。当时师资严重不足，但由于课堂上层层把关，七中教学质量节节攀升，之后七中高考成绩年年位居成都甚至四川第一。

随着办学条件的改善，学校积极鼓励教师参加全国各种教育研讨会，邀请高校专家教授来校开各种讲座。1986年，七中举办了第一次全省数学竞赛辅导讲座，请来中国科学技术大学、华东师范大学、国家奥数集训队

[①] 作者曾为成都七中数学教师，1964年9月至1998年2月在七中任教。

的教师、教练开讲座。此次活动对四川省数学竞赛水平的提高和七中数学竞赛的开展起了很大推动作用。此后七中在各科竞赛中成绩日益突出，获得了不少国际比赛的金、银奖牌。

杨校长对教育比较落后的地区也很关心，常常帮助他们。一次，他带领钱明祥老师和我到甘洛民族地区交流。活动期间我们一起吃饭，当地的风俗是鸡头要敬最尊贵的客人，杨校长为此吃了好几天的鸡头。

杨校长很重视学生德智体美劳全面发展，对教学探讨、教育科研、教材实验、体育艺术都非常重视。学校的男子排球、管乐团在全国都有相当的知名度。

成都七中如今名扬海内外，这一切和杨校长的贡献是分不开的。

我的 1994

戴高龄[①]

1994年对我和成都七中都是很有意义的一年。

三见李岚清副总理

1993年11月6日,我到上海华东师范大学(以下简称"华东师大")国家教委中学校长培训中心参加第六期研修班学习。中学校长培训中心主任由华东师大副校长江铭教授担任。

1994年1月,研修班进入撰写论文和交流总结阶段,整个研修计划于1月15日结束。1月初,我们得知中共中央政治局委员、国务院副总理李岚清到上海视察教育工作,其间要召开上海高校座谈会。研修班学员东北育才学校葛朝鼎、北京大学附中毛美华等几位校长商议给李岚清副总理写一封信,请他到中学校长培训中心视察并接见第六期研修班全体学员。对此,华东师大校领导十分支持。信件由华东师大校领导在参加上海市高校座谈会时请上海市委有关领导转交李岚清副总理。李岚清副总理本无视察华东师大的行程安排,但看到是中学校长培训中心学员的信,当即做了批示,并于1994年1月10日来到中学校长培训中心,在华东师大校领导的陪同下,亲切接见了校长培训中心第六期研修班全体学员,发表了讲话,并同大家合影留念。他指出,中学校长的工作是很重要的,也很有意义和受人

[①] 作者曾任成都七中校长,1991年9月至1999年9月在七中工作。

尊重。他说，他有一个长辈曾在江苏某地担任中学校长，新上任的教育厅厅长到任都要去看望他。他勉励大家努力学习教育科学知识和国内外好的经验，为我国中学教育的发展做出贡献。

1994年6月14—17日，改革开放后第二次全国教育工作会议在北京召开，出席会议的人员除有关部委领导、各省（市、区）主要领导和教育部门领导（四川省参加会议的领导是省委书记谢世杰、副省长徐世群、省委宣传部副部长贾本乾、省教委主任王可植等），也有少数高校、职业技术院校和中小学校长参加。其中，中小学校长各两名。参加会议的两所中学是成都七中和山东临沂一中。会议开幕式在人民大会堂举行，党和国家领导人主持大会并发表重要讲话。开幕式结束之后，党和国家领导人接见了全体与会人员并和全体代表合影留念。

会议期间，全体代表在京西宾馆听取时任国务院副总理朱镕基关于经济形势的报告。会议由李岚清副总理主持。报告结束时，我们几位中小学校长和职业技术院校的校长来到主席台，希望和李岚清副总理合影，他欣然同意。我们几位从事基础教育的校长围在李岚清副总理周围，留下了珍贵的照片。

1994年9月7日，在第十个教师节前夕，李岚清副总理来到成都七中视察并看望师生。在省委书记谢世杰、省长肖秧、副省长徐世群、市委书记黄寅逵、市长王荣轩以及省教委主任王可植等陪同下，李岚清副总理参观了成都七中校园，亲切接见了师生代表，观看了学生管乐团的表演，并在计算机教室观看了高二学生王小川"几何定理的机器证明的演示"。最后他在学校图书馆给全体教师讲了话，向七中全体教师致以第十个教师节的节日问候。他说："我对成都七中印象很好。我想好在哪里呢？你们贯彻了我们党的德、智、体全面发展的方针。"

在陪同李岚清副总理参观的过程中，我对他说："我今年已三次见到您了。"他说："是吗？"我就把三次见到他的情景简要地向他做了汇报。李岚清副总理听了也很高兴。

之后，李岚清副总理还出席了"四川省庆祝第十个教师节大会"，我也受邀参加了庆祝大会。

三"刊"同推七中的"三体"教育思想

1994年1月，我在国家教委中学校长培训中心撰写了题为《为跨世纪的高层次人才打好素质基础——关于整体、个体、主体教育的实践和思考》的结业论文，并在培训班总结交流会上做了交流。论文是我对成都七中自改革开放以来教育改革和实践探索的总结、提炼和思考。由此提出了"着眼整体发展、立足个体成才、充分发挥学生主体作用"的"三体"教育思想（也称"三体"教育模式）。

3月，在成都七中第三届教代会上，我向大会做了《关于整体、个体、主体教育的实践和思考》的报告，并组织全体教职工学习和讨论，以加强对"三体"教育思想的理解和认同，从而加强整体、个体、主体教育思想的实施。

相关文章首先由《四川教育学院学报》发表。在我校第三届教代会期间，适逢教育部原副部长、全国教育规划领导小组副主任、中央教科所学术委员会主任张健到成都七中视察和调研。经他推荐，论文《为跨世纪高层次人才打好素质基础》以《关于整体、个体、主体教育的实践和思考》为题在《教育研究》1994年第7期发表。成都七中"三体"教育思想的提出和实施，受到了国内专家、学者和教育界同行的肯定和赞誉。1998年，全国教育科学规划领导小组办公室在《教育研究》发表的总结改革开放二十年教育改革经验和成果的文章中，对成都七中"着眼整体发展，立足个体成才，充分发挥学生的主体作用"的实验给予了充分肯定。

1994年4月，《人民教育》杂志社记者郭洪波在成都七中进行了为期一周的采访，写出了《为培养跨世纪高素质人才奠基——成都七中整体改革纪实》的报道，发表于《人民教育》1994年第11期，全面介绍了成都七中自改革开放以来十多年教育改革的实践和思考，以及所取得的成绩和经验。

同年，《中国教育学刊》第6期发表了成都七中一组共五篇文章，包括《立足素质教育，面向学生未来发展——成都市第七中学的办学经验》（杨礼、戴高龄）、《我们的教学改革观和教学改革实践》（杨能生、谢晋超、龚廉光）、《认真组织课外活动，促进学生成才》（朱齐庄）、《建设班科教育集体，实现学生整体发展》（成都七中研修室），最后一篇是由中国教育学会副会长、华东师大著名教授翟葆奎先生撰写的《"三体"教育模式的实践与探索——成都七中教育、教学改革在"三个面向"中前进》。这一组文章既从整体上全面介绍了成都七中的办学经验,又对办学中的几个重要方面的改革思路、成绩做了介绍。翟葆奎先生在他的文章中指出"三体"教育模式是一个由指导思想、办学原则、实际操作构成的系统,并详细地分析了整体、个体、主体的内涵和它们之间的内在逻辑联系。他在文章的最后这样写道:"我认为,七中的领导和老师的可贵的精神之一,是在于经常用创造的皮鞭去抽打容易僵化的头脑。"

从以上可以看出,1994年我国三大国家级教育刊物《教育研究》《人民教育》《中国教育学刊》在一年之内先后刊载、发表文章介绍成都七中教育改革的实践探索和思考,以及办学成绩和经验,这种情况在当时应该是很少见的。因此,1994年对于成都七中来说也是非常有意义和值得记忆的一年。

远望、近看、沉浸
——我与七中

王志坚[①]

一、远望（1965—1978年）

1. 初见七中

1965年春的一个星期天，读初三的我陪同学去七中。步行，很远，新南门外，一条宽宽的土路，穿过"麦苗儿青来菜花黄"的田野农地。走进七中，围墙内一片安详，整洁、安静，高高的办公楼直面着我们，雄伟、气派，据说是照莫斯科一零一中学风格修建的。平房教室整齐竖列在其两旁，右侧远处操场上，有几个同学在打篮球……多好的学校！这是我见过的第二个中学。可惜我们初中班没一个上七中高中的，近一半上的本校成都二中，一位去了十二中，四分之一的同学考上技校、半工半读学校和中专校，还有就业参加工作的。

2. 风闻七中神话

1972年初夏，当了三年知青的我有幸考入成都师范学校学习，同班同学莫传俊是七中初1968届学生，和他在一个乐队的有七中毕业的何多苓和他在一个拉手风琴。1973年秋，我毕业留校任教，同为知青留校任教的同

[①] 作者曾任成都七中校长，1998年6月至2007年7月在七中工作。

事有刘仁青(七中高 1966 届)、江进杰(七中高 1966 届)、姜再辰(七中高 1967 届)。其间风闻不少七中神话：什么课都能上的"解老板"；重在讲思路的课堂教学；丰富多彩的课外活动；难忘的文学讲座；七中优秀的男排打入全国中学生排球决赛……

3. 送学生入七中实习

1977 年春，任教于成都师范学校的我，因联系学生实习随副校长毛月之先生来到七中。走进校门，便是办公楼。"毛哥好啊，欢迎欢迎……"解校长快步迎来，声音洪亮，亲切热情。接着余万福老师引导着我们，边看边介绍实习生住处、学习处及相关生活设施等。一路下来，二十分钟，安排妥当，干脆利落！

4. 七中复习资料

1978 年夏，我半工半读，准备高考倒计时 100 天。只上过高中一年级的我急抓几本书来，背水一战，埋头自学。昏天黑地，时过约半，偶得一本七中应届学生用的物理复习资料。我遵序认真读、习、练，真是深受启发，眼界大开，生断网接，纵横成系……高考五门，物理最优，我得入读西南师范大学。后来得知那是龚廉光老师所编，承解子光校长批准多印了一些，我才获得神力所助，得以走到今天。谢谢龚老师！谢谢解校长，感谢七中！

二、近看（1984－1990 年）

1. 访学七中教育处

1984 年暑假后，我任十二中教导处副主任，暂分管德育工作。开学后，我率新任团委副书记、新任教导员出访学习，第一站就是成都七中教育处。七中教育处室内窗明几净，壁上挂着奖状、图、表。年轻干练的主任李高伟老师，大名鼎鼎、德高望重的黄家玥老师，和颜悦色、略显矜持、高中女生般的小马健老师……没有介绍人，没有介绍信，甚至没有预约，也没经门卫盘问，没经办公室通报，我们三个不速之客就来了，还交谈甚欢，边听边记：关于团委、学生会、少支队；班委、团支部、少先队中队；运动会、管乐团、排球队、课外活动小组；年级组工作、班主任工作、班级分析会；各项工作计划、活动安排、日常规范要求……我们头大了，但心亮了！就这样，跟着学，像成都七中那样……

2. 跟七中学，做教导主任

1985年，参加成都市教育局组织的干训班，听七中教务处主任佘万福老师的报告：关于教研组建设，教师专业发展，指导研究与教学改革；课程建设，包括必修课、选修课、活动课；教学管理，抓课前、课中、课后，目标、方法、过程；常规教学研究，包括"转转课"、汇报课、研究课、跟踪课；等等。循循善诱，娓娓道来，引人入胜，导我入门。1999年我们还聘佘主任参加七中教育教学指导小组工作。续聘前辈，张远安、胡希烩、范学瑜、李都等先生都出山，帮助七中的徒弟去指导"夹磨"七中的徒孙们。

3. 解老教我做校长

1985年冬，成都十二中副校长叶长坚老师调任石室中学副校长，主持工作。正在教育局干训班半脱产学习的我，被急补为十二中副校长。次年"二进宫"参训，入局办校长培训班，解子光老校长、老局长亲自给我们讲"学校管理"。先生口才极佳，思路清晰，旁征博引，娓娓道来，如数家珍。学员们个个如醍醐灌顶、酣畅淋漓……作为培训班班长，我与解老接触更多些、交流更多些，收获也更多些。结业作业，解老亲阅亲批，当面点评。我的作业《从教师到校长的转变》解老批阅后发下，我手捧作业，百感交集，通篇作业，篇头篇尾，字里行间，先生红色小楷，几乎布满。文章两千字，批语近三千字，星星点点红红一片，是先生呕心沥血，是先生赤诚一片。不会是老师算到我十几年后是七中校长而特意浇灌吧？不，不是！是老校长、老局长、老先生对后生的倾心提携，尽力帮衬。近三十年后的2003年，八十高龄的解校长重返七中，亲率众校友为百年七中修编校志，尽抒百年七中胸怀、教育情怀。解子光先生是我们永远的老师、永远的七中校长、永远的大先生。

4. 旁听七中教改经验

1987年春，任十二中副校长的我，代校长参加全国重点中学校长会（成都会议）。会后受委托陪同著名的天津市第一中学校长韦力①造访成都七中。时值周末，七中校长助理雷解民老师受杨礼校长委托，专题向韦力先生介绍七中的课程与教学改革实验：关于承接国家级的数学、外语、政治学科的课程教学改革实验，关于选修课、活动课、导师制和部分学分制的改革实验，关于课堂教学每堂四十五分钟改为四十分钟的减时促教实验；以及上午上必修课、下午排选修课与活动课的改革实验。雷助理倾力呈报，生怕不全，韦力校长频频点头，我则收获不少，受益匪浅。

5. 随七中管乐团长城吹奏

1990年暑假旅游至北京，在长安大街偶遇七中李高伟主任、余森老师，得知他们带领成都七中管乐团在京，老乡、同行、朋友远方相遇格外亲近。受邀次日随团登长城演奏，十分惊喜，欣然接受。当晚践约到北京航天航空大学，夜宿成都七中管乐团北京航天航空大学宿舍大本营。李高伟、余森、杨光荣、刘正平、舒承智老师是领队，率近五十名可爱的演奏员学生，集中在大学生宿舍一楼，分宿二十多个学生大间（八人上下床）。我们一家一间，后知是杨光荣老师出去打游击礼让我们的。北京夏天天亮得早，第二天一大早按计划集队去食堂早餐，之后迅速返回宿舍打点行装，整队点名后乘车出发……到达长城下，下车集队，携带乐器迅即登上长城指定地段，列好演奏队形。此时天已放亮，游人渐多。简单调试后，预定时间到，演奏开始。我跑前跑后，卖力拍照，以不负管乐团盛邀之情。成都七中的旗帜，在北京长城上迎风飘扬，雄壮优美的吹奏乐声回响在蜿蜒长城的上空。这是七中管乐团在北京继天安门广场演奏后的第二场，也是最后的任务……真棒！我为七中骄傲，我为成都、为四川、为中国的中学自豪。返程我与七中管乐团大队伍分手了，不知他们有没有吹奏《打靶归来》，就像歌中所唱："日落西山红霞飞，战士打靶把营归。"

6. 心中的七中校长

神一样的解子光校长。"由成都七中的学生，到成都七中的校长，传说什么课都能上的解校长。"七中师生们说。从开教学经验交流会到1979年召

---

① 联合国教科文组织命名的教育专家，与上海育才中学段力佩先生并称"南段北韦"。

开第一届教育研讨会年会,再到七中第一个学校规划,开启这一切的是他。带七中老师们宣示"不做教书匠,要当教育家"的是他。从1953年到1979年风雨兼程二十六载一肩挑,退休后八十岁高龄还亲率众校友主编出七中第一本校志《成都七中百年校志(1905—2005)》的也是他。他是成都七中永远的解校长。

仙一样的杨礼校长。他潇洒超脱,卓尔不凡,多思而惜语,隽永深邃轻言。他1961年调入七中任政治教师。1964年任副校长,之后复任副校长、副书记,1982年任书记、副校长,1984年任校长。杨礼校长率全校教师组织教育大讨论,讨论关于教育的本质、教育的主体、学习的主体、全面而有个性的发展等重要问题。他为教研教改打下思想基础,大力开展教研教改活动;着力课程改革,构建校本课程,设必修课、活动课;启动教学改革,将课时每堂四十五分钟减为四十分钟,上午上必修课,下午上选修课和活动课,课堂内外丰富多彩;设立研修室,助力教师专业发展;确立学生素质标准,促进学生全面而有特长的发展。在他的带领下,学校得以蓬勃发展。1988年,四川省中学校长联谊会成立,杨礼校长作为发起者被推为首任会长,成为四川中学校长的带头人。我当然是杨礼校长的追随者,没料到十年后的1998年7月我竟调任成都七中校长,当年12月也被推举为四川省中学校长联谊会第四任会长(第二任为重庆八中杨校长,第三任为石室中学王绍华校长),虽亦步亦趋,我却没有杨礼校长的"仙气",不像他那样的潇洒超脱、举重若轻。

亦师亦兄亦友的戴高龄校长。20世纪60年代中期,从川师物理系毕业分配到成都十六中任教不久的热血青年戴高龄满腔热血申请到最艰苦的地区去。经上级批准,他携志同道合的同学、伴侣吴老师告别都市,同赴青白江区乡镇中学,落户扎根……经艰苦磨炼,历"文化大革命"动乱、拨乱反正到改革开放,戴高龄历任教师—区教研员区教研室主任—区教育局局长—成都市第二教科所所长(温江)—成都市教育局普教二处处长,1991年暑假调任成都七中校长。戴校长明确指出,要"把学校办成实验性、示范性强,具有一流师资、一流管理、一流设施、一流质量,特色突出,市民信赖,在国内享有一定影响的著名重点中学"。经过几年的实践,在用思辨法提炼前任校长办学思想基础上，他于1994年提出了"着眼整体发展，立足个体成才，充分发挥学生主体作用"的"三体"教育模式，形成著名的成都七中"三体"教育思想。20世纪80年代末，戴校长还在成都市教育局分管指导全市高中和城区中学，他对作为成都市中学德育研究小组成员和成都十二中副校长、校长的我耳提面命、关怀、帮助、呵护、支持，为我排忧解难，1998年我到成都七中任校长，同戴书记搭档，更得其兄长般的宽容、呵护、支持，直至1999年戴校长退休。戴高龄校长是我永远的老师、兄长、战友。

三、沉浸（1998年夏—2009年秋）

入职七中后，我从远望七中、近看七中，变成沉浸式体验。何以七中？难忘的有"两会"——"神仙会"、教育研讨会，"两个里程碑"——创"国家级示范高中"、百年华诞。

1. 见识"神仙会"

1998年高考结束，暑假开始，成都近郊映月潭。成都七中各教研组长、各年级组长、工会骨干、党政工团干部五十多人齐聚一堂。会议室无主席台、无主持人席，大家就位，围坐成圈。会上，大家回顾一年时光，谈工作、话感言，说长论短，畅所欲言，大家会说敢言，有说问题、谈感悟的，有提批评建议的，娓娓道来的有，慷慨激昂的有，时有插嘴附议，也有争抢话题。骨干谈得多，干部忙着记，听者常点头，涉及者常脸显暗色，低头默写……大家一室开大会，共两场，再分组教学教育、德育班级、后勤保障三个分会。会程紧凑，各项活动穿插进行，但常是话题难断，余音再续……笔记写满了一本备课本。我全程参加了两场大会，游学于各分会，分散游玩于晚间各场间。作为七中新人，我初识了七中，看到了七中人的热情、进取与担当，感到了七中的民主与和谐，体会到了七中人的情怀、向上的追求和理想。这是我入七中的第一课，汲取了智慧和力量，增强了信心，明晰了方向。回想至此，我仿佛悟道，这不正是活生生的"审是迁善，模范群伦"吗？

2. 难忘教育研讨会

始于 20 世纪 50 年代的七中教育经验交流会，由解校长通览全体教师的工作总结，确定典型优异者，大会宣讲分享，以激发大家见贤思齐、互相学习。交流会年复一年，失于 1966 年"文化大革命"中，复于 1979 年，题为"首届教育讨论会"。一年一届，至 90 年代末改名为"教育研讨会"。1998 年是第二十届教育研讨会，主题是"实践'三体'教育：探索学生差异性发展"。研讨会构成是一本《教育学习资料集》（一年教育学习资料精选），一本《教师教育论文集》（七中教师论文精选），现场教学汇报是最为精彩的主打项目。每届教育研讨会是一年一次的教育教学大检阅，教研教改的大检验、大反思。

3. 难忘的记忆

那是一堂地理课，上课的是任旭东老师，最年轻的教研组长。课堂上，任老师妙语连珠，师生互动得体，视听转换自如，生动轻快，一气呵成。课完铃响，现场掌声骤起，经久难平。我在现场拍红了手掌，深为师生的表现叫好点赞。紧接着，进入献课老师说课阶段，任老师汇报本课教学的目标、意图、设计流程、实施过程及达成自评。三阶段是专家点评，点评专家是特级教师范学翰先生，地理教研组长，任旭东的师父。作为专家的范老，充分肯定后又分析指点不足，并提出了让课更好的具体建议。点评至此，已是全场鸦雀无声。沉寂一刻后，忽爆发起更响更热烈的掌声、叫好声。一堂好课，一场更好的点评，真诚互助、精益求精。好样的任旭东，好样的范学翰，好样的七中！提到课堂教学，七中常说"磨课"。一是，备课前、课中、课后；二是个体自主备课在先；三是年级备课组转转会，集体备课改进；四是互看"转转课"交流改进，加上新老教师师徒结对，教学指导，小组名师专家现场督导。课这样磨，课堂教学质量逐步提高，教师在学习与实践中发展成长。同时教师群体积极教育科研，针对问题，形成课题探索，以教研科研促进教育教学的改革，进而促进教育教学的质量提升，从而成就学生，同时成就教师、成就学校——成都七中的过去和现在及其未来。

4. 亮相新世纪——创"国重"① 记忆

才进七中门，又遇创建国家级示范高中。成为首批国家级示范高中是成都七中的历史使命，是成都七中前进发展的里程碑。学校对此志在必得。

创建工作分三段——申报、备检、参评，是个大工程。首批参评，史无前例，无经验、少借鉴。七中人素质高，热情上进，协同好，善打整体战，更有自信——七中实力强。

我们赶紧学习有关文件，认真研究评估标准，同时请示上级……随即决定"对标归类、分工准备、分段推进、梳理研究"，策略是：申报在先，对照评估标准要求，申明七中的办学理念、办学行为、办学成效、办学保障等均达标准。备检跟进：备好真实、全面印证申报达标的各项内容所必需的实证物证。工作进程是：先分后总，按德育、教学、研修、管理大类并列推动，逐步汇总；先申报，后备检跟进；先粗后细，逐步完善；注重发展，传承创新（突出重点、亮点，持续发展），内生共识（谈心文化），协同互助（聚力而行）。

多少访谈、多少调研、多少座谈、多少研讨，参与者越来越多，几近全员；申报书越来越厚、越来越全，并且越来越丰富多彩，备检资料也逐步更丰更实更近完满。

2000年3月中下旬，四川省国家级示范性高中评估组入驻成都七中三天，评估顺利圆满。

5. 首批评估，并获最高评价

成都七中具有优良的办学传统，素以启迪有方、治学严谨著称。新中国成立后，成都七中是成都市三所重点学校之一。党的十一届三中全会后，成都七中由四川省教育厅确定为省重点中学。七中是教育部在四川认定的义务教育教学改革实验学校，拥有一支以名教师群体为骨干、素质精良的教师队伍。学生在全面发展的基础上，在学科竞赛和其他竞赛中取得突出成绩，获奖人次和获奖等级居省、市领先地位。高考升学的质与量始终保持省、市最高水平。成都七中在改革和发展中形成了自己显著的特点：正

---

① 全称为国家级示范性普通高级中学，也称国家级示范高中。——编者注

确鲜明的办学思想，活跃的教育科研，不懈的教改探索，令人赞叹的教育成果。

成都七中正式名列四川首批国家级示范性高中，实至名归，令人欢欣鼓舞。这是七中发展历史的里程碑。参评促进我们大反思，促进我们大总结。严谨而全面的大检阅和评审，激发了七中更为强盛的活力。我们沉浸在参评的过程中，了解、认识、理解、融入、体验七中。在成功申报的欢欣鼓舞中，我衷心地欢呼着：我爱我们的成都七中！

6. 百年华诞——走向未来

2002年，七中在领办了育才学校后，又以合作办学的方式办了七中育才学校（东区）。在我们兴办了成都七中国际部（时称留英预科班）后，又筹建了成都七中东方闻道网校，开展远程直播教学。一天，我和敬爱的老校长解子光先生聊，说到过两年就是成都七中百年华诞了，解老忽然停顿下来，略微沉重地说："老王，四中、九中都有校史，我们七中还没有喔……"不知啥时起，也许是到七中后吧，解老就呼我为"老王"，我都已习惯了，可这次的"老王""校史"却使我感到格外响、格外重。

7. 盛世修志——前瞻往哲，后启来者

从1905年至今，成都县立小学堂——成都县立中学校——成都七中，一路走来，竟近百年。"百年一遇，七中华诞"——致敬前辈，致敬七中，使命在肩，责无旁贷。

2003年5月，承众多校友提议，在把毕生都奉献给了成都七中的解子光老校长的主持下，成都七中校志的撰写工作拉开了序幕。百年累积的文献资料何其丰富，相关的人与事又是何其众多，如何取其精要，可谓千头万绪。虽限于时间仓促，人手有限，文献散佚，搜求困难，然以八旬的解老为首，以林文询等十位校友为主的同人焚膏继晷，废寝忘食，抽丝剥茧，钩稽考证，终于顺利完成了这部七中人企盼已久的《成都七中百年校志（1905—2005）》。盛世修志，前瞻往哲，后启来者。在此我再次向编辑小组致以最高的敬意与谢意，感谢提供各类资料与协助的同学、校友以及相关人士。

8. 华诞盛典——昭示世界，宣示未来

2005年4月12日，成都七中一百周年庆典隆重举行。

我们为百年辉煌而自豪，更为新百年的更大辉煌思考。我们的基本观点是：

办学思想与时俱进——办学思想是办学者的理性思考，是集体智慧的结晶，是学校发展的灵魂。其形成在于"继承与发展"，其价值在于"实践与创新"，缺乏创新则价值不大，不去践行则没有价值。办学思想应吸取现代教育思想而有时代性发展。

坚持科研引路，实践创新。"科研——教改——效益——质量"的教改发展思路，"突破与融合"的教改发展方式，是七中改革开放以来持续成功发展的宝贵经验。事实证明，成都七中在成功探索的推动下发展，发展在常规行为中巩固与延伸。

继承发展，形成特色。办学特色是根植在学校的优良传统和优势中，在办学思想的指导下逐步形成的独特的、优良的、稳定的办学风格和追求。特色的形成要经过积累、强化、持续的发展过程，还须经过总结、提炼、完善的升华过程。

我们的实践证明：百廿年七中以"启迪有方，治学严谨"和优生名师赢得质量，有"爱生育人"和先进的"个性化教育、主体性教育及学生素质培养目标"等教育理念。先进的"三体"教育思想和教学模式，富有特色的"适应学生差异性发展的课程体系"和"以做人教育为基础，立志成才为主线的教育思路，以及培养自主学习，创设多样课程，发展丰富活动，学生充分发展"的教学风格，共同塑造了誉满天府的"七中品牌"。质量在提高，品牌在发展，特色在形成，办学思想在时代召唤下升华。七中在持续发展中形成共识共情，入心入魂，滋养内化，生成融汇，铸成七中文化，赋予七中人的集体人格及精神长相。一次次"还是七中吗""还是七中人吗"的诘问与反思，促进着七中文化的发展，推动着七中与时俱进，也催生了七中育才、七中实验、七中万达、七中八一等学校的崛起和成长。七中的辉煌和七系的初中的崛起，秘诀就是与时俱进的七中文化的浸润滋养。

王志坚校长印象

石　峰[①]

王志坚校长1998年调到成都七中工作至今，给人最突出的印象是他标准的普通话、充满激情的讲话和优美的歌声。作为管理者，他亦堪称中学校长之中的佼佼者。

1998年的成都七中已经是在成都市、四川省乃至全国都颇有名气的学校。俗话说，创业难，守成更难。王校长只要保住"成都七中"这块招牌不倒，就已经是十分了不起的成绩。事实上，七中那几年又有了许多新的发展，尤其是在学科竞赛方面取得了历史性的突破。所以，要说王校长，首先要谈他与学科竞赛的不解之缘。

我们要国际金牌

就学科竞赛而言，应该说成都七中本来就有不错的基础：1992年章寅同学获得国际数学奥林匹克金牌，1996年王小川同学获得信息学奥林匹克国际金牌。但王校长似乎并不满足这些成绩。他曾不止一次在学校行政会上讲，在全国知名中学中，湖南师大附中、华东师大二附中、长沙一中、黄冈中学这些中学之所以在全国影响这么大，不仅仅因为他们高考成绩好，也不仅仅因为他们办学理念先进，还有一个重要原因，就是他们的学生获得国际金牌多。像湖南师大附中，就曾获得十多块金牌。长沙一中也接近

[①] 作者曾为成都七中语文教师，1998年3月至2019年9月在七中任教。

这个数。国际金牌犹如"状元"一样，有很大的社会影响力，尤其是国际影响力，成都七中在这方面还很有潜力。

王校长这番话绝对是有根据的。2000年，我所认识的一个湖南师大附中的教师介绍说，他们学校的国际金牌是全国最多的，"李岚清副总理出访欧洲就点名要我们校长随行"，说此话时其自豪之情溢于言表。

1999年，王校长就曾找成都市著名教育专家，本校谢晋超、龚廉光两位老师，就选修课、活动课尤其是活动课中学科竞赛的指导问题征询他们的意见。翌年，王校长又找到龚廉光老师，听取他对于学科竞赛工作的建议，嗣后又与几位校长商量，答案出来了：要搞好竞赛，学校必须有先进的竞赛教学机制和一套与之相应的完善的竞赛管理制度。而要做到这一步，学校首先应该有自我反省和虚心学习的精神。在王校长的提议下，学校建立了由龚廉光老师任组长、教务处副主任陈金强为副组长的涉及六个学科的竞赛考察学习小组，并于2002年11月奔赴湖北、湖南两省，在一周之内完成了对湖南师大附中、长沙一中、黄冈中学和武钢二中四所学校的实地考察。在考察小组出发之前，王校长提出了明确的要求：每个学科的考察教师都必须写考察心得，心得部分必须包括对成都七中竞赛的建议。返校后先在教研组汇报，考察组还必须指定一个教师在全校教师会上汇报。这一用意十分明显：考察绝对不是走马观花，更不是游山玩水，考察要为成都七中学科竞赛的可持续发展提出切实可行的措施。

王校长初到七中，老师们并没有感受到新官上任"三把火"，但到了2001年，当学校学生获得第11届国际生物学奥林匹克金牌时，七中的教职工都感到王校长抓竞赛确实是"有心"的。而到了2002年，当学校学生获得第12届国际生物学奥林匹克金牌时，所有的七中人都意识到，成都七中夺得国际金牌绝非偶然和运气好，而是一种必然，七中在学科竞赛方面已经具备了可持续发展的能力，而这一切又是与王校长重视激发教师的积极性、确定激励机制、形成进取氛围是分不开的。从2001年开始，成都七中在五大学科竞赛中，获得全国一等奖（赛区）为全川最多，并由原来占全省的四分之一提高到了占全省的三分之一，而获得全国总决赛金牌的人数，2004年已跃居全国第一。可以说，七中已真正跻身于全国学科竞赛强校的行列。

举办全国竞赛

2002年，王校长提出要承办第13届全国中学生生物学竞赛。不少人怀疑这是否有必要。但王校长早已深思熟虑：我们要以举办全国竞赛为契机，推动成都七中学科竞赛的全面发展。我们不但要举办生物学全国竞赛，只要条件成熟，还要争取举办物理学全国竞赛、数学全国竞赛……对王校长的这些计划，当时不少教师信心不足。但王校长和其他校领导拧成一股绳，对这项工作下定决心，真抓实干。一方面，王校长通过他与生物学同行的关系，与生物学全国竞赛委员会加强联系和沟通，充分展示了四川良好的教育环境和七中的条件优势，诸如政府支持、师生积极、竞赛成绩突出等，努力争取第13届全国中学生生物学竞赛的承办权；另一方面，在校内组织了竞赛筹备委员会，分设秘书、竞赛、接待、宣传、后勤保障、票务等组，开始了全面的扎扎实实的准备工作。

七中此前曾有一次申办全国竞赛未能如愿的遗憾，但这一次在王校长的精心组织下终于抓住了机会。经全国竞赛委员会批准，确定第13届全国中学生生物学竞赛在成都七中举行！又是一番紧张忙碌的准备。2003年8月，第13届全国中学生生物学竞赛终于胜利结束。收获是显而易见的：学校不但积累了丰富的全国性竞赛的组织管理经验，而且在那次竞赛中，作为东道主的七中不负众望，一举夺得五枚金牌（按规定，每个省、自治区或者直辖市只能派出三名选手组队参赛，东道主可以单独组队参赛；而在四川省代表队中，七中的选手又占了两名），创造了一项全国纪录。承办全国竞赛有力地推动了学校的学科竞赛发展。以至于2004年七中的杨璐菡同学再夺生物学国际金牌时，全校教职工一点也不感到意外。七中还培养出像文宗这样有全国影响力的生物学奥林匹克高级教练（曾辅导学生夺得三枚国际金牌）。

一次采访中，有媒体记者称王校长是生物校长（指王校长是教生物出身），王校长微笑着否认了。他说，竞赛不仅仅是属于生物学的，而应该是多学科的。2004年9月，王校长得到信息，第5届中国西部数学奥林匹克竞赛将于2005年举行，他马上提出，成都七中应该争取举办这届数学竞赛。他要求数学组的专家和老师努力抓住机会，学校全力以赴加以支持。最终，第 5 届中国西部数学竞赛的承办权花落成都七中。

以德治校，以德育人

王校长的故事自然不仅仅限于学科竞赛。

每周星期一早晨，学校都要举行升国旗仪式。曾经有段时期，举行升旗仪式时，总有个别教师在下面讲话，影响了升旗仪式的严肃性。记得王校长几次在会议上提出这个问题，叮嘱教师们千万引起注意，但收效甚微，仍然有教师在升旗仪式时讲话。王校长又分别在行政会上和全校教职工大会上十分严肃地指出，升旗仪式上讲话的教师是我们学校"非常棒"的教师，有的还是教研组长。有如此行为何以正人？从此以后，升旗仪式中教师讲话的现象便再也没有了。

此事反映了王校长抓管理的特点，让教师在激励中克服自己的错误，让教师在激励中成长。学校绝大多数老师的印象是，王校长没有"官味"。但王校长也曾利用"官职"来帮助教师成长。

有一次评职称，王校长提到一位教师，询问这一次怎么没有他。有人解释说，是因为这位教师没有申报。事实上这位教师非常优秀，工作勤恳，教书育人卓有成效，就是平时沉默寡言。王校长特别在会上吩咐，教研组长应该主动关心他，多给他一些机会。这些话王校长并没有给那位教师本人讲过，但事后得知此事，那位教师却受到了极大的鼓舞。这类例子不少，成都七中不少教师对王校长这种关心人、爱护人的工作方式都心存感激。

或许，以德治校、以德育人才是王校长管理理念中的最重要内容。王校长在"三体"教育思想的基础上进一步提出，"三体"教育思想的核心是"以人为本，重在发展"。这里的"人"包括了两个方面：一是学生的成才；二是教师的成长。

作为一校之长，王志坚始终保持了管理者清醒的头脑和敏锐的思想，在成都七中学校集团化发展的过程中，他首先提出了"强干发枝"的指导思想。在学校管理工作中，他始终坚持高度民主、以人为本、导而有度、严而有情的原则。所有这些，都为国家级示范性普通高中建设的学校管理提供了十分宝贵的经验。

我在成都七中的教育探索

刘国伟[①]

  自我从事教育工作以来，比较有兴趣思考、学习、研究教育教学工作。2007年我成为成都七中的校长，更是注重学习、思考、研究学校办学的各方面工作。当时一直在思考这样一个重要而根本的问题：怎样才能使成都七中这所百年名校教育更加优秀，学生更加优秀，未来更加辉煌？我力图在教育思想、教育实践方面求实求是，提升思想，优化实践，立足教育实践，追求教育理想，并不断探索。在"三体"教育思想的基础上，我提出了"新三体"教育主张和追求。

  带着我的思考、我的问题，我于2010年参加了教育部中学校长培训中心的新课改校长培训班学习，2011年参加了中学校长培训中心的高级研修班研习。在教授们的指导下，在同学们的帮助下，我对学校的教育工作进行概括和提升，试着进行探索和提炼。我总结概括了七中的办学特色是以人文素养为基础的科技教育；实施"701工程"（新课程改革和拔尖创新人才基础培养工程）；领导组织编撰《中华名校文库——成都七中卷》，总结概括了成都七中教育的两大亮点（支撑点）是"人文滋养与个性成长"（这是成都七中办学的特质，成为七中办学的名片），这也成为成都七中现代教书育人的基本理念和实践框架。

  办学思想要不断提升和丰富，学校的发展从根本上要靠行动来推进。

[①] 作者曾任成都七中校长，1994年8月至2016年7月在七中工作。

在校长培训中心高级研修班学习的同时，我也一直在思考。校长培训中心的各位领导和教授们给了我很大的启发和帮助。结合学校的实际，广泛听取教师干部的意见，我决定采用工程的方式来推进学校的工作，进一步提升学校的办学水平。我认为采用工程的方式有新鲜感，因为工程的特点是有任务，有时间节点，有人员落实，因而又有执行力。我们根据学校的实际情况和发展要求，定名为"新课程改革和拔尖创新人才基础培养工程"，为了简洁、响亮和突出其重要性，简称为"701 工程"，即成都七中一号工程。

2012 年年初，成都七中"新课程改革和拔尖创新人才基础培养工程"启动，目的是进一步适应新课改背景下学校优质、高效、可持续发展的要求，进一步完善学校的课程体系，提升学校的办学质量和育人水平，为学校第二次奠基和腾飞做准备。"701 工程"以项目式的研究为抓手，聘请在教育教学、新课改以及创新人才培养等方面拥有理论及实践经验的专家团队进行指导和培训，着力提升学校教师的素质教育素养和水平，明确符合新课改背景下学生发展的基本要求，符合新形势下人才培养的客观规律，符合学校教育教学实际的必修课、选修课、活动课以及研究型学习等课程纲要和培养体系，有效形成促进学生在全面发展的同时充分显现特长、彰显个性的科学培养模式和完善的保障机制，为今后培养更多更好的优秀人才奠定坚实基础。

方案出台并在全校宣讲，得到全校教职工的积极参与和热情支持。随即，我们通过行政会、教研组长会、年级组长会和校长会，多渠道、多方式展开讨论研究，加强了教育教学研究（工作研究化、研究工作化），研究的氛围和研究的水平是学校办学水平的深度表现，也是学校教育优质的基础保障。研究教育教学本质，研究育人过程中的问题、现象、措施——为什么？是什么？怎么做？从而优化教学过程，提升德育水平，促进学生更健康、更好地成长。"701 工程"的基本内容包括：

1. 课程体系建设（课程＋德育＋教学）——目标是育人（学生）；
2. 教学工作：学科纲要、双向细目表；
3. 德育工作：年级德育纲要、学校系列德育活动；

4. 以云计算网络平台应用（思维方式、工作方式）促进学校教育教学现代化，以多种学生社团活动培养综合素质，以国际化的课程体系拓展国际视野；

5. 拔尖创新人才基础培养工作——面点结合，推进创新精神和创新能力的培养。

结合"701工程"的开展和实施，从2012年起，成都七中以"创新实验班"为支点，更为有效地探索高中阶段创新人才培养模式。在班级设置方面，高新校区采用创新实验班与理科实验班、平行班并列运行的模式；林荫校区采用走课集中即拔尖创新人才培养训练营（实验班）的方式。在培养模式上，创新实验班更加注重学生创新意识、创新精神和创新能力的培育；在课程内容上，主要开设以拓宽和加深学科知识、理论、发展前沿为内容的学科技术特选课程，为学生打下坚实而深厚的基础，包括过渡性课程、基础素养课程、考察实践课程、观察与思维课程、专业拓展课程五大类。培养方式也更加灵活多样，主要采用"导师制"，即一到两名教师负责一个项目，指导若干个学生，全程为学生的成长服务。拔尖创新人才训练营任课教师由学校统一聘任，实行专项管理和特殊政策，并大量聘请国内外知名学者、企业家、社会活动家作为训练营的兼职教师。同时，学校还积极整合省内外优质资源，努力探索中学、高校、企事业单位共同参与的立体化的拔尖创新人才培养机制。

这些过程，全校教师都积极参与，"三体"教育思想、"新三体"教育主张和追求、人文滋养与个性成长的学校育人支点得到全校教职工的广泛认同，这使我深深感到欣慰和感动。

回忆七中校长

石 峰

初见戴校长

到成都之前,我对成都市基础教育现状没有任何了解,只知道成都的中学有"四七九"的说法。在四川大学离研究生毕业还有不到半年时,我才开始关心工作的事情。既然是"四七九",我理所当然认为四中一定是最好的了,何况我住的地方离四中很近。没想到,两次去四中校长都不在,那"退而求其次",到七中去试试呗。

缘分就是缘分。一到七中的校长办公室,校长正在埋头办公呢。我惴惴不安地掏出一张大概有三百字的简历交给他。

当时我还不知道戴高龄校长的大名。戴校长指着沙发热情地招呼我坐下,然后看起了我的简历。其间,一位高大的中年男子走进戴校长办公室。他自我介绍说是南充高中的数学高级老师,希望到成都七中来工作,随后向戴校长递上了一本厚厚的装帧好的打印资料。此时我感到了一种莫名的心虚:我的自荐信就是一张单薄的纸,我人又长得不咋地,更何况我还不是高级教师呢。

戴校长当时把资料翻看了不到一分钟,就对来人说:"请你去办公楼三楼找数学组的组长,他会和你接洽并交代我们进人的流程。"说完就把资料还给了那位老师。那位老师走后,戴校长就和我细细地聊了起来,现在也忘了当时究竟聊了些什么，大约有进七中的动机以及七中的相关情况介绍等。我紧张的心情一下放松了。聊了十多分钟，戴校长就说先带我在七中的校园内转转，然后顺道带我去见语文教研组长。

说实话，在校园内听戴校长介绍的时候，我真有一种受宠若惊的感觉，对比一下南充高中的那位数学老师，我觉得戴校长对我是比较满意的。大致逛完了校园，戴校长就把我领上了办公楼二楼的语文办公室。当时组长刘朝纲老师外出开会了，于是戴校长就把我介绍给了语文教研组副组长文仲瑾老师，然后他就离开了。

到了七中以后，我才知道戴校长原来是一位优秀的物理老师，后来做过成都市教育局普二处的处长，有着丰富的教育管理经验。他很早就在全国范围内提出了成都七中"三体"教育思想，并在全国基础教育界产生了重大影响，使成都七中在办学理念上走在了全国基础教育界的前列。"三体"教育思想至今仍然深深地影响着成都七中的发展。

后来学校通知我到七中试讲，我专门去邀请戴校长来听我的试讲课，没想到戴校长真的来了。听完第一节课后，戴校长就专门过来跟我说，他有事，第二节课就不听了，你大胆讲，没有问题。

今天想起来，戴校长热情接待我，并支持我到七中工作，和成都七中重视教师队伍建设的办学传统分不开，也和戴校长的办学理念分不开。我虽然算不上什么人才，但当时有硕士文凭的研究生到中学教书的还很少，成都七中当时也只有数学组有两位硕士；引进一位文科的硕士研究生，从学校整体的教师队伍建设角度看，无疑是合理的选择。

微信里的易校长

"哥，快帮我把把关。"翻开微信，看到了这条 2020 年 7 月 9 日上午易国栋校长给我的留言，前面有一篇 word 文档《2020，毕业典礼致辞》。易校长和我之间的这种交流很多。他叫我给他检查或者修改发言稿，其实这是完全没有必要的。因为他重回成都七中担任校长之后，我听过他无数次的发言，也看过他撰写的许多稿子。他的发言或文章总是思路清晰、逻辑严密、表达精准，可以说，语言表达、行文写作本身就是他作为校长的一个明显优势。这并不奇怪，他是中文系毕业的，脑子好使，学习工作又勤奋。

对发言细节"咬文嚼字"到如此地步，令人惊叹，他严谨的工作态度和精益求精的精神让我充满了敬意。非常明显，他时刻以一位优秀校长的高标准来要求自己，不允许自己在学生和教师面前的发言出现一点儿纰漏。为了对得起他的这份执着，有时我还不得不"有意挑刺儿"。

这事背后的意义还远不止此。我清楚地记得退休前在工作中也多次遇到类似的事情。他曾对我说过："我也请学军和晓晖老师给我检查过。"我们生活中见过不少照本宣科的领导，而这种领导还生怕别人知道他的发言稿是别人代写的。在这种鲜明的对比下，易校长为了一篇发言稿多方请教，这就不是简单的工作态度问题，它直接反映了一个领导者的谦虚人品和心胸格局。在学术圈，我们知道往往有这样一个规律：知识渊博的人反而喜欢讲自己的缺点、弱点；知识浅薄的人却往往自以为是，很难听进别人的意见。两者相比，高下立见。

我刚到七中工作时，易国栋就已经是成都七中教育处的副主任了（论在成都七中的资历，可以说他才是我的哥哥），但他习惯称我为"哥"，原因绝不仅仅是我比他年纪大。我印象中，个别老资格的七中人在新人面前总喜欢摆谱儿，甚至"欺生"。一个简单的称呼，反映的是一个人的人品；为了稿子多方求教，反映的是一个人的格局。

2022年6月的一天，看到手机新闻里一篇关于成都七中高考成绩的报道，就给易校长发了一条祝贺的微信消息："易校长，七中今年高考又传佳绩。祝贺！"他很快给我回信："石哥，七中老师勤奋，七中学生优秀，我是福气好啊！"短短三句话，他把成都七中的优异成绩归功于七中的老师和学生，而不是归功于他的领导，和他自己有关的仅仅是"福气好"而已，这种谦逊的品格和前文所述一如既往，虽然从因果关系的角度来看，这种归因未必全面、准确。

首先，易校长说到七中老师勤奋，这是事实，但作为校长的他同样勤奋。"石哥，我在学校值班，下晚自习了，我马上去巡视了，下来我学习大家的思想。"这是易校长2022年11月30日晚上发给我的一条微信消息。易校长真可以算得上一个"工作狂人"，他重回七中和我们一起工作的几年中，我感觉自己完全跟不上他的工作节奏。俗话说"一分汗水，一分收获"。易校长在学校管理上投入大量精力，当然会有丰厚的回报。

易校长上任以来，七中高考成绩年年跃上新的台阶，以前十几年才一出的稀罕的全省"状元"，现在几乎年年都有，甚至出现了同年文理双状元的成绩；学科竞赛成绩更是多次夺得全国第一。如果真的是"福气好"，那这里的"福气"应该指易校长身上强烈的教育情怀和智慧的教育管理。

他重回成都七中上任，就使出来了新官"板斧"。我个人的体会，调整干部队伍是他的第一板斧。他深知，在校长和一线教师之间，干部队伍是最重要的桥梁。如果没有一支工作主动积极、执行力强的干部队伍，那校长的所有理念、要求、想法都无法得到施行。我发现，贤和勤是他对每一位干部的基本要求，如果某个干部不能满足这两点要求，那易校长就会果断地对他的工作做出相应的调整。

记得某一年新学期开始，我突然发现某个干部不见了，一问，才听说这人已离开成都七中了。这位干部我也比较熟悉，私下里关系也不错，但我认为易校长的决定是非常明智的。这位干部非常能干，可以说完全能满足"能"这个标准，但他身上的缺点非常明显，那就是工作的热情和主动性不够。在易校长还未到七中之前，他就曾在工作中出现过一次重大的失误。易校长坚持自己的干部用人准则，几年下来，原来那种在领导面前去表示要"积极进步"的人不见了，一大批群众眼中的能人脱颖而出。我也比较纳闷儿：易校长是怎么在短时间内了解这些人的呢？后来才知道，深入实际调查和走群众路线，是他挖掘干部人才的两大法宝。记得多年前，有一次易校长给我一个电话，让我推荐一位领导。我按照以前的惯性思维说了一个人，没想到被他立马否决，他说这人"独当一面的能力目前还不够"。同时他又向我征求了关于另一个人的意见，我立马领悟了。他推荐的这位领导办事风格干练坚决，确实能够独当一面，后来的事实也证明了易校长选人的正确。

在干部队伍建设方面，易校长还一改几十年"一人一坑"长期不变的用人制度，使用了轮岗的新做法，力图通过试错来选择更合适的干部人选和与其更适合的岗位。这种做法极大地提高了用人的容错率，做到了人尽其才，也保护了干部的积极性。

可以说，易校长在用人的选拔上是非常挑剔甚至苛刻的，而且他眼光独到。然而，在实际工作中，易校长却并不是一位"铁血"领导，我们随时可以体会到易校长身上温情脉脉、充满人情味的一面。

2021年12月某日，我给易校长发了两条短信："林文询病重，住华西重症监护室，病名低血钠症。""易校长，这是刘老师刚才给我发的微信消息。林文询对七中文化建设出力不少，也关心母校。你看能否叫办公室派一个人买点礼品和鲜花去医院看望一下。我前两天刚到海南。"很快我就收到了易校长的微信回复："好的，他是我师兄，明天我去看他。"林文询先生是作家，成都七中20世纪50年代的校友，他为七中写过《墨池赋》《七中赋》，并多次参与指导学校文化建设。没想到易校长的微信回复如此迅速，并答应第二天就去医院看望林文询校友。这就是工作严格、严厉的易校长对别人充满关怀和温情的一面。这种温情和他选拔干部时的表现看似矛盾，其实是一致的。因为选拔干部的初衷就是为了干部的迅速成长，这从根本上说也是对人的一种关怀。

2023年9月28日，我收到了易校长的微信消息："以沉痛的心情向各位报告，杰出校友徐荣旋先生患重病医治无效，于昨天中午在上海离世。噩耗传来，彻夜无眠，泪流满面……"消息中"彻夜无眠，泪流满面"的表述，让我很受感动。从这八个字我们可以看到，易校长是性情中人。作为一个男子汉，作为一个领导，在与人交往时却也会常常露出他内心里最温柔温情的一面。

易校长对成都七中的另一个重大贡献，就是学校文化建设。对此，他可以说是殚精竭虑。

易校长是最早提出系统性建设成都七中学校文化的领导，并把梳理成都七中文化建设成果作为首要的任务。在他的带领下，成都七中梳理出了学校的办学理念、办学思想、办学目标、校训、育人价值目标等。因为曾在成都七中研修室工作过，所以我和易校长有关这方面的沟通特别多。我切身地感受到，成都七中校园内目前最新的景观系列就是出自易校长的宏观策划。其中楼名系列、对联系列、景观系列和校史馆都充满了深厚的文化底蕴，极大地提升了成都七中的校园形象。可以说，成都七中的文化建设，易校长厥功至伟。

因为易校长本身就是学中文出身，所以文化建设的事儿他常常亲自下场操作。2023年8月，我收到了易校长的一条微信消息："忽有灵感报给石哥：高新校区'院士长廊'重新命名为'集英廊''思齐廊'或者'集英长廊''思齐长廊'……高新添新景名'长风步韵'和'文渊唤鱼'；墨池旁植柳，置涌泉，又得二景，一名'墨池柳影'，一名'云亭涌泉'或'子云涌泉'。"可见易校长对学校文化建设之上心。然而每当遇到不同意见时，易校长又非常审慎。有一次易校长给我建议的一条短信回复是："方便时我们多找几个人讨论，必要时交教职工、家长、学生、校友网上投票。"主见未必就是专断，在工作中易校长的民主作风也给我留下了深刻的印象。

目前成都七中已经进入了一个新的飞速发展期。在成都七中即将一百二十周年华诞的时刻，我谨以此文向为成都七中建设做出贡献的领导、老师和职工表达内心崇高的敬意。

我与高新校区三任执行校长的故事

王雪梅[①]

我于2011年6月30日到成都七中接受新入职教师培训,一开始就在高新校区教学,到今年已近十四年了。十三年来,我在高新校区先后陪伴了三位执行校长——易国栋、胡霞、史玉川。现在他们各自担任市直属学校的书记:易国栋担任成都七中党委书记,胡霞担任成都市树德中学党委书记,史玉川担任成都市第二中学党委书记。高新校区在他们三位的带领下经历了不断发展的阶段,一百二十周年校庆也是高新校区建校十五周年,作为高新校区的开拓者和建设者,要有属于他们的文字。

现任成都七中党委书记易国栋是高新校区首任执行校长(2010—2016)。可以说,高新校区的起点和定位是他带领第一批到高新校区工作的成都七中人奠定的。在我眼中,他是智慧的、谦逊的、勤勉的。

任何新事物的诞生都离不开寻根,都会找到与母体的关系与牵连。每一年新教师培训,易校长都会给大家讲:"成都七中(高新校区)这个名字一定要给'高新校区'四个字加括号,为什么呢?按照语法规则,括号里面的内容可以不念出来,表示注释,注释这个校区的地理位置在高新区!"每每听到此处,老师们都会"嘿嘿"笑出声来,不知当时有多少人能体会到易校长的良苦用心,2010年建成的新校区怎样能快速立足、有良好的办学品质和社会美誉度……当然,因为易校长加括号一说,于是成都七中两个校区

[①] 作者为成都七中副校长。

的名字就都有了：成都七中（林荫校区）和成都七中（高新校区）。

　　为了加强教师队伍建设，让新进到高新校区的老师融入七中，学校成立了课堂听课指导专家小组，易校长把成都七中老一批教研组长基本上都请到了高新校区。2010年开始就到校指导的老专家有刘朝纲、张锦、谢晋超、屈曙光、李辉纮、龚廉光、钱明祥、范学瀚、胡飞振、李都、曹宝静、王开元……这些老专家把自己对七中文化和七中课堂的深刻理解与实践经验手把手教给高新校区的老师们，从备课到课堂，从"转转课"到献课、赛课，从教学到生活，从而让高新校区的教育教学逐步有了"七中味"。当时还没有退休的张锦老师以成都七中（高新校区）德育督导的身份亲自分管高2010届（第一个高中年级）和高新校区的德育工作，为高新校区的教育传承打下了坚实的基础。易校长真诚恭敬地对待每一位老专家，不定期听取他们的意见和建议，及时改进，不断修正。毫不夸张地说，课堂听课指导专家小组的成立和坚持发展是高新校区继承和传承七中文化最重要和最有力的举措。

　　第一届高考成绩出来，我们在四中、七中、九中三校新校区中位居第一！记得当时张锦老师在总结会上潸然泪下，成绩背后的艰辛付出是不言而喻的。老专家们的帮扶指导，老师们的发奋图强，两校区的教研融合……至此，易校长和老专家们大胆果断地提出"十年强校区"战略，这在当时是相当鼓舞我们的。

　　我入职七中的最后一项考核是易校长在电话里完成的，他说："跟着我干很辛苦哦！你都是你们学校的校级干部了，你吃得下这个苦不？"我在电话里坚定地回答："我不怕吃苦！"那一年我三十五岁，已经是一所示范性高中分管教学的副校长了。当时，我内心最大的愿望是到七中当一名班主任，体验教学相长的最大匹配度。不过，事与愿违，直到现在，我都没能当上七中的班主任，的确是种遗憾。2011年9月，我开始了在高新校区初二六班的语文教学工作，同时兼任高新校区行政办公室主任助理，从此，我就近距离见证了易校长说的"辛苦"。

　　易校长对干部们提出"三个示范"，即人品示范、行为示范和业绩示范；"三个做到"，即要求学生做到的老师先做到，要求老师做到的干部先做到，要求干部做到的校长先做到。故而每次行政会，易校长都会对每个部门的工作提出许多专业性极强的建议；每次考后分析先看干部任教成绩；每一次重要会议，他都说自己凌晨五点起来改稿子；每个年级的工作计划他都能提出适宜的做法；每一个工作方案在他那里修改没有十遍也要七八遍才通过（因为他把每一个细节考虑到极致，最初我和许多人一样认为没有这个必要，后来在这样的工作要求和管理下，我看到了高新校区与其他学校的不同——细微之处见品质）；周日下午四点以前他就返校迎接老师和学生，每天早上七点半之前拿着笔记本准时出现在书院教学楼，每天中午一点五十准时站在书院大厅处等候师生，每天晚自习巡视教学楼，每天晚上十一点之前看看学生宿舍，然后到交流中心就寝……不要说风雨无阻，就连他痛风发作脚上动了手术都要去巡视教学楼，检查课堂状态、"三台两窗"、桌面地面，一项不落。一个校长能够做到这样勤勉和努力，真的让人心生佩服！那个时候我看着他蹒跚的背影总在想，他什么时候可以给自己放放假？他用自己的脚步丈量着高新校区的每一寸土地，数过十万余平方米建筑的每一个空间。跟着这样一位校长干，你永远会因为自己跟不上他勤奋的步伐而深感惭愧，他的作息对高新校区的干部是无声的培训，是他自己对"三个示范"和"三个做到"的行动演绎，这样的作息也影响我直到今天，潜移默化后成了一种工作自觉与习惯。

"王雪梅，你去参加这个比赛！"2015年4月，快四十岁那年，易校长斩钉截铁命令我去参加第四届全国初中语文教师基本功大赛（现场赛课）。"易校长，我都四十岁了还参加什么赛课哦，让其他的老师参加吧。"当时已经分管初2014级、承担初中教学、担任办公室主任的我实在没有精力和心情去参赛，我还特意请刘朝纲老爷子和张锦老师帮我给易校长说情。"不行！必须去，不换人，就是她！"易校长这样回复刘张二老。没办法，那就上吧！因为自己的背后是"成都七中"这四个字，这给了我莫大的压力。自己思考，备课组和教研组一起打磨，准备了现代文阅读课、文言文阅读课和写作课几种课例模式，最后由初中语文教研组长杜昌一老师陪我去武汉现场赛课，抽签抽到写作课，现场效果极佳，掌声自发响起多次，最终获得了全国初中语文教师基本功展评现场授课一等奖和最佳板书奖。回到学校后，易校长只说了一句："这个一等奖，对你很重要！"后来我慢慢明白，在七中这个以业绩赢得尊重的学校，这是易校长为我创造的条件，是在我管理能力之外的专业条件，是七中对一个人全方位成长的"夹磨"。

2016年初，易校长对我和张铮、陈东阳几位初中分管干部说："我们自己的初中要有发展规划，要做强。说实话，纯摇号生源的公办初中，重点率一直保持在三校七区第一名（70％以上，第一届达到81％），很不容易了（2014年我们的初中就率先在数学和英语学科展开了分层走班教学，深受学生家长好评，三年后的升学出口也与分层走班呈正相关）。但是，社会对我们初中的要求是希望达到高中的美誉度，我们打算成立初中部，王雪梅你来牵头。"于是，我和张铮、陈东阳又投入到对初中部发展的思考中。2016年8月，在成都七中年度德育研讨会上，我做了题为"关于构建成都七中初中部的思考"的汇报，开启了成立初中部的序章，我算是成都七中初中部首任主任，是个"光杆司令"，因为当时分管初三的张铮是高新校区教务处副主任，分管初一的陈东阳是总务处副主任，我还是办公室主任。不过初中部的构想给我们后来的工作带来了意想不到的广阔空间：现在，张铮是成都市教科院附属学校的书记，该校办成了一校三区的教育集团，社会口碑好，已经是成都七中两校区重要生源基地；陈东阳是成都七中领办彭州蒙阳实验学校（九年一贯制义务教育学校）书记，充分发挥七中领办优势。这两位当时在高新校区要么在情商方面、要么在逆商方面都是能跟易校长平等对话的，在尊重传承七中优良传统的基础上，易校长给予分管干部很大的实践空间。现在想来，他每一次调兵遣将都让相关干部在未来的某一时刻对学校发展发挥了极其重要的作用。

来高新校区参访的教育同行一定会去两个地方：毓秀苑（女生公寓）和含章楼（男生公寓）。当参访者惊叹高三男生公寓干净整洁、无一丝异味时，我们心里都会为易校长竖起大拇指，这个标准的制定落实是要花大力气的。高新校区年度考评工作，易校长带着团队在分析每一位教师的优点和不足中持续推进，保持至今；每一年除夕的中午他都会带着家里的腊肉香肠与留校的保安物管一起辞旧迎新……高新校区太多的第一次都由易校长带领着我们创造。

2016年9月，易校长结束了高新校区执行校长的任期，担任成都七中校长一职，办公主阵地自然也到了林荫校区，从此他的心里要装下两个校区，而且要"固本强新，深度融合"。同时，时任成都七中副校长的胡霞来到高新校区，成了第二任执行校长。胡霞校长在高新校区干了一届，2016年9月至2019年8月三年。她在我眼中是智慧的、优雅的、坚韧的。

胡霞校长有一股自带的"海派"优雅气质，身材高挑，化一点适宜的淡妆，披肩鬈发，衣着得体。胡霞校长喜欢运动，每天坚持锻炼一小时的习惯是她热爱生活、保有工作激情和工作精力的基础。坚持锻炼这一点是我一直想学习却始终学不到的地方。

胡霞校长刚参加工作就在树德中学宁夏校区，2009年又到成都七中林荫校区干了七年，所以两个老校区的优点她都非常清楚。作为高新校区的第二任执行校长，寻找高新校区的增长点是她一直的工作主线。胡霞校长刚到高新校区时对全体教职工说了十二个字——如履薄冰、责任重大、使命崇高，我至今记忆犹新。

胡霞校长一到高新校区，首先就牵住高三这个"牛鼻子"。记得当时高新校区的高三是伍新春（现成都英才学校书记）分管的高2014级，在"一诊"复习备考时，胡校长力推学生停课自主复习，各学科及时给出知识清单，学生对照知识清单查漏补缺，每一个时间段两个老师值守，班主任坐在教室里，学科老师坐在教室外的过道答疑，这个停课自主复习时间大致持续两周。那一年的12月似乎特别冷，胡霞校长就让食堂把饭给老师们送到教室，还分上下午给老师们送姜汤喝。一开始有个别老师不习惯这样的节奏，偶尔会有一两句抱怨。这些抱怨不知道胡霞校长听见没，不过这项工作没有暂停，她有自己的坚持与要求。后来，当学生因得到更及时有效的指导获得学业进步的信心时，老师们也接受了这样的安排。高三诊断考试前复习备考期间"冬送驱寒姜汤，夏送解暑饮料"的习惯保持至今，这是不是对"兵马未动，粮草先行"的另一种诠释呢？胡霞校长牵住高三"牛鼻子"的另一种做法是高三周六行课，她依旧坚持早上七点半到校；每周日晚上坚持参加高三班主任例会，一次不缺，而且每一次例会都是她先讲，讲完之后再听年级分管和年级长讲。有心人会明白，这种不间断重复的工作需要强大的学习力和意志力，能坚持做好一件事是一个人极度自律的体现。

2017年，我分管的初2014级毕业了，各项指标优秀，从2011年8月到2017年8月，我在高新校区初中任教六年，分管了2010级、2011级、2014级；这一年，我和蔡泽勇、伍新春、张守和同时被任命为校长助理。我们是在高新校区并肩战斗的战友，他们三个毕业就分在成都七中，2011年跟着易校长到高新校区成为开拓者，蔡泽勇2015年回到林荫校区，现在已经是成都七中专职副书记、林荫校区执行校长；伍新春2018年外派到成华区，代表学校领办成都英才学校，现在已是该校的党总支书记；张守和2019年外派到七中八一学校任校长。仅从这一点看，七中是"校长的摇篮"似乎不是夸张的说法，"你有多大能耐，七中给你多大舞台"这句话也不仅仅适用于学生。

这一年暑假，胡霞校长找到我说："雪梅，学校研究决定，由你来接手分管高2016级高二年级。"我在原学校分管过高中，也分管过教学，但是，我到七中高新校区还没有进过高中课堂，这样的决定是否有点草率？于是我说："霞校，我不是怕困难，我可以分管高中，但是不是让我从新高一接手管理更稳妥一点？"胡霞校长温和地说："学校既然决定了，你就上，管理是相通的，反正都是学习，有什么怕的，就算有什么困难，还有国栋校长和我在。"我是一个不善于推脱更不善于拒绝的人，于是，我直接从初三毕业年级"跳级"到高二年级，担任分管干部同时任教高2016级九班（理科实验班）。那时，当了高一一学年年级组长的杨晓东在暑假辞去了年级组长的职务，只担任该年级十班班主任（理科实验班）；年级组副组长谢李丽（年级唯一一个英才班的班主任）继续干；快开学了，经考察，学校任命该年级物理组袁德军（理科实验班十一班班主任）担任年级组长一职。2017年9月，我和袁德军、小谢三个人组成了高2016级新一届年级管理团队。从那时到现在，我都能非常清晰非常深刻地体会到胡霞校长刚到高新校区时对全体教职工说的那十二个字："如履薄冰、责任重大、使命崇高"，这十二个字在当时的境况下于我而言又何尝不是生动形象的表达呢？

到了相对陌生的环境，首先是融入集体，观察、学习、思考，不随意发出指令，备课、上课、听课、批改作业……在实验班的课堂，先留下自己语文专业的印记。后来有同事对我说："王姐，我知道你一直在观察，整整半学期你没有发出新的指令。"不了解就没有发言权，在近距离接触中，这个年级让我荣幸地参与和见证了高新校区第一枚国际奥赛金牌的获得。胡霞和国栋校长一起积极推动高新校区学科竞赛的进一步发展。2018年8月，高2016级唐皓轩、晏世伟两位同学获得全国中学生生物奥林匹克竞赛金牌，入选国家集训队并保送北京大学。在冲刺国家队的征程中，这两位同学被送到林荫校区集训。2019年7月，唐皓轩同学以世界第二名的优异成绩，勇夺第30届国际生物奥林匹克竞赛（IBO）金牌，为成都七中、为四川、为中国争了光！是的，这是高新校区的第一枚国际金牌。2018年12月，高2016级古源楷、杨婉倩、王嘉俊等二十一位同学获得全国中学生信息学奥林匹克竞赛联赛一等奖，居四川省榜首！可以自豪地说，那个时期，高新校区生物和信息学竞赛发展到目前我们难以再达到的高度，有竞赛机制改革的因素，也有兄弟学校重视拔尖创新人才培养的因素。但无论如何，因为七中人的坚持与坚守，因为国栋校长和胡霞校长的坚韧，因为两校区竞赛团队真正破壁融合，因为高新校区教师骨子里流淌的是七中"追求卓越，勇争一流"的血液，我们要用自己教书育人的初心和逐阶而上的业绩证明这个校区是成都七中不可分割且极其重要的部分，是更重要的因素。

2019年9月，因工作需要，胡霞校长调回成都市树德中学，任树德中学校长，开启了她统筹一校三区的高强度工作模式。高新校区书院里的读书角是她当时留下的带有松弛感的休闲区，运动场的玫瑰园是她留下的花团锦簇一隅，还有她时刻不忘提振队伍士气的一言一行："高新校区很美，同志们很努力，只要目标坚定，一定可以更美好！"

2019年7月至8月，我一直和德军做着新高一高2019级的管理团队组建工作，小谢因为生二胎请产假一学期，所以郑钧就被任命为年级组副组长。暑假人事调整和变动，这个时候谁来当高新校区执行校长呢？8月下旬，我们迎来了高新校区第三任执行校长，时任七中八一学校校长的史玉川，她回到七中（她毕业就分在七中，先后担任班主任、年级组长、教务处主任，2013年派至七中八一学校任校长），担任高新校区执行校长。七中也要派一个干部去七中八一当校长（这是使命担当，是"政治任务"）。学校经过研究，选了当时的校长助理，分管高新校区2018级的张守和去。守和离开高新校区了，他的年级进入新高二，谁来分管呢？放眼一望，领导们觉得我可能中途接手年级接手班级的经历要丰富一些，于是，我放下了新高一管理团队的组建，又重新接手一个新高二，同时由分管教育处调整为分管教务处，换言之，我接手了守和的全部工作。2018年7月，新春外派去筹办英才学校时，我就接手了他教育处所有工作。国栋校长常常鼓励我们，多岗位锻炼是对一个干部的全方位培养和考察。

史玉川校长在高新校区干了四年，从2019年8月至2023年8月。她在我眼里是坚毅的、果敢的、创新的。她很纯粹也很直接。用她的话讲，生命很短暂，不应该被无聊的小事浪费了。她和我是南充老乡，她高中在南充一中念书，成绩很优秀。史校长是德智体美劳全面发展的代表，她歌唱得好，钢琴弹得好，喜欢画油画，还是中学学校排球队的队长，所以一到高新校区她就有一种龙归东海的感觉。高新校区是值得每一个热爱它的人为之付出情感与心血的。

史校长到高新校区任职后第一件事就是参加各年级开学年级教师大会。我以为她会像易校长和胡校长一样去参加高三年级的会，没想到她拿个笔记本到了我刚接手的高2018级。新高二年级的教师大会是在芙蓉书院二楼阶梯教室开的。我想看看这个年级曾经的工作常态，首先由年级组长讲，所以两个年级组长杨勇和付安平老师按照各自的习惯做了工作安排，我强调了新学期高二的各项工作。会议结束后，史校长非常严肃地来到我们三个人面前说道："你们觉得你们这个会有什么质量？你们在那苦口婆心地讲，老师们能听进去多少？难道这就是成都七中的水平？"这几句话敲在我心上是很重的，虽然我初来乍到，但是我已经是这个团队的一员了，她说的句句在点，指出的问题既是我们的不足，也是提升的方向。从这一天开始，我凡是要讲话必有自己做的PPT，言简意赅，重点突出且醒目。史校长说得对，只有会议内容品质高，听众才会在状态、有收获。慢慢地，所有干部、班主任、教研组长和备课组长在发言时都会有自己的PPT，这不是内卷，而是在践行大家认可的一种工作态度与做事标准。前段时间，我梳理自己 2019 年至 2024 年的工作内容，才发现自己对老师、学生、家长、帮扶学校所做的大大小小内容不重复的讲座已经超过了三两次，这得益于史校长对我们的严格要求。

2020 年 4 月 12 日是成都七中一百一十五周年校庆日，也是高新校区建校区满十年的日子，时逢新冠疫情，没有轰轰烈烈的庆典，史校长就策划了第二期星河讲坛——"十年如歌，青年教师与成都七中共成长·成都七中（高新校区）开校十周年故事汇"。主讲人是五位青年教师代表，分别是陆洁、杨东、闵丽根、严丽莉、赵东琳。他们回顾了十年来的成长、回馈、感恩和爱，以及与高新校区发展相互交织的青春故事。与七中共命运，和高新共成长，这是一种缘分，也是一份光荣。十年时光，变化的是容颜，不变的是坚守。星河讲坛的举行，在高新校区建立十周年这个时间节点上，把教师们爱校荣校的凝聚力推向了新的高度。

史校长大我五岁，都是喝嘉陵江水长大的川北妹子，所以性格中都有豪爽坚强的一面。这种性格很适合打攻坚战，不过她更果敢和勇毅，更具有创新的意识，这种性格也常常让我们在某个问题上快速达成一致。每学期开学的教职工大会上，史校长都会给高新校区的教师们做一场精彩的报告，聚焦在形势分析、发展目标和教师队伍建设等方面。2021 年春，在开学的教职工大会上，她说："高新校区的老师要逐渐自立自强，要在专业上有自己的建树，没有本事就无法赢得别人的尊重……我们要敢想敢为，目标高远。没实现不丢脸，万一实现了呢？比如，作为一流名校，清华北大就是要以突破十个为目标，其他指标要在三校七区排在第三甚至第二，万一哪天运气来了，还可以出个四川省 NO.1。"老师们在台下都笑了，因为史校长说的每一个小目标，高新校区的确只是目标，不过三校七区排第三实现的概率要大得多，也基本实现了。随后一周，我分管的高 2018 级进入"二诊"复习备考了。在年级教师动员会上，我说，既然史校长提了这样的奋斗目标，那我们就把这个目标称为"1031"工程。大家又笑倒一片。肯定有老师在想，真是"人有多大胆，地有多大产"啊！往往这个时候川北妹子的勇敢就表现得特别明显。2021 年 6 月 23 日，行政干部和高 2021 级全体教师回到高新校区学术报告厅，我先组织大家开了个短会，主题是"奔赴下一场山海·今天很好"。会后研修室李磊主任问我："亲，我们今年是不是考得很好？""不晓得嘛，过程大家坚守得好，不会差。""外面都说我们考得好！""分数都没公布，怎么知道。"我又问史校长："史校长，'1031'的'10'和'1'只能选一项，你选哪个？"史校长停顿了一下，很认真地回答："两个都想。""那不行，只能选一个。""还是两个都想！"她说完我们笑成一团！

这晚，史校长陪我们到十一点才回家，我和付安平、滕玮、任益民还在明德楼三楼一会议室等学生们反馈成绩，杨力带着教务处的同志们逐一登记成绩。"王涵，文科，666分，四川省第一！"任益民老师是王涵的班主任，后来2023年作为班主任的任益民老师又带出了闫一鸣同学。我们几个会议室的老师激动得抱在一起，我拿着手机大声地告诉史校长："666分，王涵，第一！""哇！太厉害了！"那夜无眠，同事微信群里，"鞭炮"一串一串"炸"，"巴巴掌"一阵一阵"响"……"1031"从提出到实现，不到半年，这个666分与盛安街666号（高新校区南门门牌号）一起留在我们共同的记忆中，成为永恒。

2023年，文科成都市第一、四川省第二的闫一鸣来自高新校区；2024年，四川省文科第三名的李妍姿来自高新校区。随之而来，"高新校区文科很突出""要读文科就要到高新校区"的说法在社会上流传开去……"硬币都有两面"。这是一种美誉，但是对学校的理科发展是一种无意识的阻碍。其实"三体"教育思想的践行、文理双优的发展、拔尖创新人才早期培养的推动，高新校区一样也没有落下。尽管生源有较大差异，但作为成都七中的一部分，大家从未放弃对高品质教育教学质量的追求，从未放弃我们要为七中发展贡献高新力量的行动实践。

2023年7月，成都市教育局提出办好第"二、四、七、九"中学直属学校，加大服务社会的目标，史校长被任命为成都市第二中学党委书记。7月中旬，我和纪委书记、副校长马健、高新校区党政办公室主任李远攀，跟着市教育局机关党工委谭莹书记，把史校长送到二中。国栋书记和史校长俩共同的学生组建画家团队，从2021年到2023年，用三年的时间给高新校区捐赠了一百幅大大小小的油画，为高新校区建成了青春如画艺术长廊。每当从博雅楼一楼经过，凝望那一幅幅油画，耳边时不时传来三角钢琴奏出的流畅旋律时，我总会想起陪着这位勇毅、创新、创造的川北女子——史玉川校长一往无前、共同实现教育者小愿望的朴素日子。

国栋校长、胡霞校长、史玉川校长三个人的性格、工作作风是完全不同的，但有一点却是相同的：热爱七中，爱护高新校区，希望七中越来越好。高新校区如今在社会各界的口碑、在同行中的高品质竞争力，是他们几任执行校长带着团队一步一步干出来、拼出来、闯出来的。

2023年7月22日至28日，第40届全国青少年信息学奥林匹克竞赛在成都七中（高新校区）举行。

2023年10月27日，成都七中第44届田径运动会在高新校区运动场举行，两校区五千多名师生首次齐聚一堂，共襄盛会。良好的体验感，让学校当即拍板——2024年10月学校第45届田径运动会继续在高新校区举行。

2023年12月8日，成都七中第45届教育研讨会在高新校区体育馆隆重举行，与会代表超过一千人。

两校区学科竞赛深度融合，协同发展。2024年秋，高新校区五大学科竞赛均有学生进入省队。而进入省队五大学科全覆盖的，成都市仅有三所学校——成都七中（林荫校区）、成都七中（高新校区）、成都实验外国语学校。

作为成都七中不可分割的一部分，高新校区始终在实践中创造"从无到有"的办学成绩，这个"从无到有"蕴含着创造与实现的哲学含义。在人类的创造活动中，我们总是从零开始，通过想象、设计、实践等步骤，将原本不存在的事物创造出来。这种创造过程不仅是对物质世界的改变和丰富，更是对人类自身能力与价值的肯定和提升。它告诉我们，只要有足够的想象力和创造力，就没有什么是不可能实现的。

国栋校长说："为国家培养负责任的成功者，为国家富强、为民族复兴、为人类命运承担责任。出成绩、出成果、出经验、出理论、出大师……实现学校从知名度到美誉度的提升跨越，这是七中的办学目标，也是七中人永不懈怠的使命与责任。""成都七中是一座高山，但不能做盆地里的高山！""七中塑造你的精神长相，你代言七中人的理想。"

胡霞校长说："七中文化和文脉在于研究的常态化，研究才能推陈出新，研究才能超越经验，研究出思想，研究让思想有高度。说到七中的德育，我的思考是要提炼七中德育的价值特色，挖潜德育的课堂主阵地功能和价值，努力对德育活动进行课程化、序列化提炼和提升。"

史玉川校长说："七中的法宝是文化和人的力量！一是大气而有担当，为省市基础教育领航，办一所火一所，办一处成一处。二是重教研，崇尚学术，追求卓越，与时俱进，终身学习，相互切磋，不服输，永争第一。三是尊重教师和学生的个性，包容而多元……"

牵引灵魂是教育的真谛。

秋天的画卷缓缓展开，窗外的蓝花楹悄然绽放，成都七中的校园里，高新校区的校园里，自然之美与人文韵味相互交织。流连校园，我们会发现，七中人在建筑物上刻字总惜字如金，但"全球视野、中国脊梁"八个大字刻在两校区的墙上，气势恢宏。这是成都七中的培养目标，激励着代代七中人志存高远，砥砺前行……

曾和我共事的老教研组长们

刘朝纲

2023年教师节前，学校办公室要我做一个视频，谈谈七中办学的法宝是什么，我谈到的其中一条就是七中有一支"启迪有方，爱生育人"的优秀教师队伍。这支队伍的中坚力量就是教研组长，他们是这支队伍最重要的组织者和领头者。

我于1986年任语文组副组长，协助张道安搞组内工作。当时是在杨礼校长治下，教研组长有语文组长张道安、数学组长谢晋超、英语组长胡希桧、物理组长龚廉光、化学组长钱明祥、生物组长胡飞振、历史组长李都、地理组长范学翰、政治组长张豪义、体育组长胡元培。音乐、美术老师人少，合组成艺术组，组长是美术老师罗国富。

教研组长的工作主要有这么几项：第一，做好思想政治工作，其核心是团结全组教师，打好"团体仗"；第二，以年级备课组长为核心，组织好各备课组集体备课；第三，安排全组的学期常规工作和制订教学计划；第四，组织教学科研工作和审核教师教学论文；第五，组织教师的评优、评级活动并负责推荐；第六，负责对新教师的考察、推荐录用；第七，组织和协调好年级"转转课"、追踪课、青年教师赛课；第八，组织老带新、熟带生工作，培训新教师，推荐和帮助教师参加区、市、省乃至全国各级教学竞赛；第九，检查各备课组工作，期末负责总结全期教学工作的得失并提出下学期基本打算。

当时的教研组长中有两位是全校学习的标杆教师，一位是数学教研组长谢晋超，一位是物理教研组长龚廉光。他们都是20世纪80年代首批四川省特级教师，后又同时成为国务院政府特殊津贴获得者，同为成都市中小学教育专家，是学生热爱、尊重的知名教师。

首先说说谢晋超老师。我们都尊敬地叫他"超哥"。为什么这样叫他？是因为他的思维不同一般，事事走在前面，别人没有想到的他先想到，别人还没有做的他敢于先做。当年教学刚刚使用计算机，用的还是苹果机，谢晋超就首先使用，并且担任学校第一任计算机中心（后为现代教育技术中心）主任。记得他用计算机上课时，我们看到投影仪上点到线、线到面、面到体，还能变换方位，都感到十分新奇。在他的带动下，不少教师开始使用计算机，我也逐渐尝试使用计算机。谢老师还带头试教新教材。当时北师大有一套初中数学教材，比部编教材难度要大一些，主要是促进学生建立数学思维。为了试教这套教材，谢晋超老师主动由高中转到初中教学，带动了一批教师使用这套教材。他还通过互联网搞了个"谢老师教数学"的网站，这应是成都七中网上教学的起始。新世纪初，学校和东方闻道合作建立七中东方闻道网校远程教学学校，谢晋超老师是该校第一任教务长，为网校的建立、发展和壮大做出了突出贡献。谢晋超老师在教学上总是走在前面，是学科教学的带头人，在生活上也很新潮，敢于接受新事物。他五十多岁了，开始学开车。我印象中像他这个年龄买私家车自己开的，在七中他是第一人。车虽一般，好像是五羊牌的两厢车，但在当时确实"洋盘"。不少老师开玩笑说他开车是"永向前"，因为他只会朝前开不会倒车。

谢晋超老师有不少闪闪发光的名誉，他也是一名和蔼可亲、谦虚谨慎的教师。有一件事我记忆深刻。那是我刚到七中不久，学校利用课余时间组织全校教师学习如何统计学生成绩并进行分析，其中有个数学概念叫"西格玛"，主讲教师就是谢老师。其间他用了坐标，讲了正向发展和负向发展的问题，帮助大家通过统计数据分析学生成绩是进步了还是退步了。结束后已到晚饭时间，大家散了各自回宿舍准备晚饭。我刚回家不久，突然听到敲门声，开门一看，是谢老师！我很奇怪，因为我和谢老师并不熟，没有打过交道，他来我家做甚？我请他坐下后，他问我他今天讲的课听懂没有，有什么需要改进的地方。说实话，我中学数学就差，他来问我倒是问对了人。我也老老实实告诉他大体还是懂了，只是有些数学概念似懂非懂，如能深入浅出解释清楚更好。谢老师非常耐心地听完我的建议才离开我家。我对这件事印象很深，认识到七中的教师不仅会教书而且会做人。

物理教研组长是龚廉光，我和他曾经同住一层楼，门对门，退休以后又同时被学校返聘派往七中领办的七中实验学校工作，所以交往更多，感情更深。

龚廉光高高的个子，平时不苟言笑，给人有点严肃的感觉。他1964年毕业于南充师范学院（现西华师范大学）物理系，初分配到重庆南开中学任教，1973年因照顾夫妻关系到成都七中任教。在七中凡是当过龚老师学生的，听过龚老师课的，对龚老师无不五体投地，毕业多年也是念念不忘，说龚老师的课讲得清楚、听得明白。有个成语叫"醍醐灌顶"，龚老师的课给人感觉就是这样。

其实在我的印象里，龚廉光是一个态度温和、平易近人的老师，我和他相处多年，从没见他声色俱厉地训过人，对学生、对同事都是温言细语。那为什么物理组的老师都非常"怕"龚老师呢？我认为不是龚老师凶而是因为他严于教学、严于工作、严于自律，一丝不苟，以身作则，不怒自威，在他的领导下你不得不服，自不敢轻慢。

成都七中现在是"金牌"学校，各科竞赛获得的金牌数在全国名列前茅，其实这也有龚廉光的功劳。20世纪90年代末，成都七中高考一本升学率已经是全成都第一，但金牌数与全国名校相比差距还很大。当时学校组织考察团到湖南、湖北各名校考察，带队教师就是龚廉光老师。回校后就相继组织了各学科竞赛教练组，为成都七中学科竞赛陆续获得金牌奠定了坚实的基础。

2003年，学校派龚廉光老师到七中实验学校当学监，我当时也退休被返聘到七中实验学校当语文教研组长，与龚老师生活工作更接近了。记得建校初，他分管购置学校教学设备，包括学生课桌、寝室床铺、电教设备、实验室器皿等，不一而足。龚老师本是一介书生，却要和相关公司、商人打交道，我开始有点担心。结果他不仅办得妥妥帖帖，还与那些老板讨价还价，为学校节约了一大笔钱而且没有吃一分钱回扣。当时安电教设备，我家老二也参加了投标，他对我说："龚老师廉洁，商家要送他一台笔记本电脑，他坚持不要，但设备的价钱他是压了又压，龚老师的生意不好做。"想不到一介书生如此会做生意，于是我们奉送了他一个称号"红顶商人"。这个"红顶"不是说他会用别人的鲜血染红官帽，而是说他一颗红心两袖清风，会做生意。

我到七中时张道安老师已是语文教研组长。他是简阳人，后随父母移居成都龙泉驿区，先在当地做小学教师，后考入四川师范学院，毕业后就到七中工作。张道安老师，其貌不扬，常年爱穿一套中山服，显得庄重、严谨、平实。我和道安老师熟悉起来是在听他第一节课后。当时他上初中，上"转转课"《变色龙》，上完后集中评课。我虽初来乍到却不揣冒昧，指出他板书有一处排列不合逻辑。事后他不以为怪，反而说我说得有理。我觉得一位老资格的七中教师能接受我这个新毛头儿的意见是一种大度，以后就和他接触较多，讨论教学上的问题更多。我任副组长后和他的关系就更密切了。一起研究教学计划，一起研究教研活动，一起总结教研组的得失，一起考虑教学改革的问题。我虽然在天全教书时也当过多年教研组长，但这里毕竟是七中，老师个个都出类拔萃，不是个能人根本管不了。1986年七中又被省上评为第一批省级重点校，对教学要求更高。他总是指导我，帮助我熟悉组上的工作，并放手让我大胆工作。开教研会让我主持，写教学计划、教学总结，他说要点我具体写，他修改后让我宣读。到成都市教科所（后改为成都市教科院）出席教研活动都由我去参加。记得当时市教科所语文组制定"语文课堂基本要求"，指定七中语文组作试点，也是让我出面与教科所教研员一起制定。可以说我之所以能胜任七中语文组的工作，是因为他给了我无私的帮助。

张道安老师是七中语文组第一位省特级教师。1992年他退休后，没有再上课，学校返聘他作为专家指导青年教师上课，先后在七中林荫校区、西川中学指导工作。他要求严格，听课做详细笔记，课后找教师评课，总是耐心细致地进行指点。青年教师尊称他为"老把子"。"老把子"本是船工尊称多年掌舵的熟练舵手，因为他掌握着全船人的生命，至关重要。他还给青年教师做报告，要求他们做到"五心"：对党的教育事业要有忠心，对学生要有爱心，搞教育科研要有恒心，指导学生要有耐心，对同事要有诚心。

道安老师由一位乡村小学教师报考四川师范学院而成为大学生，从分配到七中做语文教师，一直到他临近七十九岁，都在为七中工作，可以说他的一生都在为七中做贡献。他住在七中，热爱七中，以做七中人为荣，把七中当作了自己的家。

他七十九岁前曾说在生日时要做一个大生，请语文组的同人们参加，可惜的是疾病夺走了他的生命，在七十九岁前夕他与世长辞。这是他的遗憾，也是我们的一个遗憾。

地理教研组长范学翰给我印象最深的是每次教研组会议他总是最后一个发言。教研组会议发言顺序有个不成文的规矩，总是"按语数外理化生政史地"的顺序。到范老师发言时，他总是不慌不忙地从上衣口袋摸出一张纸，平铺在桌子上，慢慢地抹平，然后拿起来不紧不慢一条一条地念下去，偶尔停下来解释两句。教研组发言一般都限定了时间，很多组长都害怕说不完，事先都写好稿子打印出来，急急忙忙地念，生怕超时。唯有范老师绝不超时，而且提前结束。他讲的绝没空话，全是"干货"。

范老师比我大几岁，我尊称他"范哥"。他国字脸，一头微微自来卷的头发服服帖帖向右梳着，衣服整洁，举止端庄，自然帅气。他为人平和，但绝不与人深交，如庄子所说，"君子之交淡如水"。范老师是四川省特级教师，他的名声我早有所闻，20世纪70年代末我妻子还在龙泉驿区教书，我去他们学校探亲，就听到有老师讲，龙泉驿区洛带中学来了位地理老师，讲课讲得很好，很受学生欢迎。1984年，听说有从洛带中学调来的地理老师，我就知道是他。后来我教文科班多次和他搭班，就更熟悉了，得知他是1959年西师地理系毕业的，我们是校友。

范老师上课平心静气、娓娓道来，对课文烂熟于心，并能补充新的地理知识，许多学生都爱听他的课。不仅如此，他还利用假期组织学生到都江堰参观水利工程，到卧龙大熊猫基地进行考察，探寻大熊猫的生活习性。现在有个新名词叫"研学"，其实在范老师的带领下，七中早就在搞"研学"了。

地理组虽然是个小组，没有几个人，但是这个组相继出了四个校长，不能不说范学翰老师培养有方。范老师退休后也留校继续指导青年教师，直到七十五岁才离开学校。

化学教研组长是钱明祥，他1961年从川师化学系毕业，1985年到七中。他毕业留校在川师任助教。1962年国家压缩大学规模，他被精简到成都十九中任教，后调我校。钱老师是文艺爱好分子，吹拉弹唱都会。他脸上始终带着笑容，说话和气，善与人处。他上课也是如此，诙谐生动，很受学生喜欢。钱明祥老师很重视化学实验课，化学实验室里的瓶瓶罐罐好多都是他亲自过问、亲自采购的。他为七中化学实验室的建设奠定了基础。

他是好心人，开教研组会他总是讲化学组的好处，一讲就收不到尾，时间一到大家就起哄："时间到了！"他也不生气。教师节活动，化学组出节目，他肯定身先士卒，拉起板胡为组员伴奏。

20世纪90年代中期，钱明祥老师辞职不当组长了，化学组长由杨鸿吉接任。杨鸿吉老师1969年从四川大学化学系毕业。他最初给我的印象是到校上班总是提着一只鸟笼，里面养着一只画眉，到校就将鸟笼挂在校园的树上，鸟笼上还用一张黑布帘围着，颇有点"公爷"味道。我开始还有点奇怪，到学校上班还能这样？但校长不说，同事也不见怪，我也习以为常。杨鸿吉老师有一特殊本领，他对教材非常熟悉，可以说倒背如流。他上课时把教材放在桌上从不翻开，讲的问题在哪一章哪一节哪一页他都能清清楚楚地指出。我曾遇到另一个学校的化学教师，听了杨鸿吉老师的课下来大为惊奇地对我说："杨老师太凶了，他不看书就能说出上到哪一页了！"我和杨老师熟了，曾问他记性咋这么好，他对我说，其实他每天上课的头天晚上，都要像放电影似的把要上的教材在脑子里过一遍，做到烂熟于心。我很佩服他对教学的这种责任心。

他和钱老师还有这样一件趣事。当年高三毕业后学校组织该年级教师外出云南旅游，途经汤池。汤池是杨鸿吉老师的故乡，到了那里要去杨老师家拜访。钱老师是化学组长，理所当然是他带队去杨老师家。钱老师走在前面，我们紧随其后。到了杨老师家门前，只见杨老师的母亲已在门前等候，钱老师立刻上前紧握杨妈妈的手说："感谢你为祖国生了个好儿子。"

万没有想到这位农民母亲回答道："学习雷锋好榜样！"回答得太妙了，当时大家又惊又喜，因初次到杨家，都忍着没笑，等拜访完毕出了杨家大门，老师们才又跳又蹦地笑出声来。大家说，钱组长颇有大领导风度，而谁也没想到出身农村的杨老妈妈回答得如此得体。这件事好久好久都被大家当作美谈。

1954年七中由青龙街搬到磨子桥，教学模式都是模仿苏联模式，当然外语要学俄语，改革开放后才改成全部学英语。胡希桧老师1961年毕业于西南师范学院英语系，分到川师当教师，也是因1962年压缩大学编制被借调到七中上课。据他跟我说，到了七中，当时的校长解子光就没有让他走，从此在七中教书。1980年秋我到七中时他已是七中外语教研组长。他给人的印象就是态度随和、平易近人。在外语组教学靠的是过硬的专业水平和教学质量。据年轻教师说，当年教学设备差，胡老师上课提着一个笨重的双卡式大录音机，当堂将学生的对话、朗读录下来，再放给学生听，及时纠正不正确的读音。胡老师在组上很民主，教研组会上教师都能畅所欲言，但是评课绝对是刺刀见红，直接指出教师上课存在的问题，有时让被评老师泪花流，这很好地体现了七中教学的民主作风和打团体仗的传统。在胡老师的带领下，英语组对教学做了大量改革：全英语上课，强化口语教学、听力训练，改革课堂教学模式，要求师生对话、生生对话，情景式教学。20世纪90年代初，他被评为四川省特级教师。

当年还没有电化教学，没有电脑，没有投影仪，更没有电子黑板，全靠一张嘴一支粉笔。有时一块黑板不够写，而且写起来太慢，怎么办？学校后勤做了许多小黑板分发给各教研办公室。语文组的小黑板常常掉得精光，有的教师跑来问我，我就说肯定是外语组老师拿去了，到他们外语组找，一找准找到。其实这也怪不得他们：外语教学信息量大，一堂课要教大量生词和句式，临时手写根本搞不赢，他们就靠几块小黑板预先把要教的内容写好，要用时就可以立即挂在黑板上，随时可以互换，所以各办公室的小黑板经常被他们"顺手牵羊"，最后都集中到了英语办公室。

历史教研组长叫李都，是我的大学同年级同学。说是同学，但是在西师她不认识我，我也不认识她，她在历史系，我在中文系，直到到了七中才晓得是同学。我见到李都老师时我俩已是中年，她梳着齐耳鬈发，圆圆的脸胖嘟嘟的，说一口标准的成都话。李都老师的父母都是四川大学著名的教授，特别是她的母亲石璞教授是著名的欧美文学专家，为人低调，性情平和，活过百岁。李都老师秉承了家风，也是一位勤奋好学、平易近人、和蔼可亲、循循善诱的好老师。她专业知识扎实，上课思路清晰，语言干净流畅，听过她课的学生都十分喜爱她，说听李老师的课如沐春风。她领导的历史组团结友爱，对青年教师她热心指导。由于她做出了优异成绩，20世纪90年代初就成为四川省特级教师，是成都市历史学科当年被评为特级教师的第一人。后来她又被选为全国人大代表。

生物教研组长胡飞振一头银发，给我的最初印象，像中央电视台《话说长江》专题片里的解说员陈铎。他1957年从四川大学生物系毕业，先在成都二十三中任教，后参加援藏，在康定中学教书，1985年援藏回来后到七中。他不仅教生物，还是成都七中第二课堂总辅导员，当年我们都叫他"胡总"。他负责组织青少年科技活动，安排选修课，开展兴趣小组活动。我们上完第二课堂，都要到他那里报到填表才能领到"工分"（报酬）。胡飞振老师还参加了学校绿化规整工作，按品种在校园分区域种植植物。他还请川大教师帮助培训七中学生参加生物竞赛。

提起成都七中体育组，好多人都会只记得朱定远老组长。他是国家级排球裁判员。但是我做组长时他已退休，和我同时做组长的是胡元培老师。他原是成都市体委的工作人员。我一个从小一起长大的朋友曾和他是同事，告诉我胡元培外号人称"猴子"，他是搞武术的，善打猴拳，人也长得精瘦，故得此绰号。他爱人杨道珍也是七中体育教师。胡老师为人豁达，喜欢烟酒茶，善于与人交往。他在体育组进一步强化了成都七中排球队，并开展了多项体育活动。他组织学校年级排球比赛、广播操比赛、冬季运动会等，曾为四川省排球队输送过优秀运动员。他退休后还在学校勤工俭学组工作多年。

当年美术老师和音乐老师不多，特别是取消初中部以后，音乐老师和美术老师各有一人，所以音美组合成艺术组，由美术老师罗国富担任组长。罗老师是西师美术专科1964届毕业生，一直在七中工作。除上美术课，还兼任第二课堂美术、摄影教学，带领学生写生、拍照，同时还兼任学校的美化工作。他是成都市学科带头人，当年美术科能评上学科带头人的真是凤毛麟角。后来随着学校的发展，高中也增加了音乐课和美术课，特别是成都七中后来成立了管乐团，音乐组逐渐增加了老师，出现了舒承智这样指挥管乐团的老师。管乐团也成了七中的一张名片。

  我已八十二岁，退休已经二十多年，好多事已记不清楚，有的已经遗忘。2025年是成都七中建校一百二十周年的日子。想起老同事，想起那些曾经一起工作的老组长、老朋友们，不觉心潮澎湃，总觉得应该写点什么以作纪念，于是凭着记忆写了上边的文字。如果说成都七中是一棵参天大树，那么这些教研组长就是这棵大树粗壮的枝干，他们撑起了这棵大树茂密的树冠，在成都七中投下了这块荫蔽后人的巨大树荫。文有文脉，教有教脉，七中的教育教学传统就是靠这些教研组长们一代代传下来，让成都七中成为四川省首屈一指的学校，成为全国一流的名校。

怀念我的恩师钱明祥先生

李笑非[①]

还记得来成都七中试讲时，您作为教研组长，带了几位老师来考核我。我自信地选择了一节很不好上的课——"摩尔"。听后，您既提醒我一切都需从头开始，同时也不忘鼓励我，说："这是一节很不好上的课，作为大学毕业生，合格，素质不错，可塑！"我通过考核，成了七中一名化学教师。

感谢成都七中"老带新，熟带生"的优秀传统，让您成为我的师父，我成为您的徒弟，您的指导、关心和帮助，开启了我热爱一生的教育事业！

七中的师徒结对不仅是优秀传统，更是一道亮丽的风景。当时我们办公室有好几对师徒，办公室的座位都是师徒对坐，方便指导和请教。每到周二上午教研活动时间分年级备课时，师父们指导徒弟就如同上课一般激情飞扬，讲到高兴处，起立走动，手舞足蹈，师父们彼此嫌弃过于吵闹，又都自嘲过于投入。那时的我们是幸福而幸运的，师徒是"一对一"，指导是"手把手"。在一次次备课中，在一次次研讨中，从理论到实践，从课内到课外，您倾囊相授，作为徒弟的我，没有理由不全力以赴。

高1991届高一化学备课组就三位老师，一位何老师是代课的，我平时多是和您一起工作。您是智慧风趣的，听您的课轻松、享受，收获满满；您是慈祥严谨的，即便有错，您的批评和风细雨，却是句句入心；您是与时俱进的，在还谈不上教育信息化的20世纪90年代末，我们就一起研究计

[①] 作者为成都七中副校长。

算机辅助教学，当我在2000年参加全国化学赛课时大胆选择用3D技术模拟晶体结构，您送来的是鼓励和帮助；您是热爱生活的，在20世纪90年代初，您用自己的摄像机为我的婚礼全程摄像，在周末或假期您带着教研组教师看山看水看世界，行万里路。您学养深厚，您不仅告诉我教育教学怎么做，更让我知晓为何这样做；您严谨细致，甚至对我板书的大小标题都有规范要求；您喜欢创新，在实验教学中常常向我提问，促进我不断思考，不断探索；您乐观、低调，时时处处提醒我"少说话，多做事"；您能文能武，拉一手好板胡，年轻时还会翻跟斗，让我看到教师生活可以多姿多彩！

记得您是爱抽烟的。我怀孕后，特别怕您和另外的老师吸烟，我专门画了一个"禁止吸烟"的标识以示提醒。您其实从来都不会当着我的面吸烟。为了防止我接触对身体有害的化学气体，在讲授一氧化氮的性质时，您提前准备实验帮我制备好，方便我授课时直接使用。再后来，您说要戒烟了，我问您："很难戒吗？"您说："要靠毅力。"真的，您戒掉了。

在成都七中，对年轻教师的培养是严格的，于年轻人而言有个词叫"夹磨"，这个词七中人都懂。即将进入高三时，您作为师父也因带年轻的我被当时分管教学的副校长反复询问，虽然副校长表达委婉，但您知道是因我第一次上高三而起，您信誓旦旦地替我担保说："我都带了六届高三了，小李继续上高三没问题！"我于是成了当时少有的不再返回高一，一鼓作气上到高三的年轻人！我无比珍惜您对我的绝对信任，唯有以脚踏实地的行动，以自我"夹磨"来回报这沉甸甸的信任！高三的四个理科班，我们一人带两个，最终我们以优异的高考成绩荣获了成都市第一！我没有辜负您，没有辜负学校，没有辜负我的学生！在他们成长的重要时刻，在您的带领下，为他们加了油助了力！

永远记得那次我俩一起骑车去送别一位去世老师的情景。回来的路上，您若有所思地问我："小李，我走了，你会不会来送我？"我想都没想地回答："肯定会啊！"您笑了。我突然反应过来，自责自己快人快语，我接着说道："钱老，您说什么呢！"我从没想象过这一天的到来……

当从学校办公室听闻您突然离世，我难过异常，悲痛万分！我泪眼模糊地和化学组几位教师发信息，一起哀悼，一起想念！无比遗憾的是我当时身在异地,远隔万里,无法完成当初的承诺!幸得及时联系上您女儿,流着泪在电话里表达了我的记挂,请您谅解我无法亲自送您最后一程,并请女儿代我为您送行。当时她正站在您面前,女儿说,您听到了,听到了我远隔万里的深深怀念……

敬爱的钱明祥老师,我永远的恩师。您永远在我的心里!您对我的关爱和培养,我永生铭记!天堂没有病痛,愿您一路走好!

一切过往都变成亲切的怀念,谨以只言片语表达我对您的景仰和纪念。

墨池沿革纪略

孙剑锐[①]

贤达办校青龙畔,[②]
抗战迁学太平边。[③]
铁砚磨穿如磨子,[④]
林荫大道奔兴安。[⑤]

[①] 作者为高 1965 届三班学生。
[②] 19 世纪初,社会贤达捐银募资重建了墨池书院,重建了芙蓉书院。历经晚清磨难,1905 年,两院合并改制为成都县立高等小学堂。青龙即青龙街校址。青龙代表东方、春天和生机勃勃的新开端。
[③] 抗战期间,为保护师生安全,争太平于一隅,学校于 1940 年搬迁至太平乡镇外边的银桂桥,坚持办学。抗战胜利后迁回青龙街。
[④] 1954 年,成都七中迁校至磨子街。磨子也象征坚韧不拔、不屈不挠的精神。
[⑤] 2002 年,七中校门改在林荫中街。七中高新校区地处盛兴街、盛安街之间,2010 年正式启用,彰显着七中的发展愈发兴旺和安定。

七中赋

雷功元[1]

天以日月为纲，地以四海为塞。九土星分，万国错陔。成都兮廓灵关以为门，包玉垒而为斋。带二江之双流，抗峨眉之重隘。虹桥飞泉，烟柳翠柏。长杨映津，叠嶂萦台。凤舞长林，蝶戏云黛。山川奇秀，能拨文人笔兴；楼台雄伟，可令古今缅怀。

蜀之人无闻则已，闻之则太。大禹浚江，发洪源于龙冢；李冰创堰，分白浪于龟脉。笼竹巍巍，卧铁霭霭。司马题桥，壮心抒怀。卖酒闹市，听音琴台。严氏君平，黄老奇才。子云亭下，扬雄旧宅。法言深奥，太玄精彩。王褒子渊，才高名怪。崇州常璩，旷世奇才。陈氏子昂，啸咏孤台。

郡守文翁，擢选英才。东诣博士，比肩蓬莱。始有官学，方兴未艾。刘沅止唐，槐轩学派。川西夫子，桃李遍开。四川名儒龚藩侯，改建书院，广种挚爱。创立名校，造福后代。酌古准今，阐扬学界，壮雄图之不朽；明体达用，陶铸国民，想英风而犹在。

忆昔磨子桥头，桑田沧海。燕穿翠柳，蝉鸣绿槐。小桥风清，曲径月白。壮哉楼宇，妙哉亭台。朝闻读书之声，夜观治学之态。运动场上，身手矫健；墙报刊头，雄文澎湃。歌声婉转，舞蹈豪迈。同学少年，意气满怀。信手所摘，资一时之谈笑；潜心所研，乃亿兆之承载。经国之略入梦，济世之训萦怀。

---

[1] 作者为高1965届五班学生。

七中之为名校，以其师也。师者为人表率。博涉旧闻，敏求新摘。堂庑广大，识见高开。隐卧林荫之间，志想青云之外。授人以渔，模范同侪。器之为质兮白而真，水之为性兮柔而蔼。水投器而有象，器借水而善睐。始因心而度人，俄应手以澄怀。

　　七中之为名校，以其学风也。读书二字，曰博曰精。博能圆通，精可广裁。学而有法，自学为岱。天佑勤者，时不我待。目运心语，浪回波来。志在横扫考试，席卷竞赛。立信贯许国之精诚，伸命世之勇慨。

　　七中之为名校，以其气节也。不以声名为贵，不以珠玉为彩。既为同窗，永存大爱。服务大众，乃七中之精神；感恩母校，为学子之情怀。月下鹤凤，风前松柏。逍遥岩谷，散诞池台。望岭上之晚霞，听云间之仙籁。

成都七中一百二十周年校庆颂

钟光映①

井络②之星青史留,墨飞春色景清幽。

百年燃桂传薪火,廿载培才誉德畴。

馆阁楼亭新校貌,仙官福宇胜容道。

芬芳桃李多灵秀,无限风光耀九州。

---

① 作者曾任成都七中总务处副主任,1958年9月至1995年在七中工作。
② 解放前成都七中和成立初期校名为成都县立中学校;"井络"指天文学所指的宇宙中两颗星名,校长龚向农为成都县立中学校编写的校歌中开头两字就是"井络",原文为"井络吐曜兮,汶江炳灵"。

校歌的故事

李晓东[1]

要了解校歌，我们需要了解成都七中简史。公元前316年，秦国张仪南征蜀地，公元前310年，筑城遗坑，是为龙堤池，即墨池前身。1341年墨池书院成立，1801年芙蓉书院成立。1905年废科举，墨池书院与芙蓉书院合并，成立成都县立高等小学堂，1925年更名为成都县立中学校（简称"成都县中"），1950年与成都县立女子中学合并，1952年正式更名为成都市第七中学。

成都七中历史上主要有四首校歌。第一首是成都县立（简称"成都七中"）中学校歌，由成都县中第四任校长龚向农[2]先生作词，如果不翻译，我们很多人现在已读不太懂。

成都县立中学校歌

（龚向农）

井络吐曜兮，汶江炳灵。

蜀郡首都兮，世载其英。

长卿丽藻兮，庄君沉溟。

---

[1] 作者为成都七中副校长。
[2] 龚向农，成都县中第四任校长，任期1919—1924年。曾任国立成都高等师范学校校长、四川大学及华西大学经学教授。著名的经学大师，蜀中名儒。他提倡学术，广购图书，教育学生将个人与国家命运紧密相连，成为对社会有用的人。

子云玄达兮，含章挺生。
四海考隽兮，八区擅名。
横舍洞启兮，弦诵盈庭。
忞忞慔慔兮，晞此芳声。

第二首是成都县立女中校歌，由女中语文教师周菊吾[①]老师作词。

成都县立女中校歌

（周菊吾）

井络之次岷峨之垠，
文翁遗泽蔚起人文。
依欤女德庠序彬彬，
明诗习礼以陶以臻。
齐鲁比学班蔡同馨，
敢不黾勉女史仪行。

第三首校歌是20世纪80年代，由杨礼校长作词、学校音乐老师舒承智谱曲的校歌。杨礼校长在七中工作了四十年，是著名作家沙汀的儿子。杨礼于1984年至1991年任成都七中校长，他率先提出了成都七中学生素质培养目标，也将"提高素质发展个性是我们的目标"写入了校歌。

成都七中80年代校歌

（作词：杨礼　作曲：舒承智）

我们自豪地进入这知识的殿堂，
学会学习学会思想，

---

① 周菊吾（1911—1968年），成都县立女中教师，著名学者、篆刻家，后为四川大学中文系教授。

提高素质发展个性是我们的目标，
坚毅勇敢勤奋活泼是我们的风尚。
呵！前进的道路是崎岖又漫长，
呵！荣誉的桂冠是荆棘织成，
要超越自我，要超越自我，
奔向希望的前方。
我们欢快地奔驰在人生的跑道上，
学会做人全面成长，
诚实友爱独立自觉是我们的铭言，
振兴中华立志成才是我们的理想。
呵！前进的道路是崎岖又漫长，
荣誉的桂冠是荆棘织成，
要超越自我，要超越自我，
前面就是曙光。

因为时间比较久远，以上三首校歌没能在学校传唱，2018年版校歌在万众瞩目中呈现在七中人面前。

七中儿女　凌云直上

（作词：徐荣凯　作曲：徐荣旋）

吟诵：
和声细语，谦恭礼让。
人文滋养，个性成长。
治学严谨，启迪有方。
审是迁善，模范群伦。
全球视野，中国脊梁。

歌起：
锦水漾漾，银杏苍苍，
墨池微澜，史韵悠长，
林荫环影，书声琅琅，
青瓦红墙，七里飘香。

百年求索，红烛耀光，
芙蓉子云，青春闪亮，
金色年华，曦园朝阳，
同学少年，弦歌一堂。

这里是我成长的地方，
是你为我打开一扇窗，
理想憧憬在校园飞扬，
家国重任我们担当。

今天你是我的骄傲，
明天我是你的自豪。
七中儿女凌云直上，
七中儿女凌云直上。

校歌由吟诵和主歌部分组成。吟诵部分的内容主要是学校办学思想和文化，"和声细语，谦恭礼让"源自校园名言"和声细语展高贵气质，谦恭礼让显优雅风度"；"人文滋养，个性成长"是学校的育人价值追求；"治学严谨，启迪有方"源自学校的办学传统"启迪有方，治学严谨，爱生育人"；"审是迁善，模范群伦"是学校的校训；"全球视野，中国脊梁"是学校的培养目标。

主歌部分，"锦水"指锦江，指学校所在的地理位置成都；"银杏苍苍"取自成都市树银杏，也是七中校徽的形状；"墨池"是学校的文脉地标，表达了七中是一所历史悠久、文化丰厚的学校；"林荫环影"，不仅是因为母体林荫校区，也因为我们有助力学校荣获全国中学生志愿服务示范学校的林荫志愿者协会，更因为两校区绿树成荫，真是学习的好地方！"青瓦红墙 七里飘香""芙蓉子云""曦园朝阳"是两校区优美的校园风貌和历史底蕴的代表。这首歌除了强调校园文化，更强调家国重任我们担当，七中人应该将个人成长与祖国的发展紧密结合，为中华民族伟大复兴贡献自己的才华。

创作校歌需要非常审慎，弄不好会受到七中人的反对和批评，一定要找"镇得住"的人来创作。时任校长易国栋老师带领大家反复研究，最后确定邀请徐荣凯、徐荣旋两位校友来创作。为什么学校要找这两位校友来创作新版校歌呢？主要有三个原因：第一，他们是七中杰出的校友代表；第二，他们深爱七中；第三，他们为人做事展现了高尚品格。

徐荣凯校友1960年毕业于成都七中，高中时期就加入了中国共产党，是成都七中最早入党的学生之一，后考入清华大学。徐荣凯校友曾任清华大学学生会主席、北京市学联主席、国家轻工部副部长、国务院副秘书长、云南省省长、全国人大教科文卫委员会副主任等职。徐荣凯校友虽毕业于清华工科专业，却一直爱好文学，无论工作性质和职位怎么变迁，他都始终保持着文人热情和质朴的心，坚持在业余时间创作诗歌散文，他也创作出了许多优秀作品，代表作有《我们住在同一个村庄》《不再遥远》《微笑》《柔软时光》《重逢》《我要回家》《茶马古道》等。

弟弟徐荣旋校友1964年毕业后考入西南师范学院中文系，他在七中读了六年书，中学时期担任学校排球队主力。徐荣旋校友曾在自贡任中学校长，教育局副局长、副市长，后担任四川省文化厅副厅长、省文物管理局局长等职。徐荣旋校友从小热爱音乐，从来没有经过专业训练，完全在自学的状态下，用纯净的心态和对音乐及文博的执着热爱，以人间真情为主题创作了不少歌曲，其作品曾连续五年在文化部春节电视晚会上被演唱，多次在中央及省、市文艺晚会上被演唱。他创作的歌曲《珍爱》已经被国家文物局确定为全国文化遗产公益歌曲。代表作还有《知己》《无言》《柔软时光》《重逢》《我要回家》《我的依恋我的爱》《相爱无尽》《你是我的梦》等。

两位校友创作的作品由多位明星如沙宝亮、毛阿敏、孙楠、谭维维、殷秀梅等演唱。2011年，清华大学百年校庆主题曲《我要回家》由著名歌手孙楠、姚贝娜演唱，此曲便是由徐荣凯作词、徐荣旋谱曲。2021年，清华大学建校一百一十周年主题曲《一路花香一路唱》也是由徐荣凯作词、著名歌手李健作曲。清华建校一百周年及一百一十周年主题曲作词均由徐荣凯先生完成，足以见得他的影响力。

此外，2008年奥运会歌曲《我们住在同一个村庄》由徐荣凯先生作词。2010年广州亚运会会歌《重逢》由徐荣凯、杨振宁、翁帆作词，孙楠、毛阿敏演唱。2022年北京冬奥主题曲《梦想指路》由徐荣凯先生作词。

七中优秀的校友很多，但这两位校友对母校的深情和为人做事的态度更令人动容。徐家一共有八位家人读过成都七中。两位校友常说，成都七中就是他们家族的骄傲！徐荣凯、徐荣旋校友一直以来都深爱母校，2005年时任云南省省长的徐荣凯校友和徐荣旋校友还专程回七中参加了庆祝建校一百周年大会。

徐荣凯、徐荣旋两位校友回校体验学校生活

为了寻找创作灵感，更好反映七中的精神风貌，两位校友要求专程回母校一次，体验当年的学生生活，了解母校的现状。考虑到兄弟俩年近八旬高龄，学校向他们提出安排好机票和住宿，但被拒绝了。他们说，作为七中校友，他们应该感恩母校，不能给母校添麻烦。座谈会刚开始，两兄弟首先站起来，离开座位，走到会场中间，向所有老师深深鞠躬。他们说，这次母校之行，既是回忆之行、体验之行，更是感恩之行。在场的老师无不为之动容，两位老先生做人做事的风格一直打动着我们。

徐荣凯、徐荣旋两位校友向老师们致敬

徐荣旋校友深情地说："没有七中，就没有我的今天。这一辈子唯一要秀的就是我七中的经历，我随便走到哪里，我的简历里面都会写我毕业于成都七中！"徐荣凯校友说，当初在七中，老师找他谈话，希望他积极要求进步，向党组织靠拢。于是徐荣凯成为七中首批几个学生党员之一，这为他后来在清华大学担任学生会主席和工作后走上领导岗位打下了良好的基础。

为了写好校歌，两位校友到校园体验学生生活，坚持自己排队在食堂打饭，并在食堂与学弟学妹一起就餐并交流学校生活。为了充分了解学校，两位校友不仅在林荫校区深度体验，还专程到高新校区参观，感受高新校园。

徐荣凯、徐荣旋两位校友在食堂排队打饭并与同学们交流

2018年8月18日，在校歌创作期间，易国栋校长带领我和罗晓晖老师一行三人到昆明，请教两位校友，完善歌词。两位校友非常认真，非常谦虚，逐字修改。两位校友还出资聘请了北京的顶级乐团录制校歌，花费不菲。

时任校长易国栋亲赴昆明请两位校友修改歌词

2018年11月4日下午三点，在两校区师生代表、校友代表、家长代表和音乐专家代表的见证下，新版校歌在林荫校区学术一厅隆重发布。

2018 年 11 月 4 日新版校歌《七中儿女 凌云直上》隆重发布

除了校歌，两位校友在校史馆建设、学校基金会、校园文化建设等方面都为母校做出了巨大贡献。徐荣旋校友经常说，只要是母校的事，就是他的事！徐荣旋校友在学校立志成才集中教育活动、校史馆建设研讨中多次为学校出谋划策，每次都拒绝学校派车接送。他总说："我是七中学生，不能给母校添麻烦，我能为母校做点事，是我莫大的荣幸。"

非常痛心和遗憾的是，2023 年 9 月 27 日中午十二时，徐荣旋校友在上海因病不治，与世长辞，享年七十八岁。为了表达对荣旋校友在校园文化建设方面对母校的贡献的感谢，两校区全体干部在校内举行追思会，为其深深默哀。

社会各界对徐荣旋校友的逝去深感痛心。樊建川先生发文深切哀悼说：徐荣旋先生是建川博物馆创始功臣，建川博物馆存在一天，徐荣旋先生就存在一天！四川省文物局的讣告称赞徐老的第一条是为人正直。与徐老有过工作交集的人称赞其道："为人，多情多义；为官，两袖清风；为事，躬身亲为；为艺，情才兼具。我辈望尘莫及！痛哉，惜哉，天妒英才！"

在徐荣旋校友的告别仪式上，易国栋书记亲赴上海代表学校党政工、校友联络办敬献挽联：

春风化雨，星夜聆诲指津梁；
金石兰交，梦里洒泪寻故影。

——成都七中党委书记易国栋　泣挽

云亭长空，至今仍闻凌云歌；
墨池凝绿，呜咽犹待君归来。

——四川省成都市第七中学校友联络办　敬　挽

金石其德，垂范青衿，七中恸切失俊彦；
赤子其心，楷模后进，四方学子共哭悲。

——四川省成都市第七中学党政工　敬　挽

我们最后一次联系徐荣旋校友是在 2023 年 3 月 29 日，请他帮忙联系在北京的徐荣凯校友拍摄学校宣传片。他非常热心帮忙协调拍摄，徐荣凯校友还专门写了逐字稿。

这就是七中校歌的故事，这是七中人的故事！校歌承载的是学校的文化和历史，校歌背后的故事值得每一个七中人铭记。传承七中文化，是每一个七中人的使命担当！

七中校歌《七中儿女 凌云直上》

我在成都七中终生难忘的往事

王 正[①]

成都七中——我向科学进军的摇篮，为我在清华大学九年深造和从事高科技创新工作奠定了坚实的基础。我在成都七中的高中三年是我一生最幸福愉快的一段时光，在单纯、严格、宽松的教学环境中自然而然地茁壮成长。这里简述几件在成都七中发生的终生难忘的往事。

真挚浓厚的师生感情

成都七中高1956届一班毕业前最后一堂语文课结束时，一声口令，全班所有同学起立立正，我手捧一束鲜花和全班同学的集体毕业照片，走上讲台，面对张思文老师，宣读全班同学给张老师的真挚热情的感谢信。已到中年的张老师眼含泪水，向同学们讲了几句出自内心的殷切期望。全班同学在热烈掌声中目送张老师走出教室。此情此景，终生难忘。

张老师除教本班语文课，还担任过本班班主任两年半。他是九一八事变后的东北流亡学生，教我们时仍然是单身，像亲人一样全心全意培养教育本班同学。本班同学大部分对张老师感情深厚。

全心全意培养教育本班同学的还有教数理化等课的高水平老师，同学们对他们也有深厚感情。毕业前，班委和团干部联席会议提议并经全班同学同意，在每一门课最后一堂课结束时，由一个班委或团干部按上述方式

[①] 作者为高1956届一班学生。

向老师表达感谢之情，我是第一个执行者。

"树人：德、智、体全面发展"

这是当时成都七中的主导教育方针，贯彻在课堂内外大小事中。

刘文范校长抓住青龙街校园内几个"洞庭枇杷"被摘的小事，语重心长地教育全校同学，"树德"要从小事做起。

成都七中培养教育我养成的"一步一个脚印"的良好学习习惯，也得到了清华大学的肯定和宣扬。①

我在成都七中养成了每天早晨长跑的锻炼习惯，后因种种原因，锻炼成为"打游击"，后来我患多种严重疾病并三次面临死亡。万不得已，我亡羊补牢：每天早上慢跑步一千五百米，风雨无阻坚持了四十多年，非常有效地缓解了各种严重疾病，基本健康地活到如今的耄耋之年。

"树我"的两本课外读物

高1956届一班的所有同学初中都是在其他学校学习的，学习情况和水平参差不齐，为此，本班高一学习进展比较缓慢。我从较好的树德中学（成都九中）转来，学习比较轻松，有较多的空闲时间借阅一些名著，这些书潜移默化地影响了我的认知和精神世界。其中两本书让我受教很深，其一是《钢铁是怎样炼成的》，另外一本是《牛虻》。

高危的探险和历练

在好奇、求知和一些探险小说影响下，高一下期开学初，四个志趣和情况相近的同学——我和同班的张立心、刘家骢以及高我年级的刘家骢的哥哥共同决定暑期到大山探险和历练。我们调查后确定到当时尚未开发的青城山。据说青城山上有豹子等猛兽，为此我们做了充分准备。我们备了一支一人高的长矛，每人一把匕首，每人一支配备一袋摔弹的强力弹弓，还准备了山地探险的各种装备。全程步行。

---

① 见清华大学校报《新清华》1962年10月13日刊登的《一步一个脚印——记工程力学数学系优秀毕业生奖章获得者王正踏实学习的精神》一文。

刚出发不久就遇到一个大问题：找不到吃饭的地方。那时刚开始实行粮食定量供应，统购统销。两天后到达青城山上的著名道教圣地"天师洞"，被告知：游客有粮供应；有豹子但白天罕见。我们决定每天早出晚归自由探游。青城山很荒凉、原始，有多个破烂小道观，道路失修，未见有游客，也未见有住家户，非常有利于我们探游自然状态的山、谷、泉、水，探寻新奇动植物。整个行程十天左右，探游大部分顺利，但有三次遇险。

余兴未尽，高二暑假，我们四人故地重游，但人是物非，青城山已被充分开发，安全了，但"野味"少了。那次重游的后期，我们遇见成都高校暑假旅行团。旅行团同意免费提供伙食，让我们得以提前体验优越的大学生活。

成都七中高1956届一班　毕业合影　1956年6月

七中二三事

严培冰[①]

一次团日活动

记得在我读初二下期时，校团委举行了一次团日活动。活动前一月就公布了中心议题——"人活着为了什么？"要求大家阅读书籍并充分准备。团日那天，全体团员和同学们围坐在排球场周围，展开了热烈讨论。不少同学谈到了《钢铁是怎样炼成的》中保尔·柯察金的一段话，而我谈到我看的《普通一兵》中马加尔爷爷的一段话。他说，人活着，要让人们因为有你而生活得更美好！我秉承这一观点，在日常生活中，经常为别人着想，帮助同学，多做好事。后来我被选为校团委副书记。高中毕业后，我志愿报名到农村，和农民一起战天斗地，当会计辅导员，创办半耕半读的农业中学，学校被金牛区教育局列为示范性农中。我还在乡团委、乡党委宣传部、乡文教等部门工作，主动放弃了团市委、市财贸干校调我去工作的机会，一直干到1979年才按统一安排回城，在金牛区农委农机公司任财务主管、副经理，后又在区政协经委工作。我感到我的工作、生活是充实幸福的，而这一切都源于七中有意义的团日活动，让我一生有一个明确的生活目标——让人们因为有你而生活得更美好！

---

① 作者为女初三十六班乙组、高1957届五班学生。

三颗葡萄

记得在青龙街校区，从校门到教室要经过一个宽走廊，旁边是墙报。一天，刘文范校长写了一篇《三颗葡萄到哪里去了》登在上面。原来，刘校长在教室后面的果园种了一株优质巨峰葡萄，结了十六颗葡萄，有一天突然发现少了三颗，故发出疑问。后面的果园种了许多果树，一些苹果和梨子张口就可食到，但从无人去摘过。水果丰收时，学校会将水果采摘后，让大家享用。这次巨峰葡萄突然少了三颗，让大家甚为不解！这篇文章登出两天后，墙报上又贴出了一篇文章《三颗葡萄在这里》。原来是刚入校的初一新生不知七中优良校风，看见葡萄可爱，就摘了三颗，看到墙报上刘校长的文章后，他主动认错，表示以后一定要向大哥哥大姐姐学习，做一个七中的好学生……这就是七中优良的校风！

回忆我的高中岁月

唐清文[1]

成都磨子桥附近有一条小街叫林荫街,成都七中的大门和南大门都在这条街上,相距不过数百米。在我的人生中,有八年都与这片地域有关,这应当是一种缘分。

当时的七中周围并无高楼林立,也没有林荫街,校门医学中心开在东边,并未开在现在的位置。校园被一片农田围绕,阡陌纵横小桥流水,一派美丽的田园风光。从大门出来穿过一大片荷塘和菜地,可以步行到成都工学院(在现四川大学望江校区)。1957年9月至1960年8月,我在成都七中读了三年高中,毕业后考上了四川医学院(现为四川大学华西医学中心)医学系。

成都七中是一所全国著名的全日制完全中学,也是一所历史悠久的学校。学校在学生综合素质培养、课程改革、拔尖创新人才基础培养方面成绩显著。

我们在校时,解子光任校长,他毕业于武汉大学哲学系,历任成都石室中学校长、成都七中校长、成都市教育局局长及中国教育学会第一届理事和四川省教育学会第二届副会长。

我们读高三时,时逢四川省在搞"保高三",力争高考成绩打一个翻身仗。记得时值寒冬,有天晚自习结束后,全体高三年级的师生聚集在教学楼中间

---

[1] 作者为高1960届二班学生。

的坝子里。解校长个子不高，身材结实，戴副深色边框近视眼镜，发表了饱含激情的"保高三"动员讲话，鼓舞大家的士气，台下的师生报之以热烈的掌声。当时成都七中高中学生男女分班上课，我们1960届一到四班是男生班，五班和六班是女生班。我所在的二班平均年龄最小，学习成绩最好，有次全省高三学生进行了一次突击性的摸底考试，我们班的平均分数位居全省第一名，时任四川省教育厅厅长张秀熟到二班教室来视察，表扬我们班同学学习努力成绩拔尖，要求我们继续努力，争取取得更加优异的成绩。

当时的高考录取除了看考试成绩还要看家庭成分。高考后，我们班大部分同学分别被录取到天津大学、成都电讯工程学院（现为电子科大）、四川大学、重庆大学等院校。毕业后，大家服从国家的统一分配，到了工作单位都能勤奋工作，发挥一技之长，不少人成了各条战线的专家、技术骨干和管理干部。有些同学由于种种原因未读大学，但他们在各自的工作中通过努力同样取得了不平凡的业绩。

师高弟子强，名师出高徒。当年我们班的任课教师中有好几位很有名望，看这份名单就可以看出当时的师资阵容有多强：班主任先后是张道安、刘子健、黄孝珍，语文老师是张道安，数学老师是熊万丰、鲁季良、刘朝芳、曾达义，政治老师是杨礼，物理老师先后是汪泽多、李尧斌、徐聘能，化学老师先后是曾朝冲、毛学江、周德芬、胡昌培，历史老师是杨麟、杜永芳，俄语老师是沙依诺夫、刘子健，生物老师是邓跃楷，体育老师是朱定源。

七中历来要求学生德智体美劳全面发展，学会做人是学会知识本领的前提。杨礼老师是作家沙汀的儿子，他的政治课联系形势和学生的思想实际，对学生形成正确的人生观和世界观起了很大的作用，他后来升任了七中的校长。

杨麟老师的历史课非常生动，他讲四川辛亥革命保路风潮和清政府腐败无能、闭关自守割地赔款的历史，使同学们义愤填膺、群情激奋，爱国热情高涨。

七中当时有许多课外活动社团（队）。为了加强革命传统教育，学校话剧队排演了话剧《方志敏》，我们班战建功同学是该剧的导演。团委书记纪庆华老师饰方志敏，我演了一名狱中的医生（后来我考进了四川医学院，与舞台上的医生角色不谋而合），低年级的一位姓李的女生扮演护士。我班洪时中和战建功扮演的是反派角色，他俩的声音洪亮，演技很好。此剧在七中礼堂隆重上演，获得观众一致好评。

七中对体育运动很重视，体育老师朱定源擅长田径和棒垒球。每天下午四点过，操场上都是锻炼身体的同学，龙腾虎跃，朝气蓬勃。七中的田径、体操、篮球、排球、乒乓球等项目在全市中学生运动会上成绩常名列前茅。我和我们班的郑兆沛、陶家齐都是七中少年男篮的队员，我是队长兼中锋，郑兆沛是前锋，我们队曾在1959年荣获成都市少年男篮冠军。阙永晖和陶家齐是七中男子体操队队员，经常在学校练体操，阙永晖还获得过全省少年体操比赛的全能亚军，陶家齐是季军。高考前夕，阙永晖练体操不慎摔伤，好在是左臂骨折，右手是好的，带着固定夹板上考场，班主任黄孝珍老师为他操了不少心。他后来考上了重庆大学。

当时课余我们也参加一些体力劳动，如到北门八里庄用板车去拉煤。我曾写过一篇文章《秋雨淅沥运煤忙》，记录了当时的劳动场景。我们班还在学校附近的空地上种过油菜，农村出身的卢光朗同学成了当然的技术顾问。七中的校办工厂也是同学们理论联系实际、学会一些生产技能的好场所。

学校当时有三十几位归国华侨同学，我们班有两位均来自印尼，他们与我们相处非常融洽。

高中毕业六十二年了，往事如烟，岁月如歌，我们的老师们大多已年迈离世，全班四十多位同学中，已知有十多人病故了。当年刚从南充师院毕业分配到七中，"保高三"时任我们班主任的黄孝珍老师"还健康"，有时她还能前来参加我们班的同学会，如今她已是八十五岁的老人，同学们也都是八十岁左右了。同学们常说"同窗三载，友谊延续几十年"，除了新冠疫情期间，每年还保持有一两次同学聚会。我们能享受幸福的晚年，亲眼看到祖国的发展富强，真的好幸福！

> 补记：本文写作过程中，洪时中同学提供了一些宝贵的资料，古鸿仁同学提出了很好的建议，特此感谢。

无怨无悔　不负年华

成枢琪[①]

整整六十年前，我从成都七中高 1964 届五班毕业。

虽然我只在成都七中度过了人生中的短暂三年，但我很幸运，遇上了母校一百多年历史中的最好时期。当年在母校优美的公园般的宁静校园里，我碰到了一大批德高望重、学识渊博的良师益友——校长解子光、数学老师宋思孔、语文老师张道安、英语老师叶有男、物理老师吴逊时，等等，还有一大批才思敏捷勤奋好学的同窗学友们。

短短三年，我不仅学到了丰富的科学文化知识，还初步养成了做任何事情都守时律己、认真踏实的好习惯，这使我在往后的生活学习和工作中受益匪浅。

高中三年，虽然我说不上是个优等生，但也绝非差生。在我至今仍保留的有解子光老校长手签体署名的高中毕业证书上，有我的高中毕业成绩。在九门功课中，最差劲的是语文，八十四分，按现在的一百五十分计，也有一百二十六分！

高中三年，我遵纪守法，从不违反校规，而且经常利用自己周日休假时间，设计和推出一期又一期黑板报，在校团委宣委会的毕业留影中，还荣幸地留下了自己的身影。遗憾的是，直到高中毕业，我都没能加入光荣

[①] 作者为高 1964 届五班学生。

的共青团组织。

　　高中毕业前，我曾向学校党团组织表决心，要"一颗红心，两手准备"，如果不能继续升学深造，就毅然决然地报名上山下乡，到祖国最需要的地方去。我至今也不知道我当年的高考成绩如何，我只清晰地记得，在极目企盼、度日如年的等待通知的煎熬中，我最终没有等到我的高校录取通知书。

　　曾记得当时大学录取工作一结束，班主任马桂茹老师就找我谈话，问我今后有何打算。当时我毫不犹豫地回答马老师，我已决定履行诺言，即去设在梁家巷两城区党校的成都市上山下乡知识青年训练班（第一期）报到。去训练班的全是当年从成都各个中学毕业的高中应届毕业生。三个月后，1964年11月29日，我们便告别家园，告别母校，告别成都，踏上了上山下乡、奔赴西昌专区偏远农村的人生之路。

　　曾记得在当年我们同一批奔赴西昌专区当下乡知青的九十五名同学中有成都七中校友二十多人，而在高1964届六个班中，我们五班只有我一人下乡，其余各班均有多名同学下乡。

　　还清晰地记得离开成都前，母校特为我们举行了盛大的欢送大会。解子光老校长语重心长地说，此前我们七中总是欢送那些上北大进清华的优秀学生，今天我们首次欢送这些有志气的令人敬佩的同学上山下乡，成为光荣的建设祖国社会主义新农村的主力军，为此他很欣慰高兴，并深深感到骄傲和自豪，他殷切地希望我们不负母校的培育，以实际行动为母校争光。

　　在地处祖国西南边陲的穷乡僻壤，在西昌专区会东县联合人民公社，我们度过了七八年青春岁月。我们信守诺言，坚守在农村社队和贫下中农们一块战天斗地。我们都表现得不错。据说我们会东九十五名知青组成的团队曾被誉为祖国西南地区上山下乡知识青年的一面旗帜。我还记得下乡不久，时任四川省副省长的童少生同志还专程来我们社队看望我们。我们知青小组有五名同学，其中四人都是七中的，即高1964届一班的杨正矩、四班的熊士甫、六班的李吉明和五班的我。在七年知青生涯里，我先后担任过生产队记分员、保管员和会计，还当过生产大队的畜牧兽医员。

1971年国庆前夕，成都市沙石公司决定招收我们中的八名知青回成都。在这八名被招的同学中，有三名是我们成都七中的同学：高1964届二班的赵蓉英、六班的吴立恕和五班的我。

无论是在农村当知青还是招工回城参加工作后，我都不忘母校七中的教诲，不忘老校长解子光的殷殷嘱托，干任何工作都认真踏实、守时律己，几乎每次都被评为先进工作者或优秀共产党员。回顾此生，我无怨无悔，尤为令我感到自豪的是，我曾经是成都七中的学子，我没有辜负母校对我的培育和期望。

斗 鸡

彭大泽[1]

毫无任何征兆，一场轰轰烈烈的运动在学校爆发：斗鸡！谁也不知道怎么回事，斗鸡就风靡了全校。高中的斗鸡，初中的斗鸡；教室里斗鸡，过道上斗鸡，操场上斗鸡，七里香藤条底下斗鸡！尤其是课间休息，尿都不忙屙，先斗盘鸡再说！高年级的找低年级的斗，这个班的找那个班的斗。单打独斗，集体乱斗。这节课上热气蒸腾的脑壳还在冒汗，眼睛就在觑窗外下次的战场上有没有对手的影子。篮球场空了，足球、排球也滚一边冷起，体育室前门可罗雀，板羽球都没有人来借了。直到现在也考证不出这场全校皆兵、生龙活虎、笑逐颜开、杀声震天、斗得天昏地暗的群众运动的兴盛原因，只晓得使其戛然而止的功臣是朱定源老师。解校长、教务处的老师们对这场影响学习、影响生活的莫名其妙的轰轰烈烈的运动一筹莫展，抠脑壳、扯拇指儿，咋个办呢？朱定源老师一招熄火，实在是高——马上停止既定体育教案的执行，各班的体育课只斗鸡！眯眯"一二一"都不走了，一上体育课就把人分成两排，斗鸡。老师抱着膀子，笑眯眯道："斗噻！"这一招毒啊！还没有三节体育课吧，斗鸡运动就被彻彻底底破坏了。全校男生乖乖地自行就范，该打锣的打锣，该屙尿时屙尿，篮足排球收复失地，教务处主任擦去额头冷汗，对朱老师说："全靠你这招！"解校长有没有给朱老师发奖金我们不知道，但七中校志中应该记上朱老师这以毒攻毒的太极神功！

---

[1] 作者为高1964届五班学生。

学工、学农、学军的成都七中学子

蔡坤一[1]

沿着磨子桥郊外农田小径，闻着泥土香，顺着校门口菜地旁拦着的竹篱笆，我走进名震四方的成都七中。跨进校门时我们本应初中毕业了，却在军宣队的管控下，成天在操场"一二一"走步，从半军事化开始学习。

所谓的学习为学工、学农、学军，向工农兵学习是第一位的，文化课列为从属。物理、化学、生物课程综合为"工业基础知识""农业基础知识"，老师紧急编写油印简易教材。那浓郁的七里香长廊下，没了学生清晨读英语的身影，"不学ABC，照样干革命"。

送走了军宣队又来了工宣队。成都东郊某信箱厂为每班派了一名可信赖的、根正苗红的工人师傅，管理我们的权限高于老师。

年轻人"灌"不饱，没有课外书籍可读，把禁书《红与黑》等带到学校在教室里公然翻看。老师们知道正当年的学生们应当对世界灿烂文化有所了解，带着默许甚至鼓励的眼神看着翻看小说的学生，不由讲起自己也看过哪些名著，眉宇稍打开时，忽然话锋一转正色道："希望同学们带着批判的眼光看待这些书籍。"转头一看，新来的工宣队靳师傅正站在教室门口。

书籍被贴上标签，歌词遭批判。组织全连批判《莫斯科郊外的晚上》歌词和《少女的心》手抄本时，这些文字却在同学们手中疯狂传抄。这些小抄明令该收缴，老师们冒着危险睁只眼闭只眼，可稍不留神便遭批判。

---

[1] 作者为初1969届一连一排学生。

成都三瓦窑附近的7322厂，对外称白药厂，实际造枪与子弹，我们在那里"学工"。穿上蓝工装、戴上蓝工帽是我不大敢想的愿望，在被划分去读书前，我曾经战战兢兢找过小学班主任老师，弱弱地问："老师能不能分我工作？"眼泪早已包在眼眶里，面红耳赤。可老师说这是严格按年龄分配的，以年龄画线，满十六岁的"超龄生"才能被分去工作或下乡，小学生也是知识青年。

厂里铃声一响，穿蓝工装的工人师傅从宿舍区乌泱泱地出来，脸上明晃晃印着"工人阶级领导一切"的骄傲，进到有人站岗实行军事化管理的厂区，走进明亮宽敞的车间，跟着工人师傅学干钳工活。我端起锉刀在虎钳前摆招式，没有明确任务，完全是给师傅增加负担。

在龙泉乡美满大队一队学农的我们住进农民家里，参加"红五月"抢收抢种，谓之"学农"。戴顶草帽子歪歪扭扭地走在田坎上，割麦子一手抓不了几棵，倒记得新麦子面做的面疙瘩煮稀饭十分清香。晚上在社员家泥土地上打地铺，铺上稻草草席倒头便睡。第二天清晨起来奇痒难耐，一摸背上，密密麻麻长满红疙瘩。刘莉给我擦药，药棉签不得劲儿，碘酒直接往背上倒。

学农后又到"山泉分校"也叫"抗大"去训练。一去就别有风采——拉练，背着被盖和脸盆等徒步走，约三十公里地，从清晨到傍晚走了整整一天，几个大坡落下很多同学。

半夜忽然哨声凌厉，学生们全都手忙脚乱地爬起来参加军事演习，因为当时正是"深挖洞、广积粮、不称霸"备战贯彻时。"敌情"是空袭投下了"衣服反扣背上的特务"，还有特务隐藏的反动传单。睡得迷迷糊糊的我们紧急集合，沿着田坎打起手电急行军半个多小时，高一脚矮一脚搜寻"特务"的踪迹。有同学眼尖拾起丢在草里的纸条，抓到反穿衣服的体育老师"徐大鼻子"，终于松了一口气，回到住处"重温旧梦"。

1970年下半年，在荣县石油筑路处做临工修路的大哥回家了，家中便断了唯一的经济来源。

一天，班主任刘隆惠老师把我叫到办公室，说给我申请了每月五元钱的助学金，可时间不长。我从没向老师提出过这请求，自尊心和面子观念极强的我，因为这个助学金心中更是惴惴不安。拿着那沉甸甸的五元钱，我感受到老师和同学们的默默温情。

我们这批人的出路还是和老三届学生一样："到农村去，到边疆去，到祖国最需要的地方去。"同学中有去当兵的，有被招进艺术团的，班上同学一个接一个地减少。

听动员，到中国人民解放军云南生产建设兵团去支援边疆，我校属全省第一批。想到边陲"头顶菠萝脚踩香蕉"，还"穿军装，发人民币"，同学们热情高涨，暗合心中的浪漫与实惠，于是纷纷写申请。有的甚至反复申请多达六七次。我也腻腻迟迟地递交了申请。

1971年3月，支边同学走后，一连混合排女生与刘老师、徐老师合影

1972年1月,天寒地冻。我拿上知青缸,背上被卷,坐上大卡车,离别雾蒙蒙阴沉沉的成都,去往天全县插队落户当农民。

啊,别了,七中!啊,别了,故乡!"金色的学生时代已载入青春史册一去不复返,啊,啊,啊……"人生开启另一段难忘时光。

成县女中往事

张多能①

　　成都县立女子中学（简称"成县女中"）是成都七中的前身之一。成县女中师资名流荟萃、宗师云集，为后来成都七中成为全国名校之一奠定了良好基础。不要以为这个"县中"是一个小县城的中学。以前成都为府治，辖附近十六个县，如成、华、温、郫、崇、新、灌、双、津、大、仁……有点像被称为县的美国洛杉矶（Los Angeles County），其下面也包括了几十个市。成都县立女子中学创建于1930年2月，校址在成都署前街，陈毓奇、孙琪华曾先后任校长。陈毓奇也任过四川省立成都女子职业学校校长。1939年，孙琪华从四川大学史学系毕业，深得教授赏识，后被顾颉刚教授收为齐鲁大学国学研究所第一期研究生。

　　1940年抗日战争时期，成都县立女子中学迁往西门外雍家渡叶家大院。当时叶伯和是有名的大音乐家，毕业于东京音乐学院（与李叔同是同学加朋友），1909年回国后，叶伯和就成了杰出的音乐家，有著作《中国音乐史》留传。另外，叶伯和又是我国最早用白话写新诗的开拓者之一，当年有"成都泰戈尔"之称。

　　他的儿子叶有男、女儿叶胜男及女婿闵震东都是成县女中的老师，他又特别支持教育事业，所以把雍家渡的叶家祠——受祜堂，借给成县女中作为临时疏散校址。叶有男老师虽然出身名门，但为人处世却十分低调。

---

① 作者为高1965届三班学生。

他相貌堂堂，拉得一手好提琴，不愧来自叶家这个古琴世家。他英语造诣不凡。1940年，他从四川大学外语系毕业后就到了成县女中教书。1929年，叶胜男老师考入上海音专，与贺绿汀是同学，主修钢琴和大提琴，1941年受聘于成县女中。闵震东老师，毕业于国立成都大学外文系，后入燕京大学研究院，不但学问高深，而且多才多艺。他们叶家的几个人那时也是成都海灯乐社的成员。那是一个由音乐教师组成的社团，在抗战宣传活动中非常活跃。

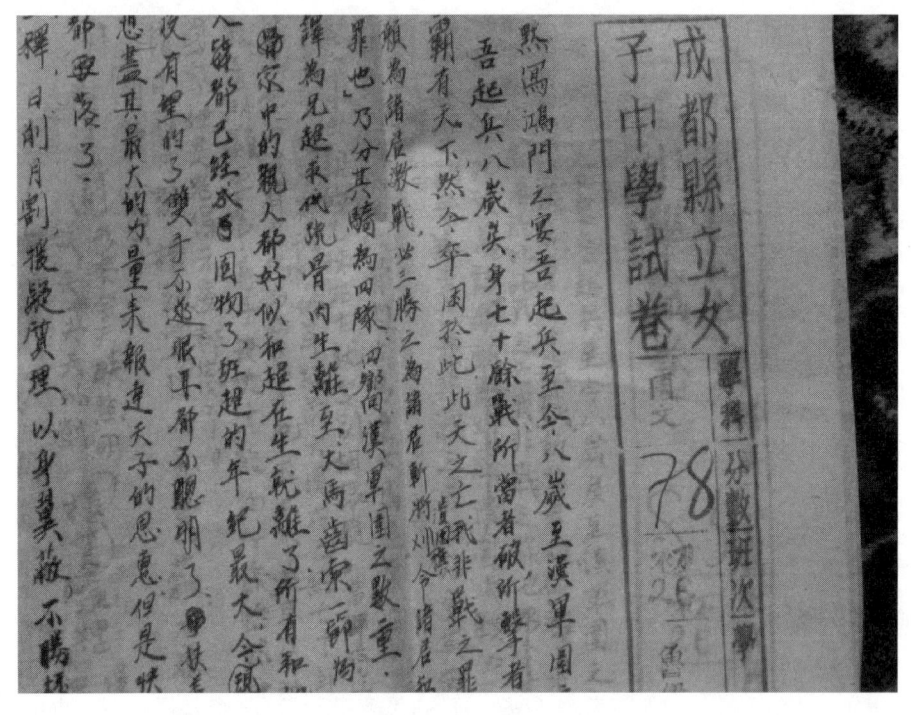

作者收藏的成县女中国文试卷

成县女中在雍家渡这段时间，闵震东先生的《枕涛存稿》写到叶伯和支持教育的魄力在当时并不多见，"先生日夕得与女中师生见面，随时在课余与师生交往，学校墙报时录有先生诗作。每当学校重大集合，先生亦乐于旁听，如音乐会、话剧演出或讲演报告会等，常见先生在座列席，与师生同乐……"文章说，"此时他与教师蒲孝荣、张伯通、周菊吾、孙琪华等多有往来。孙琪华当时是校长，才女。当时任校长时才二十四岁。周菊吾先生是位名家，能诗，工书，酷爱篆刻，对秦汉玺印及明清诸大家的作品，广泛搜罗,尽力博览,刻印以圆朱文成就最高——20世纪40年代被誉为'西南第一'"。印学家王家葵品评周菊吾的篆刻说:"今论菊吾篆刻,印愈小愈精致,拟玺之作尤见功力,圆朱文多字印,精整典。"他后来到川大,执教于川大中文系,毕生研究唐宋文学,文采斐然,门生众多。

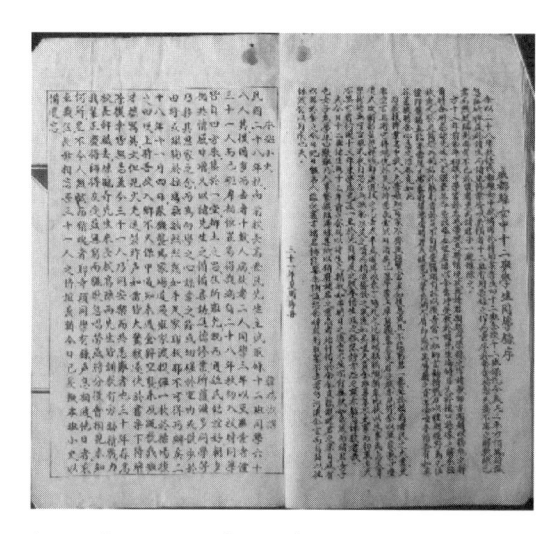

成县女中十二班同学录周菊吾先生题序及本班小史

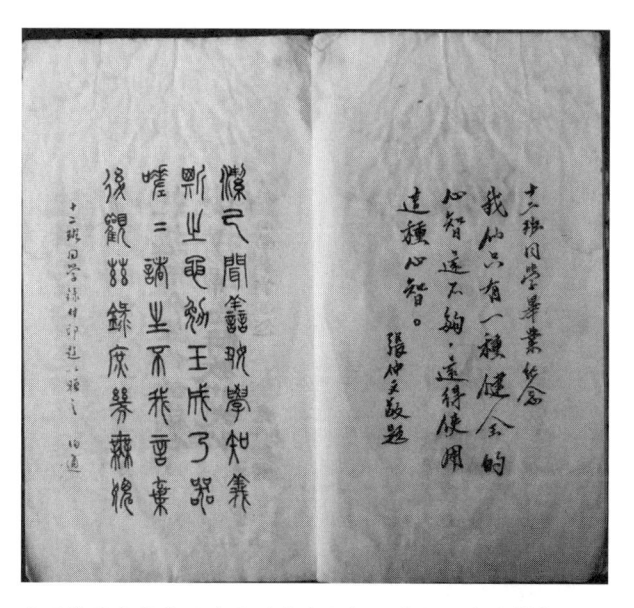

成县女中十二班同学录张仲文及张伯通先生题词,张伯通先生篆书题词为"洁己闻善,好学知义,斯之黾勉,玉成弓器,嗟嗟诸生,不我言弃,后观兹录,庶几无愧"

蒲孝荣先生当时教史地,他是著名方志学家,蜀中文化名人,享誉川内;是张秀熟先生的弟子,后来任过四川省社科院历史研究所所长、四川省地方志总编辑、中国地方志协会常务理事、四川省地方志协会副会长,四川省政协常委。张伯通先生自幼博闻强记,几乎过目不忘,幼年已熟读四书五经,古代诗词歌赋、历史典故无一不晓,被称为活字典。他擅长书法,成都一些像玉瑰瑄这样的老店有他写的招牌。他父亲是英语老师,但英年早逝,所以他才十几岁时就开始教书生涯,被誉为语文张伯通。叶、张两家在指挥街烟袋巷上是近邻。

1945年成县女中高二班毕业合影,第二排左四校长孙琪华,
左二张伯通,左三叶胜男,左五闵震东,前排左六车毅英

孙琪华校长曾回忆说,女中的好老师以教语文而论,古代汉语有白敦仁、周菊吾、张伯通,现代汉语有李北流、李世刚,英语有闵震东、叶有男、许大千、秦承先、王焕葆,数学有熊万丰、朱光华、沈不浮、朱文虎,物理有杨文浏、戴良平,化学有贾仲康、郑永天,史地有浦孝荣、王子壮,美术有陈亮清,音乐前有叶胜男、后有刘亚琴。这些老师后来就自然成了成都七中的老师,其中相当一部分又先后进入了大学教书。

其中白敦仁先生是有名的古典文学研究家,有多部著作,如《水明楼诗词集》《陈与义年谱》,笺注有《陈与义集校笺》《巢经巢诗钞笺注》《彊村语业笺注》,主编有《周邦彦词赏析集》,整理辑印有《养晴室遗集》等。他曾去波兰华沙大学讲学。陈亮清先生是一位名画家,幼年师从其三叔学习国画兼诗文,毕业于四川省艺术专科学校(现为四川省美术学院)。他在中西绘画、金石、书法方面造诣高深,在国内书画界声誉极高,曾在多个艺术特刊任主编,曾任丙戌书画研究会第一任会长。贾仲康先生和熊万丰先生在成都七中是家喻户晓。每次回忆校史，各位领导都必提起"贾化学"和"熊三角"。

那时的女学生就是一群天真可爱的孩子，有典型的民国年间的新女性做派。据当时就读于成县女中的一位学长回忆，校园内的女孩子都是剪成齐耳短发，低年级的学生都穿统一制服。她们上身穿土黄色布装，下着至膝的黑色短裙，脚穿白袜黑色鞋，显得十分精神。而高中女生则一律身着蓝色的旗袍（布料是俗称的阴丹蓝布），背着家里按学校规定尺寸准备的书包（布料也是阴丹蓝布），书包两面用白线刺字，一面"成县女中"，另一面"整齐清洁"，女学生们个个都显得整洁自重。那个时候成县女中校规管理很严，学校在乡间，学生们非常单纯质朴，从不做任何越规之事。后来随着社会动荡，被人称为"世外桃源"的成县女中也激起了涟漪。据传曾经有恶霸团伙侮辱女学生事件发生，引起成县女中同学们极大愤慨，大家团结一致向当时的政府联名上书，坚持抗争，据理力争，最后迫使他们不得不严惩这群地痞流氓，取得了斗争的最后胜利。在中国的抗日战争时期，成县女中的同学们积极开展抗日救亡运动，动员更多的人投身和支持把日本侵略者赶出家门的抗战斗争。

陈亮清先生赠作者的梅图、竹图

七中旧事

张多能

我是一个在七中校园长大的孩子，对七中的最早记忆大约在解放初。那时学校还在青龙街，校园风景如画，校园后方有一座名为刘家花园的大花园。园中有一座假山，山上树木青翠，幽静宜人。顺着山路向上，山顶有一座凉亭，亭内设有石桌石凳，供人登高远眺美景。至于这座亭子是否就是"南阳诸葛庐，西蜀子云亭"中提到的子云亭，不得而知。花园内还种了很多桃树、梨树。每逢风雨过后，常常落一地水果，我们这些孩子就会跑去捡来吃。刘家花园中还坐落着一座古色古香的院子，那便是当时的图书馆。在新礼堂落成之前，旧礼堂兼作食堂使用。老师们的餐厅设在舞台上，而学生则在舞台下用餐。舞台后方有一个大池塘，名为墨池，相传是西汉名儒扬雄洗墨的地方。我小时候和父亲住在旱冰场旁的宿舍，邻居是美术老师周子奇。据说，他与著名画家徐悲鸿是同学。

1954年，七中搬到磨子桥。当时只有两栋教学楼和两栋学生宿舍以及食堂（兼礼堂）修好了。办公楼正在修建。学校周围是稻田和藕田，一派美丽的田园风光，真是"溪水弯弯过小桥，碧荷田田稻飘香。小村从此添书韵，名校七中迁入乡"。老师们开始是挤住在学生宿舍里。后来修了三层楼的教职工楼，老师们都带着家眷住在一起，这才有机会使七中子弟互相认识。当时有叶子、叶脉、叶尚雄、叶尚伟、张多能、闵侦、周晓佳、周家馨、王志远、吴小亮、陈明光、陈波尔、徐仁助、毛日章、张蕾、邹道源及沙惠仁（沙伊洛夫的儿子）等。而雷维礼、周同甫住在川大，还有杜先畴、姜素容等住外面。这些七中子弟从小受到七中文化的熏陶，如学校每年除夕夜都要开化装晚会，以班为单位，同学们都化装扮成各种人物，唱歌跳舞表演段子，吃花生、橘子、糖果，猜灯谜，玩游戏。我们小孩子也混在里面玩，开心极了。看见七中学生上体育课，我们就在晚饭后出来学老师教他们的单杠、双杠和三角倒立，还跟他们学了不少英语、俄语单词，总之有样学样，从小就得到全面发展。

20世纪50年代的七中，师资很强，教师多是从成都县中来的。语文一级教师张道安老师曾在成都七中九十九周年校庆大会上讲话，说他是年轻教师时就听到了这样的顺口溜："曾（福儒）物理，贾（仲康）化学，数学要数熊（万丰）三角；语文有个张伯通，英语头把闵震东；张思文，白敦仁，教书很得行。"外语闵老师的英文是西南一"霸"，所以被称为"英文闵镇（震）东"，后来调到重庆西南师范学院去了。外语组还有叶有男老师，他拉得一手好提琴。语文有白敦仁老师、张伯通老师、罗毅文老师、张思文老师、张家椿老师、曹庸老师、李寰老师和李素珍老师。李寰老师人很漂亮，爱穿一件蓝色旗袍，被人称"摩登"。她出身名门，杜甫草堂工部祠有一副对联就是她父亲李培甫（李植）书写的。她和杜永芳老师是挚友，两位才女当时是学校里的一道风景线。杜老师毕业于金陵女子大学，她父亲也是历史名人。到了磨子桥后，60年代初为照顾家人，她们俩都离开了七中。白敦仁老师语言功底很深，曾被派去波兰讲学两年。张伯通老师被称为活字典，古典文学历史无一不晓，被称为"语文张百（伯）通"，当时办公楼第一、二教学楼的金字匾牌及成都七中校牌都是他亲笔书写的。语文老师中还有一位大师级的人物——周菊吾老师，他在成县女中教过书，后来到四川大学当了教授。他精通诗词、书法，最杰出的就是印章，被誉为西南第一。近现代大家夸赞其印作："海内刻圆朱文者，蜀中竟有如此高手，精妙绝伦。"数学有熊万丰老师、鲁继良老师，这两人也被称为"熊三角""鲁几何"。学生最爱听他们的课。熊老师讲课风趣、幽默。一次，他讲解如何求证三角形的两边之和大于第三边，说："站在田坎的一角甩一个肉包子到对角，狗就会直线冲过去叼肉包子，而不会顺着田埂的一边再转到另一边。这个道理狗都晓得。"生物教得最好的是李忠远老师，他知识非常渊博又为人风趣。音乐有张碧珍老师、叶胜男老师和侯慎修老师。侯老师后来去了四川音乐学院。叶胜男老师1929年考入上海音专，与贺绿汀是同学，主修钢琴和大提琴，1941年受聘于成县女中，1956年调到了重庆西南师范学院。地理徐渤鲲老师讲课有一套绝活，一上讲台二话不说，拿粉笔在黑板上徒手画一个有关国家的地图，注明山川河流，然后背向黑板，面向学生，用教鞭指着身后地图，讲河指河，讲山指山，基本不差，而且上课从不翻动课本！化学有龚与埝老师、曾昭冲老师和毛学江老师。毛老师对学生要求很严，上课提问时，要求学生一站起来就立刻回答，稍有迟钝，他就催："快！快！快！"家庭作业和大小考试都是"魔鬼训练"，同学叫他"毛老歪"（四川话很厉害的意思）。因为他的教学方式，高考的试题对七中学生来说都是小菜一碟了。总务处的严继实老师会唱京戏，毛笔字也写得很好。当时还有一位外籍教师——教俄语的沙伊洛夫。1954年前后，校长换成了解子光，他是武汉大学哲学系毕业的，口才很好，讲话又有哲理。一两千人的师生听他做报告，都是聚精会神，鸦雀无声。总务主任邹俊和教导主任张玉茹是解校长的得力助手。

1959年，我小学毕业考入了成都七中，被编进初1962届一班。班主任是甘大秀老师，教语文。她爱穿旗袍，又喜欢开怀大笑，别的老师给她取了个外号"甘大笑"。当时班主任的权力很大，班上大小事都是她说了算。我因生病晚到学校一周，班干部都分配完了。这时学校来人要我们班上出一位少先队大队长，我正好在一旁。甘老师顺手一指："就他吧！"我就稀里糊涂地戴了两年"三道杠"。我从初一就开始住校，在学校搭伙。一个月的伙食费是六元五角。八个人一桌，没有坐凳，站着吃。一盆菜，八人分食。饭在大黄桶里，随便舀。再后来，就定量了。到初三时，班主任换成了陈道洇老师，他是政治老师。刚毕业，干劲很大，工作很敬业，最初教初中，很快就被提拔教高中去了。

我考入七中高中时，陈道洇老师也调到高中当班主任。孙剑锐初中时也住校，我们是好朋友。他父亲是省上的厅长，但他家对他要求很严，没有一点特殊，一点都看不出他是高干子弟。他学习也很好，高中首次半期考试我们并列第三。高中全部住校，男女分班，没有多少机会去谈男女私情,都把精力放在学习上,这也是七中学生成绩好的原因之一。当时学校有点半军事化管理的味道。每日午餐全班都要集合整队,唱着革命歌曲,齐步走向食堂。下乡劳动收工回来的路上,也是把锄头像枪一样扛在肩上,排成方队齐步走,大声唱着"日落西山红霞飞,战士打靶把营归"。张家椿老师也和我们一样下田翻地,抡大锄头。他一介老书生,哪能和我们小伙一样干?同学们就私下帮他。每周有一天劳动课。同学们最喜欢的工作就是去帮厨。食堂有"潜规则",就是给来食堂劳动的学生多给饭菜。当时是困难时期,饭食定量,老是有吃不饱的感觉,所以我们就最爱帮厨。七中有个传统,就是每逢"五四"、国庆都要搞墙报比赛。以班为单位,在教学楼、办公楼的过道墙壁上贴墙报。由学生会评出前三名。墙报都办得有板有眼,刊头画、插图、诗歌散文应有尽有。我们班常得第一名,因为我们班书、画、写的人才都很多。学校每学期都要搞文艺会演,有一次我们班想演《十送红军》,但我们是男生班,清一色的"和尚",就和一班(女生班)联合演出。大家都很腼腆,但心里却美滋滋的。这个节目还被选去参加在成都四中举办的市中学生文艺会演。

  1965年,我们高中毕业,准备考大学。高考前两天陈道泇老师刚给我们讲了政治题"红与专"的关系,结果语文的作文题恰好就是"论革命与学习"。我把"红"变成"革命","专"变成"学习",再加上引用课本外的唐诗宋词,写出一篇好作文,拿到了高分。高考发榜的第一天上午,突然来了几个同学,说我考上了北大。我正莫名其妙,因为我根本就没报北大。这时陈道泇老师和孙剑锐来了,陈老师手里拿着一个牛皮纸信封,兴奋地说我考上了北京医学院!原来,这天早上高三各班的班主任都等在学校大门口,等邮递员送的录取通知书,像是在比赛,看哪个班收到的多。陈老师告诉在场的人,说我考上了"北医大",结果被误传为"北大"了(现在北医已并入北大,成为北京大学医学部,看来还真说对了)。陈老师拿到信后,高兴得就像自己考上了一样,立刻从新南门外的磨子桥骑自行车到市中心的烟袋巷,给我送了过来。七中的老师对学生真是巴心巴肝啊,这也是七中能成功的原因之一吧!

我家四代七中人

李治德[1]

成都七中今年将迎来一百二十周年华诞纪念，去年就开始准备各种各样热热闹闹的纪念和庆祝活动啦！我家里的人都是又高兴又兴奋，因为我们家有四代七中人，跟成都七中（成都县中）结缘也有九十多年的历史了！我父亲李国润是成都县中初中三十八班学生，我是成都七中初1964届、高1967届学生，妹妹李治红是成都七中初1966届学生，弟弟李小媛的女儿李恺是成都七中初1995届学生，弟弟李小新的孙子李庆元和李恺的女儿童欣妍是成都七中育才学校水井坊校区初2023届学生。家里有四代七中人，成都七中的教育对我们这个家庭的影响是既深远又持久的。

成都七中提供的是高质量的连续的系统教育，这是我们几代人实实在在的亲身体会。成都七中从创办开始，就着眼于助力学生的人生发展，相信高质量的教育是学生人生发展的基础。高质量教育的实施，首先体现在教师教学生增长知识、扩展眼界、提升各科学习能力，强调学生在校期间的高质量教育体验。我记得，上初中时，班上就有好多同学不满足于做题得到一个正确答案，而是讨论一题多解，还常常跟老师争得面红耳赤。我们还从磨子桥走到人民南路新华书店，用节省下来的零用钱买与教学内容同步的参考书和练习册。书店那几个柜台的售货员都记得我们了，说："嘿，那几个戴红领巾的初中娃儿又来咯！"我想，七中的学生学习的主观能动性

---

[1] 作者为高1967届一班学生。

和求上进的习性，从刚进七中还戴着红领巾的时候就这样一步步形成了。

成都七中的教育实践，也处处体现着这样一种教育理念："教育，是当你忘记了课堂上课本教学内容后，还留存在你身上的东西。"这个理念强调了学子们的品格成长、真善美观、思维方式、个人技能、性格塑造等大方向培养。我们在校时，学校有各种兴趣小组，每年还有两次以班级为单位的全校壁报比赛、文艺汇演。不用任何人去组织动员或鼓励调动，每个班的同学都会团结一致，尽最大努力争取做到最好。因为整个校风是鼓励向上的，鼓励学子们通过各种活动发现自己的长处，培养批判性和发散性思维，提升发现问题、分析问题、解决问题的能力，培养对环境与事物的感知和观察力、艺术鉴赏力以及组织能力、创造力、调整与适应力等种种综合性能力。学校通过日常的教学教育活动，帮助学生树理想、立大志、看长远；鼓励学生的好奇心、求知欲、坚持不懈的精神，开放思想，大胆求索，相互讨论思辨。这类习惯、品质与能力一旦养成，在离开成都七中多年之后，仍会在一个七中人的身上熠熠生辉，让我们常常能从一群人中辨别出一个七中人。

我家第一代七中人——我的父亲李国润，以优异成绩考取当年仅有两个名额的四川省公派赴美留学资格，赴美留学。1949年新中国成立前夕，从欧洲经日本辗转回国，开始了在四川大学及成都工学院、成都科技大学近五十年的为中国建设培养高质量水利人才的教学与行政领导工作。父亲参加了1978年的全国科学大会，其科研成果曾获多项国家级科技进步及重大科技成果一、二、三等奖。父亲曾任全国高等教育院校水利水电专业指导委员会副主任委员、中国水利学会常务理事、四川省水利学会副理事长。他也担任过四川省人大常委会委员、全国政协四川省委员会常委等职务。我曾经问父亲，为什么选择水利工程专业？他的回答我至今清楚记得。他说，中国是世界上水利资源最丰富的国家，也是利用率最低的国家，他想在这方面做点事情。他这一生是这么想的，也是这么做的。在他身上，清楚体现了用踏实勤奋的实干精神去实践心中志向的七中教育理念。

我们姐妹小学毕业选择上哪所中学的时候，父亲毫不犹豫地说，当然选七中。我问为什么，他说，一所学校，校风与教学质量都很重要，七中是所好学校，校风和教学质量都很好。可惜我们姐妹在校时遇到"文化大革命"，没能顺利完成学业。"文化大革命"结束，我和妹妹分别与于1977年和1978年通过高考上了大学，毕业后都在高校工作。后来我自费出国去加拿大，取得硕士、博士学位，回国在一所211大学做教学、科研和行政管理工作。其间，与科研伙伴共同组织了我国第一届公民教育理论与实践国际研讨会，近三十个国家的代表参加了会议。我在会上做了主旨论文演讲。我提出的公民教育内容理论框架引起广泛讨论，被台湾学者引用，并希望与我进一步合作实证性研究。妹妹李治红大学毕业后一直在成人高等教育领域辛勤耕耘，在教学、科研、行政管理方面都有突出成绩，曾被评为成都市杰出女性人物。妹妹曾受教育部派遣，作为中国成人教育代表团成员，数次赴国外访学和交流。在赴欧洲进行现代远程教育研究交流时，她代表中国访学研讨团做了总结发言。

我家第三代七中人李恺，在国家粮食部门工作，是单位业务骨干。第四代七中人李庆元和童欣妍，正在成都七中育才学校水井坊校区勤奋学习、认真努力。我们全家人都希望他们初中阶段学业踏实进步，学习和探索能力稳步提升，高中阶段能进入成都七中林荫校区，在我家前三代七中人曾经求学成长的地方，在成都七中宽松、灵活、思辨、跨领域的高质量学习环境中，传承到七中人的优秀品质，打好人生发展的基础。

成都七中的一百二十年，是为学子们创造和提供优质教育的一百二十年。我们深信，亲爱的母校还会在这条路上走下去，创造更多辉煌！

七中岁月琐记

朱　正[1]

我的整个中学时代都是在七中度过的，初中是男七十三班，高中是1958届六班。六年时光有太多的记忆，选取印象深的几件事记录于此。

1952年，我小学毕业考上了成都县立中学，那年11月学校更名为"成都七中"。当时学校还在青龙街三医院对面，校园里有大花园和大池塘，池塘就是有名的"墨池"。1953年，墨池被填平，修了一个运动场。花园里则修了一个规格很高的大礼堂，当时在成都市都是数一数二的。1954年，乒乓球国手孙梅英、姜永宁等来蓉，成都市各单位的代表就是在七中新建的礼堂里观看他们的精彩表演的。

1955年，学校迁到新南门外的磨子桥，那时学校周围还都是农田。新学校的设施在当时可谓全国一流，校舍是按梁思成的建筑思想搞的"大屋顶"式建筑。这种中西结合的建筑，清静、宽敞、冬暖夏凉。实验室的桌上有做实验的药品和器皿，课桌中间有自来水龙头和连着下水道的漏斗，做起化学实验来非常方便。

成都县立中学和成都县立女中于1950年合并后一直是男女分班的，迁入新校舍不久，准备合班。考虑到我们年级快毕业了，就没有重新分班，而是由学生会和团委出面，组织我们在课外活动时和同年级的女三十八班一起活动，内容大都是跳集体舞，男生多，站外圈，女生少，站内圈。内

---

[1] 作者为男初七十三班、高1958届六班学生。

外圈的同学有的牵手，有的拍手，大家一起唱："左边行个礼，右边行个礼，转一个圆圈你又回来了……摇一摇，请你快快跑，转一个圆圈你又回来了……"

七中的伙食可以说是非常好。1953年以前，每月伙食费是五元、五元五角，每周二、五要打两次牙祭。到第二年秋季，星期二的牙祭改为吃肉面片，伙食费涨到了六元。1956年，伙食费又涨到了六元五角钱，不再打牙祭了，只是肉面片一直保持到了我们高中毕业。毕业时伙食费已经涨到了八元，那时男生吃肉面片已经多少带点抢的味道了。八人共用的菜盆打来干干的面片，几秒钟就被装入了各人的盅盅，吃完又去打……我们一桌人起码要吃八盆，每次都吃得无法弯腰才罢休。

1955年春，成都市突然暴发了一场大规模的流行性感冒，很多厂矿、机关、学校都成了临时医院。秋天，流感再一次袭来，当时全校患病的人数三天之内就达到了一千多人，好多班没得病的人不足三分之一。这两次流感中我一点患病的迹象都没有，就去给大家当"护士"。第一次流感结束后，老师要大家以此为题写作文。我们班陈世贵的同学是以快板形式写的，老师把他的"快板"念给全班同学听："流行性，流行性/你得流行性，我也得流行性/老师同学都患流行性/你照顾我，我看护你，大家齐上阵/为的是与流行性做斗争/学校变成了大医院，你们信不信……"引得全班哄堂大笑。

我逃过了两次流感，为自己有强健的体魄而骄傲，也为能两次为同学们服务而快乐。但没想到，1956年初夏，我却得了一场重病，差点要了命。

开春以后，我就一直吭吭咳咳的，慢慢地开始不思茶饭，上课时头昏沉沉的，但我还是告诫自己要坚持、要坚持。终于有一天午觉后再也挣扎不起来了，让同学给我请了个假，继续在床上躺着。迷迷糊糊睡了一阵以后，又开始咳起来，而且越咳越剧烈，连睁开眼睛的力气都没有了。不知道过了多久，我猛地睁开眼睛，看到吐在地上的"痰"竟然是一大摊鲜血！我吓坏了，一阵恐慌，全身发软，冒着虚汗，脑子里翻腾着"吐血而亡"的字眼，挣扎着下了床，大声呼叫起来……整个宿舍里空荡荡的，没人回答我。我挣扎着往楼下走，最后几乎是趴在扶手上慢慢地下了楼，再也没有力气了，躺倒在楼梯下的一张破垫子上……

后来有个初中的小同学走过来,看见我在吐血,问我怎么了。他帮我喊来了医生。医生来测了体温,四十一度五。我们班的同学到医务室拿来担架把我送去了医院。到医院后,两个强壮的同学李寿彭和邓世雄轮流背着我去检查、照 X 光等。同学又把我的哥哥叫来了。最后医生说我不是肺结核,也不是因伤害引起的大出血,而是高烧时间太长引起的大面积微小支气管破裂而出血,只要打止血针、退烧、防止感染就可以使病情缓解。

第二天下午,烧基本上退了,我不再昏迷,才知道自己已经在川医附属医院住院。

一天下午,来了七八个同学,提了一大袋水果。他们非常关切地问了我的情况,知道我恢复得很快,大家都很高兴。临走时,团支部组织委员周家棣拿出一个信封放在我的枕头下。他们走后,我把信封拿出来一看,除了同学们给我写的慰问信,还有一大沓钱,信上有给我送钱的同学名单,全班所有同学名字都在上面。钱从一分到五分,一共是一元六角九分。我看着信,看着那些钱,眼泪止不住地往下淌……

七八天以后,我出院了。刚一到班上,同学们就把我围了起来,有的描绘我去医院的路上问东答西的迷糊状态,有的说我大口吐血的样子真是太吓人了……我这才知道,那天有四个同学跑到北门火车站去找我哥哥,回到学校吃完饭都晚上九点多钟了。第二天,班上专门为我生病的事开了班会,安排人帮我补笔记和补课,又提出凑钱给我买些营养品……在这个充满爱的集体中,我感受到从未有过的温暖,从未有过的难以用语言表达的幸福。回校后的第一篇作文题目是《记感受最深的一件事》,我就写了这次生病的经过。这篇作文得了七十八分,是我学生时代作文得的最高分。我写道:"我感到无比的幸福,因为我生活在爱之中。今天,同学们给了我真诚的爱,明天,我一定要把这美好的爱传递给我周围的人们。"

这场大病的经历,至今难忘。

1958 年,我们年级高考那年,同学们参加了各种义务劳动,到农村挖泥塘肥田,帮助农民抢种抢收,组织扫盲队到农村扫盲,到人民南路挖城中心的总下水道,到天回镇营造共青林,等等。

印象深刻的是挖人民南路的总下水道。下水道的开口近四米宽、三米多深，劳动量非常大。工地上的大喇叭不停地进行鼓动和宣布各校的挖掘进度，劳动竞赛搞得红红火火。挖到一米多深时，地下水开始往外渗了。快两米时，按统一指挥在沟底中央开了一条引水沟，让水往下方流淌。由于各段的进度不一致，需要有人专门戽水。因为筻兜严重短缺，第二天，同学们都悄悄把脸盆带到了工地上，想以此加快进度。最后一天，天气闷热，后来刮风下雨。很多戽水和挖泥的同学裤子都被水浸透了。男生大多光着身子，腿也长一些，裤子还没有湿完，女同学几乎全身上下都湿透了。休息时没有地方躲雨，大家都只能坐在反扣着的脸盆上，接受风雨的洗礼，不少人回去后都感冒了。等到下水道挖好，好多人的脸盆都报废了。那时候，对于一般家庭来说，要添置一个脸盆是一件很不容易的事。即使这样，我们仍然很高兴，觉得自己为成都人民做了永久性的好事。

我们还到省图书馆帮助整理废旧图书。工作就是按教给我们的方法给那些书重新编号，一人一个房间，地上堆满了书。没有工作量的要求，中午还有一顿工作餐。从早上八点直到下午六点，除中午十几分钟吃饭之外，同学们绝大多数时间都在贪婪地看各种各样的书。我就是在那里第一次读到胡适的书，记得是《胡适文存》，读完后，觉得开了眼界，引发了很多思考。同学们都觉得这是一次很有收获的义务劳动。

我大学学的专业是石油炼化，后调我去教书，数理化、音体美，所有的课我上起来都得心应手，俨然一个"万金油"，获得好评。后来有人说，成都七中出来的，没有"跛脚"的，都是全面发展的。我在乎的不是对我个人的表扬，而是对我们母校的评价。

退休以后，我从玉门回到成都。2003年，高1958届同学兰台推荐我参加了成都七中百年校志的编写团队。在解子光校长的指导下，我撰写了全书的"概论"、三大部分的"引言"和其他一些章节。《成都七中百年校志（1905—2005）》完成后，有关部门准备出一个"中国名校系列"，我又和解校长一起撰写了《成都七中——与中国百年教育史同步的名校》。我为母校而骄傲，觉得还能为母校贡献一点力量，非常高兴。

成都七中首届少年男排杂忆

罗中先[①]

一、初识七中

1963年秋我被成都七中录取，尽管初中班主任已提前家访通知，那时还有在学校"放榜""看榜"的传统，父亲换了一身整洁的衣服与我去七中"看榜"。七中校园环境优美，据说，对称的校园规划设计、翻盖式课桌、座椅、室内踢脚线的尺寸，都是当年苏联莫斯科一〇一中学的翻版。七中历史悠久，一直是成都市最好的中学之一，校风优良，师资雄厚，学习氛围浓厚，师生志存高远。记得开学后不久，学校开会，突然发现我座位的书桌面上刻有几行字，虽已模糊却还可辨认，原是抒怀诗一首："北大清华交大，风景优美如画。今日考哪个，直指北大名下。名下名下，前途光明远大。"至今颇有印象。我明白，七中的同学校友个个优秀、藏龙卧虎。

二、初识排球

大概因自己从小爱好篮球和身高优势，我与五位一年级新生被招入了排球队，自此开始接触排球。当年寒假随队参加了四川省中学生九人排球

[①] 作者为高1966届一班学生。

赛温江分区赛，获第二名，取得了决赛权。初次参加正规的排球比赛，看到当时的成都二中、西北中学、铁路中学、成都体院附中等传统强队，觉得他们打得太好了。

寒假一过，开学就已是1964年春，学校组建了成都七中首届少年九人男子排球队（简称"少男排"）。这时知道成都中学生少年九人排球队的冠军队在暑假将赴沈阳参加全国首届少年九人排球锦标赛。十二名队员中，原校男排三位高年级同学符合年龄规定留队，其余都是初涉排球的高1963届新生。未料自己竟成了首届成都七中少男排的队长。

四川省中学生九人排球温江分区赛（合影），左起前排为薛树林、冯学礼、周家熙、张旭、袁书尧，中排为胡光坦、闵心逸、陈历道、黄幼强、罗小川、朱老师，后排为徐荣旋、白兰君、林胜利、刘正明、罗中先

夺取成都市中学生少年九人排球冠军赛的胜利是首要任务。全队在体育老师朱定源带领下，日常课余训练刻苦，就地取材方式多样，主动又乐在其中。

随着成都市中学生少年九人排球冠军赛的临近，七中少男排所承受的压力也越来越大，每一位队员都有争取胜利的强烈渴望和荣誉感。一日，朱老师通知我去他办公室。下课后我去体育教研室，他招呼我坐下后带上门，好一会儿不作声。突然我发现平时不苟言笑的朱老师两眼含有泪光，平时略沙哑的声音里带有哽咽："比赛要开始了，市上希望能由七中代表成都市去沈阳参加比赛，责任大啊！"一种从未经历过的压力把我按在座椅上，我静静地坐在那里听着，朱老师也没有更多的话语。争夺冠军的压力各校都有，胜负场上自见分晓，他明白全部的压力都在他身上。何以解忧？他要找人倾诉，并如此动情。为什么找到我——一个高一的新生？因为我是他选择的少排队长？或许是，他所能依靠的只有这支由他组建的少年队。我不记得是如何离开朱老师办公室的，只记得我的沉默。朱老师的泪光和哽咽，我更增加了对他的尊重，更深切地感受到肩上扛有整个七中荣誉的一份责任。谈话被我埋进了心里，只是平时的训练更加主动积极。

为迎接市中学生九人排球冠军赛，朱老师带领全队奋起，在加强弹跳、攻防战术配合练习的同时，注重强化如勾手或上手飘球、双手前臂垫球、小抡臂扣球的训练，并请了省女排队员来指导示范。这些大松博文新创的基本技术还包括"滚翻"，是名不见经传的日本女排异军突起、于1962年莫斯科世界杯战胜上届冠军苏联队首次夺冠的法宝，此后这些排球新技术的应用就在各国逐步从国家队向青少年扩展。经过数月的课余训练，少排新军七中少男排击败了全市中学各传统排球强队折桂，充分体现了朱老师出色的指导能力、七中学生的优良素质和悟性。

夺冠之后为参加全国锦标赛，少男排人员又做了一次调整。十二名队员是（按沈阳集体照站位）白兰君、黄幼强、兰士中、李铁男、朱廷朴、陈康生、冯学礼、曹烈建、袁书尧、罗中先、周家熙、王守知。朱老师从长远计，选了初一的李铁男入队。从体能、基本技术到战术配合，训练加强了。市体育局派来了专业教练负责训练，第一位是陆指导，他年轻，弹跳惊人，但不知为何，不久就被原是四川女排队员的罗用书指导替换。为我们选派一位女教练是意料之外的，罗指导一直带队到赛事结束。

少男排出征前最后的集训是在市体育场，集中住，睡地板，发服装、球鞋，熟悉室内体育馆的比赛环境。睡前朱老师要挨个测大家的脉搏。大家很兴奋，除有机会能代表七中参加全国大赛外，还将有一次在那个时代难以想象的从西南到东北的长途旅程，那实在令人神往。

三、1964年首届全国少年九人排球锦标赛拾萃

1. 千里迢迢赴沈阳

现在已记不清是何日出发赴沈阳的了。教导主任龚与彦任领队，罗指导与朱老师任教练，校医钟光映是队医。整个赛程中，球队事务主要是罗、朱两位老师在负责。由于成都市政府的重视，成都铁路局为我们专门在车尾挂了一节硬卧车厢。七中少男排、西北中学少女排各住一端，中段成了两队领队、教练、队医的办公室和铺位。这在当时已是最好的条件了。列车沿京广线北上，数日里饱览大好河山，昼夜兼程抵达沈阳。沈阳乃清朝旧都，如今的重工业基地。参赛人员住的"迎宾饭店"，是专门为归国专家服务的宾馆。这是我们第一次住宾馆。

2. 赛事风云：令人诧异的比赛结果与思考

这是国家体委主办，8月1日—14日在沈阳由辽宁省体委承办的1964年十一单位少年九人排球锦标赛大会，参赛单位是十一支中学少年组比赛的男女冠军队，排序是北京、上海、天津、南京、成都、延吉、大连、济南、漳州、台山、文昌。队员必须是1947年到1949年出生，即十五到十七岁，不计出生月日。男子网高二米二四。这次比赛目的是通过少年九人排球运动的开展推进排球运动的普及，为发展排球运动打下更广泛的人才基础。限于当时的条件，当时参赛各队的实力无从了解，台山队较为引人注目，是因为它来自中国的排球之乡。

比赛打下来，男队的排名令人吃惊——文昌、漳州、台山、延吉、上海、北京、南京、天津、成都、济南、大连。参赛的各个大城市少排队皆未能进入前三名，无论是身体素质、技战术能力和水平均处于劣势，并被

来自地方县市的前四名所碾压，文昌队更是十战皆以 3∶0 胜。我们虽然胜了北京队等，但错失了胜上海队的战机，确实非常可惜，积分排名第九。经过大会评选，七中少排和队员陈康生、兰士中、罗中先得到了"五好"风格奖。

从另一角度看，本届赛事虽集中了当时全国排球运动基础最好最强的中心城市和地方县市的少年排球队，但参赛单位之少且分布地域之不均，清楚地显示了排球运动在全国青少年中开展的现实状态。从位于吉林东部边境的延吉市，向下再沿东部海岸线向南直到最南端海南岛的文昌市，十一个参赛单位中的十个分布在这窄窄新月般的一道弧形区域内，不论是中心大城市还是边远的小县市，这一区域的少年排球运动的整体水平和普及情况都是全国最好的。而从这一弧形区域往西的广袤疆域，成都是唯一一支参加此次赛事的内陆单位，一花独放。七中少男排成了这一广袤疆域的代表，孤军奋战、逐鹿争锋，第九名成绩虽并不突出，却也乃大势之现实。排球运动的整体底层基础不仅薄弱且极不均衡，下一步的发展战略规划应如何布局？

3. 国家男排一队精彩的示范、辅导

赛事日程安排紧凑，内容丰富。在多彩的安排中，大家最感兴趣的莫过于由国家男排一队专门为排球少年们所做的示范和辅导。国家男排一队队员为我们演示了各项基本功和基本技术，如各式接发球，鱼跃救球，二传调整、插上，近网远网扣球，快球，单人、双人、三人拦网等。超手扣球的示范又掀起了一次高潮，示范者是国家男排一队来自新疆的马立克，他弹跳最为出众，达一米二。拦网用的是国家队专用的拦网训练板，约一米长半米高，大约是专业男队双人拦网时的封网面积，由专人举起贴近球网，其下沿与两米四三的网口持平。只见马立克几次在二传手的配合下高高跃起把球重重扣下，若非亲眼所见，简直让人难以置信。其他的示范包括几种战术的配合。最后国家男排一队又分成两组对抗训练，让在场的排球小将们看得过瘾又佩服，意犹未尽。

4. 逗留北京：赛事结果的意外结局

比赛结束，8月15日各队离沈。返蓉就没有专门的硬卧车厢了，而是各自散坐在列车内。火车入关后就到北京，全队非常高兴能在北京逗留，那是当时人人梦寐以求的愿望。参赛的北京六中接待我们，特别举办了篝火晚会，还领我们去了颐和园并为我们当导游。在天安门广场，同学们拍照留念，留下了美好的记忆。

天安门广场留影

佛香阁排云殿留影，后左三、左七为北京六中队员

四川省中学生九人排球赛决赛（内江）留影，左起前排为龙成贵、黄老师、贺老师、胡光坦、罗小川、陈历道，中排为张旭、金太镳、叶德宪、刘仁清、闵心逸、江进杰，后排为刘正明、徐荣旋、乐毅、段剑英、谢鹏举

四、1965 年全国少年九人排球分区锦标赛兰州赛区，成都七中第一名

　　1965 年暑假，国家体委主办第二届全国少年九人排球锦标赛。吸取首届的经验和教训，国家体委针对性地出台了分东、西两个赛区独立举办全国锦标赛的重要举措，以更有力地促进排球运动发展落后地区尤其是广大西部地区普及和发展排球运动。西部赛区为 1965 年全国少年九人排球分区锦标赛兰州赛区，在首届全国参赛队中，成都自然是唯一被划分在兰州赛区的队。七中组建了第二届少年男排，首届少男排的曹烈建、李铁男年龄符合留队。第二届少男排人才济济，又一次拿下了成都市中学生少年九人排球赛冠军并将去兰州参加西部地区的锦标赛。我已超龄，出于喜爱，课余时常自愿去当"陪练"。学校第二届少男排在兰州西部赛区的比赛中获得了第一名，为成都七中争得了荣誉。

成都七中参加全国少年九人排球锦标赛兰州赛区留影，左起前排为梅德能、姜再辰、江进杰、王炎祥，中排为王锦、邱芙生、徐光祝、曹烈建、宁沛、刘乃琦，后排为李老师、任宗菊、李铁男、贺老师、杨宣、朱老师

五、国家体委通过开展九人制排球比赛普及排球运动卓有成效

相比六人制排球,九人制排球降低了难度,排球运动普及推广卓有成效。在七中校园里,先后两届少男排的成长奠定了男子排球成为七中传统运动项目的基础,九人制排球运动在校内迅速得以普及,参与者众多,校际或校内年级间、班级间的男女排球比赛多种多样,丰富了校园课余生活,强健了同学们的体魄。排球活动在七中老三届学子心中留下了美好的记忆。

六、夭折的上海"全国青年排球锦标赛",山雨欲来风满楼

1966年初春季开学后,国家体委通知暑假将在上海举办六人制全国青年排球锦标赛,成都市要组队参赛。成都市体委在七中挑选了三名首届少排队员——二传手周家熙,副攻手冯学礼,主攻手罗中光也就是我。我们都是面临七月高考的高1966届学生。赛前集训也是在成都体育场。然而,集训刚开始不久,赛事就被取消,集训队解散。

在工学院大操场"工院—七中"联队迎战四川女排,右起为七中罗中先、周家熙及工院队员

大约是在 1968 年的夏秋之间，在七中对面成都工学院的大操场上，举行了一场难得的看似奇特的排球比赛——当时的四川省女排与成都工学院男排比赛。周家熙与我得到工学院的邀请加入球队，组成"工院—七中"联队，周家熙担任主二传，我担任 4 号位主攻。比赛当天，球场被围得水泄不通，观看的人们兴致浓厚，情绪很高，现场秩序井然。虽我们以 2∶3 负于省女排，但我们的心情和感受与现场观众一样，有机会享受比赛的过程足矣！

罗中先扣球

1969 年 2 月 6 日早上，遵照"知识青年到农村去，接受贫下中农的再教育，很有必要"的最高指示，成都七中老三届同学离开父母和母校，经三天两夜车程，到西昌专区冕宁县安宁河畔插队落户。一代老三届学子转眼变身成了战天斗地的"知识青年"。

在招工返城后,在七中的小操场有一场与当时的四川省女排二队的比赛。具体是哪一年、谁通知的,除周家熙、冯学礼、陈康生等外还有哪些队友参加已记不得了,还有一些已返城的老三届同学观战。那是对方的一堂比赛训练课。其中一位主攻手非常引人注目,因为教练在场外不停地对她喊这样那样,球队配合以她为主。这位主攻手就是以后叱咤世界排坛的"怪球手"张蓉芳。这也是我在七中主场代表七中的最后一次比赛。

"文化大革命"中四川省体工队保留了建制,而成都市体工队已被解散,同时组建了短期的成都工人篮球队,我被选入,有机会在省篮球队、排球队的内部观摩课观看"内部资料片"——NBA比赛和大松博文"残酷"训练日本女排夺冠的影片。这真如开了扇"天窗",得以一睹世界最高水平的篮球、排球运动员风采。NBA球员在场上"飞",大松博文"三从一大"的"魔鬼训练"、拿气筒打日本女排队员屁股的镜头带来的震撼难以言表。一日,我无比赛也无训练,路过体育馆,成都工人排球队正在进行网前扣球练习,托球手正是周家熙。我喜出望外。我与他多年未见,忽发奇想,何不也来扣一个球玩?因未穿球鞋,于是脱鞋光脚捡了一个球到助跑线抛给他,周家熙轻轻托起,高度位置俱佳,我助跑起跳一挥手扣下去,球过网砸在地板上反弹又越过端线外的篮球架,还真是个好球!这一次巧遇,也是与少男排老搭档的最后一次默契配合。

七、成都七中首届少男排五十周年首次相聚,"同徜徉""实难忘"

2014年春节,白兰君、黄幼强与我三人照例小聚。改革开放已三十六年,半个世纪前的少男排风云令人回想、回味,队友们现在如何,基本不知,何不值此五十周年之际邀大家一聚?我立刻联系王守知,然后分头联系。队友们接到信息十分乐意。聚会地点定在杜甫草堂。2014年3月12日,七中十二位首届少男排队员中有十位按时齐聚草堂,有两位因故无法参加,甚为遗憾。

2014年春节小聚，左起为白兰君、黄幼强、罗中先

几十年后首次会面，我们在大门前依沈阳时的集体照顺序摆拍留念。时光荏苒，岁月跌宕，当年的懵懂少年如今已近七秩，眼前一切深有触动，现场试填词一首，以为纪念。

江城子

少年意气初登场，身手健，神飞扬，折桂蓉城，敢盛京图强。锦绣大地同徜徉，山河壮，实难忘。

十年"文革"堪回首？命多舛，志空留。玉宇澄清，华夏竞风流。桃红柳绿工部祠，须白头，却悠游。

1964年8月，首届少男排辽宁体育宫前合影，左起前排为白兰君、黄幼强、兰士中、李铁男、朱廷朴、陈康生，后排为朱老师、冯学礼、曹烈建、袁书尧、罗中先、周家熙、龚主任、罗指导（王守知因看望父亲未参加）

2014年3月12日，首届少男排五十年后首聚，后右一为王守知（袁书尧、李铁男因故未能参加）

八、"七中排球之友"五十年后首聚,"乐忆当年网上奇"

2015年3月2日,乍暖还寒。在杜甫草堂南大门内的露天茶园,与相约的老同学王守知、陈康生、张旭、邱芙生、宁沛、王世德围坐,清茶一杯袅袅飘香,商谈后确定,在去年同样的时间地点扩大聚会。来参加聚会的省七中排球队,第一、二届少男排,还有当时学校的男女班队、年级队的同学和爱好者,这实际上成为七中排球爱好者的聚会。聚会时许多同学也是互相猜认,真是"笑问客从何处来"。在浣花公园的空地立上移动球网,这些当年在排球场上拼搏的少男少女们,不顾如今老胳膊老腿,下场尽兴"疯玩"了一把。几十年后重聚的源头和话题当然就是排球。现场播放了黄惟公以七中老三届同学历次排球活动中拍的旧照片并配以文字与《青春啊青春,美丽的时光》的歌曲视频,同学们谈兴方酣,笑声朗朗,大家讲起当年在七中校园里举办的各种排球活动和比赛,下乡后七中男女知青以其厚实的排球功力在西昌地区如何"大杀四方",会打排球的同学如何为进入大学校队奠定基础等趣事。洪时明和我还结合照片介绍了在国外留学时参加排球活动的场景。

感念此刻,我曾赋诗一首:

乐忆当年网上奇
——感成都七中老三届排球之友五十年首聚

春色又染锦城西,初次聚会近古稀。
鬓霜堪掩少年志?静水流深沉浮事。
对面不识唏白发,乐忆当年网上奇。
温蓉沈兰转战急,七中男排巴蜀立。
长风作浪觅道难,排球为伴失嗟叹。
抚今幸逢星河转,风雨印痕渐行远。
夕阳无限真风采,知足知止得自在。
天地古今任纵横,地球村阔步闲庭。
奉老弄孙贤内助,旅游摄影侍花草。

歌舞健身韵活力，词文书画有格调。
更着心田匹夫情，荏苒光阴寄云霄。
桃红柳绿年年至，可知人生岁岁殊？
心付今朝好儿女，翅振九天应可期。

2015 年 3 月 12 日于浣花溪畔

归来仍是少年。一篇拙记，有点信马由缰、挂一漏万，仅为一段七中青春时光的缘分留下的回忆。

"七中排球之友"聚会，罗中先介绍首届少男排经历①

七中三届排球队队长胡光坦（左）、罗中先（中）、曹烈健（右）为"七中排球之友"举杯祝福

---

① "七中排球之友"聚会照片为罗昌明、杨德刚所拍，下同。

归来仍是少年

回望三十年前的七中生活

卜 钢[①]

我曾固执地认为，那些过去的经历，无论好坏，皆如生命长河中的粼粼波光，曾映照过彼时的心境，却也终究随着水流缓缓远去，偶尔提及，也不外乎是老友相聚时的谈资、下酒的调剂，从未想过需要记录下来，直到有一天，同年级其他班的老同学相聚，其中不乏同校六年却不能准确叫出名字的同学。当那些遥远却又仿佛就在昨日的故人故事被提起时，记忆底层不禁泛起阵阵涟漪，将我带回三十二年前踏入成都七中校门的那一刻，那些至今依然清晰的校园场景。

记得初中入校是 1987 年初秋，我寄宿在四川大学亲戚家。每日从川大绿杨村步行到学校，大概需要经过一条有雨必泥泞的小道，横穿当时称为工学院的川大西区，再走过校门前一片绿色荡漾的菜地，才能抵达学校。通常是晨跑和早餐的时候，川大校区高音喇叭无一例外地播放着实时新闻，男女声回荡不息，偶有晨跑的老师急喘跑过，大学生一手抓着馒头、一手握着书本飞奔向教室，洒水车响着《十五的月亮》缓缓开来，不想被误伤需灵巧躲闪，身后自行车铃响如急令飞驰而过，匆忙的人们不时看看手表，那便是每日再熟悉不过的上学路上的场景。此后，每当在空旷之地听到类似带着回音的喇叭声，总会没来由地产生一种辽阔而悲壮的情绪，带着奔赴使命的错落感如潮水般涌来，更会回想起当年复杂的情绪，一面是寄宿

[①] 作者为初 1990 届四班、高 1993 届五班学生。

离家的恐慌，一面是对学校未知新生活的好奇。

川大北门是我从家到七中的必经之路，刚入学那会儿，不知为何，屡次铁门紧闭、铁索高挂，如要绕道，一定迟到。对于初来此地的我，要快速找到另外一条捷径，无疑是极难之事。踌躇之际，在前方从容行走的那个高个女生，书包甩至身后，三脚两爪，球鞋轻点，若一道弧线飞越铁门，消失在外面的菜畦中。久而久之，我也练就身轻如燕的翻墙功夫，甚至多年以后晚归时，还有余力拖着一辆笨重的自行车翻墙回大学宿舍。

当时的成都工学院侧门

后来我才知那个飞檐走壁的女生竟是同班同学，她身躯高大，尽显七中排球队员风采。排球运动是七中的传统项目，热爱运动的我因此如鱼得水。入校首日，身边皆是高大的师兄师姐，那种脖子下全是腿的压迫感，让我天真地以为只要好好运动，便可达成同样的理想身高。尽管现实未按剧本推演，但对排球活动的喜好却丝毫未受影响。记忆中，课间休息或者课外活动时间，同学们总会三两一组勤奋地练习。基本功不难，难的是轻松自如地驾驭排球，于是我们发明了一种游戏，选中一人蹲在地上，其他的几个同学颠球到一定数量就会猛扣击打蹲着的那位同学的背部，若未击中则以失败轮换。这一系列组合实则融合了一传到位和二传就位的精妙配合。

这样一来，背部宽阔的同学便成了大家的宠儿，其中最为优秀的是杨小帆。他性格温顺，从不和人计较，兼具硕大的脑袋和"辽阔"的背阔肌，每次被砸都会发出河马打嗝般憨厚的笑声或嘶吼。在其脑袋长期被准确命中后，我们便开始称其为"猪头"，即便三十年之后，如今已具化学和法学双博士学位的他说起当年的扣杀，还下意识地抚摸肩背，仿佛被痛揍犹在昨天。

初中时的七中校门朝向为北，藏匿在从菜地里硬生生开辟出的小道的尽头。那时候的校门，质朴简单，门牌黑白相间，白底斑驳泛黄，已然经历了一段岁月。校门对面便是夏天爬满爬山虎的行政楼，庄重而不失灵动，古朴中洋溢着生机。其两侧教学楼，是两层旧式小楼，中间由灌木丛和小型花园隔开，花园里不时有捧着诗集的女生漫步而过，灌木丛天然是艺术节的彩排基地，如果隔壁击打排球失去了准头砸落下去，便会激起一阵惊叫。相比较高中后搬进的六层新楼，我更怀念木地板踩上去嘎嘎作响的小楼。远处食堂飘来饭菜香味，屋檐下柳条飘扬，夕阳中篮球架长长的斜影恰好映上刚擦干净的黑板，生活委员早已安排好当日的值日，做清洁的同学鬼画桃符般应付着差事，一心只想早点完工去球场运动。操场那一头的球场不时传来一阵喝彩，估计是高年级的排球比赛进入了白热化的阶段。骑自行车回家的同学迎着余晖，不得不眯着眼睛，那些怕晒黑的女生手搭凉棚款款骑行，如果恰好有身着萝卜裤和宽松毛衣、梳齐中分发型的高年级男生经过，便会停下车装作翻书包找钥匙，掩饰自己偷瞄的目光。

爬山虎依然郁郁葱葱

初中三年教室一直位于一楼，最大的便利在于翻过窗户便会拔得头筹，占据最佳的球场位置。那时候除了排球，男生还疯狂地喜欢足球，只要两边摆上两匹破砖，便是一个可生龙活虎的球场。同年级中，一班有自小练习足球的选手，加上几位灵魂队友，打遍年级无对手。三班实力同样强劲，尤其守门员是年级排球队员，凭借身高优势，善于防守任何角度的射门，同时还兼具超人的耐力，辗转腾挪中，往往单刀直入，可传可射。我所在的四班，爱好者众多，不乏佼佼者，如个人技术超群、从不传球的"过人王""周扒皮"、横冲直撞的"陈蒜娃儿"、如鬣狗一样体力充沛的"邹卡尔"，也有常年致力于盘带技术和个人控球能力的"周喂羊"，还有充分利用身材优势的"猪头"主攻晃人战术，战绩颇佳，小马哥则擅长游走在外围，随时晃着一头乱七八糟的鬈发，抽空冷不丁使出"绊"字诀，主打"人过球不过，球若过，人必扑"的战术。岚娃儿相对实诚，通常采用的是过硬的抽射和倒挂金钩技术，只图场面好看，而对瞄准哪方球门则毫不在乎。当然，也有剑走偏锋的优秀选手，如雷小宝，眼看"周扒皮"盘带过人已成定局，雷小宝会以迅雷不及掩耳之势，两手环挂其腰间，任其拖行，施展拖油瓶战术，或生生拖垮其意志最终放弃，或和脚下足球一并进入本方球门。"徐二捏"常年司职守门员，脚下技术有限但装备精良，发箍止汗带是标准装配，令人百思不得其解的是，凭他那一直游走在球门三米内的运动量，其汗从何而来。如本方进攻态势猛烈，"徐二捏"则会悠闲到架起二郎腿横亘在球门前，略微有济公的造型。

女生则相对矜持很多，大多数喜欢静静地坐在教室，或看书或复习，少有对体育运动有足够兴趣者。但仍然有热情的女生，一直是班级球队的拥趸，每逢班级对抗，便会端茶送水，嘘寒问暖。只不过其服务对象锁定的精准度之高，服务热情左右偏差之大，实在令人费解。直到帅气的"周扒皮"受伤后临时挂靴，她们的服务水平和密度急转直下，答案才得以最终揭晓。

那时候，操场尘土飞扬，跑道是排球队的身体素质拉练场所，女生坐成一排，或轻言交谈，或敷衍地鼓掌，随身磁带机放着流行歌。当年喜欢的歌手有很多，如王杰、小虎队、童安格，那些歌声仿佛填满了我们的整个青春时代。齐秦是我和几个兄弟最热衷的歌手,一盘磁带传来传去,反复翻录。大家争相模仿,但任凭前面多高明,到副歌高音部分都不得不急转直下。初三那会儿,每天晚上合上厚重的书本、忐忑睡下的时候,只有耳边放着齐秦《给未来的孩子》,才能安然睡去。多年以来,我不时会回听那些专辑,当前奏响起的时候,定会想起那些肃杀慌张又无所顾忌的岁月。

毕业后,这个踢球小团队仍得以维系,虽一部分旅居海外,但只要回国探亲,都会约上一约,或酣战一场,或对酒当歌。我们的下一代逐步长大,也纷纷加入了这种延续,扩大了队伍。

2017 年足球队员聚会

我们的孩子有的还在七中就读,有的已经从七中毕业,大一些的孩子即将走向社会。虽然不常相见,但每次见面大家都像回到了初次相逢,谈笑风生,叽叽喳喳,仿佛时间从未流逝。

我相信孩子们也一定有属于自己的故事,也有那些从来无须提起但永远不会忘记的瞬间。他们或许会在未来的岁月里,像我们一样,在人生的道路上结识形形色色的人,但能够一起肆无忌惮、嬉笑怒骂、恣意妄为的

人却寥寥无几，唯有在老友之间，才能自如地呈现本色。

2023年夏天老友探亲

当过往一幕幕投影而来的时候，我发现不能细品于笔端的，毕竟还有太多，而那些琐碎的片段如老照片一般失去了往日的颜色，却因为它们的斑驳，更显其弥足珍贵。这里没有遗憾，没有不舍，无所谓对错，更和未来无关，只有对青春的当年跨越时间的久久缅怀。年少时候的回忆，恰似蒲公英的种子，在时光的微风中肆意飘散，落定之处，便生根发芽，慢慢沉淀，无须专门提及，毕竟，它们从来就在那里。

那一天和老师有约，回到学校，暑假已至，而图书馆自习室仍人满为患，学弟学妹们依然一如既往地埋头苦读，爬山虎依然倔强地生长，小操场已经翻修成了有小桥流水的微型花园，原来的图书馆位置已经悄然立起了新的大楼。易校长匆忙经过，还不忘挥手寒暄："哟，回来了哇！"那一刻，恍惚间，我不曾离开。

百廿七中　青春与光
——献给母校成都七中一百二十周年校庆

马　宁[①]

藤蔓攀上红砖墙

老教学楼外，七里香悄然绽放
细碎的小花，缀满实验楼转角
如少年，未曾读完的泛黄诗行
图书馆窗棂滤过九十年代的光
藤影婆娑，书页间流淌着是迁善的墨香

奔跑的青春有回声

操场接力赛的哨声穿透三十年时光
你递来的接力棒，余温仍灼烫掌心
升旗仪式上的那抹红，是永不褪色的信仰
文学社刊与百篇练笔中，蛰伏着浩瀚星海
校园艺术节舞台，连怯场都化作璀璨锋芒

---

① 作者为初1990届俄语班、高1993届二班学生。

泥土与星辰的课堂

龙泉军营的夜,俄语歌揉碎星光
共青团员之歌,和着少女的铿锵
简阳农场的青柠酸涩,炊烟熏湿眼眶
交响乐团的鼓点,叩醒排练厅的寂静
鼓槌起落,掀开青春最炽烈的篇章
西山聂耳墓前,音符与山河共振回响

校训在血脉里生长

扬子江畔的叩问,凝成模范群伦的脊梁
从北京亚运村彩排,到延安火车站揭幕
少年与国,始终同频着赤子的心跳
而今你说,教育是百年树人的守望
功利褪尽,我们终成彼此滋养的土壤

写给时间的家书

一百二十年,墨池沉淀为星河
林荫街少年,长成世界的轮廓
如今你言:全球视野,中国脊梁
校歌轻唱:今日你以我为荣,明日我为你增光
教育的真谛,绝非功利的勋章
而是让每颗星辰,寻到独属的苍穹
若七里香,不争春色,却赠七里芬芳

写给此刻的你

学弟学妹，若你途经七里香花廊
请代我们轻抚那年的红砖墙
藤蔓会低语，如何将理想
绵延成一片永不凋零的春光
而校训镌刻之处
永远伫立着彼时的风
与我们未道尽的"珍重"

后记：2025年母校百廿华诞之际，重翻泛黄的"百篇练笔"本，忽忆杨振宁先生所言"物理之美"——教育的终极答案，何尝不是教会我们凝视万物之美？如今七中学子屡登清北金榜，但比成绩更耀眼的，是当年共守的求真热望。教育是细水长流的浸润，是让每颗星找到自己的轨迹。愿母校如锦江奔流，滋养代代少年奔赴山海，初心如磐。感谢师恩，致敬母校，致敬青春，愿每一代七中人，在"审是迁善"的路上，汇聚成灿烂星河。

第二篇

师恩如山

七中的恩师们

徐 黎[①]

我有幸就读于成都七中这所全国首屈一指的中学，在那里度过了六年难忘的学习时光。充实而丰富的中学生活中给我留下最深刻印象的就是学校里面那群可爱、可亲、可敬的老师们。他们或学富五车，或口若悬河，或幽默风趣，或妙辩无碍。教室里有他们传道、授业、解惑的身影，生活中他们为我们排忧、解难，贴心关爱着我们的身心健康。这里我以与我现在的年龄并不相称的稚嫩笔触穿越岁月的尘烟记录下几位老师的故事，作为对那段青春的纪念。

高中政治老师钟裕文总是一身朴素的衣着，脸庞红润。他每次上课必然要讲几个经典的例子，帮大家提高认识和理解。其一讲一人吃包子饱腹，吃了前五个犹感饥饿，第六个刚吃了一半就饱了，这人于是感慨，早知道吃最后半个足矣，前面的都浪费了。其实大谬不然，知识积累，为人为文都是一样，积累才能达成最后的目的。其二讲认知地球的外形，从最早古人以为天圆地方，到阿基米德基于当时已有的科学观察推理出地球为球体，再到后来卫星上天发现地球是鸭梨形的，我们总在否定之否定的不断科学探求、严谨求证下刷新认知，苟日新，日日新，又日新。其三讲社会发展阶段，谈到原始社会时讲了这么一个故事：达尔文参加环球航行，到访南太平洋某小岛时，送了当地土著酋长一床毛毯，因为原始社会信奉平均分

[①] 作者为初 1990 届四班、高 1993 届五班学生。

配的原则，酋长命令把毛毯按照土著人数平均剪裁，一人分了一小块。其四讲：老师当年上山下乡，接受贫下中农的再教育，广阔天地练过红心，田间地头舒过筋骨，体会颇多，自谓知青生活是上工人喊人、下地人等人、干活人看人、下工人撵人。那时的产业工人，尤其是在有保密代号的国防工厂上班的地位尤高，钟老师羡慕不已，自嘲他也是"1079邮箱"工作的，其中"1"是扁担，"0"是背篼，"7"是镰刀，"9"是粪铲（瓢）。高二我们也经历了一番低配版本的战天斗地，劳筋骨、饿体肤，零距离短时间地接触了一番钟老师当年的生活，顿时体悟到了知青生活的不易和他们苦中作乐的乐观主义精神。

初中美术罗国富老师一副名士派头，一丝不乱的大背头，清癯瘦削的身材，一袭时髦得体的风衣，和印象中的诗人艺术家形象高度吻合（电视剧《人世间》里面的冯化成就颇有罗老师的神韵）。罗老师的美术室内，油画、水粉、素描、剪纸、雕塑、装置艺术铺陈得当，一应俱全，体现出他的艺术造诣和广博涉猎。美术课课业压力不大，崇尚个性发展，是同学们交头接耳、走神躺平的重灾区。罗老师上课的时候教室里面往往各种声音不断，面对此情此景罗老师有一句口头禅："蚊蝇遭扇打，皆因嘴伤人。大家要相互尊重，不要叽叽喳喳。"罗老师上课谈笑风生，既有丰富的佳作赏析、美术知识和绘画理论，也有很多的人生感悟、生活小段，深入浅出，妙趣横生。我常常听得津津有味，颇觉过瘾，时至今日对他讲的一个故事仍然印象深刻。故事是这样的：中国向德国推荐留学生，当时推荐的是理工科方面出类拔萃的学生。德国主考官不问学科知识，反而问了中国留学生两个简单又不普通的问题：第一个问题是"《清明上河图》的作者是谁？"我第一次知道张择端就是罗老师科普的。第二个问题是"你们中国有首非常出名的琵琶曲《十面埋伏》，你能哼唱一下里面的旋律吗？"第一个问题如果勉强还算是常识的话，第二个就超纲太多了，就算是音乐刘友能老师、舒承智老师出马，能不能过关都得捏把汗。理工科留学生在这样的问题前就只能剩下惭愧了。这故事一说完，我们一下子明白了美育的重要性：纯纯的做题家可不是我七中的培养目标，我们德智体美劳全都要。

高中语文王正可老师是讲台上的一道风景。她人如其名，秀雅美丽，温婉可人，不仅仅带给同学们语文知识，更带来了美的享受。有几次她带着女儿向禄儿小朋友来和大家上早自习，小姑娘的绒球帽子在讲台上若隐若现，可爱模样真是把同学们的心都萌化了。可可爱爱的王老师教学方式方法清新自然，互动性强，她挖掘学生的学习领悟能力和主动性颇有绝招，其中印象最为深刻的就是百号练笔，即一个学期写一百篇作文，形式上不拘一格，内容上贴近生活，批改上紧密互动，一下子大大激发了同学们的创作热情和倾诉愿望，成为大家在辛苦学习之余舒缓压力、表达自我的树洞。正可老师同时非常鼓励大家相互交流，甚至推动班级间互换练笔，一时互看练笔蔚然成风。部分女生的练笔内容感情真挚，文字优美，内容深刻，甚至还有各种配图和版面设计，成了同学中争相传阅的流量好文，一时洛阳纸贵。饶有趣味的是，同学们读之犹不过瘾，纷纷在原文原作上留下眉批和点评，非常类似后期论坛上跟帖发声的样子，许多留言的精彩程度丝毫不亚于正文。我的美女同桌某俊的一篇诗文下，某慧同学和某宇同学就展开了亲切友好的留言交流，一方认为某俊同学如莲花般皎洁，一方认为她犹如牡丹般富贵。一时间小诗周围的白纸上写了双方你来我往的十几条留言，好不热闹。照我说还是年轻人爱争论，难道某俊同学就不能是又皎洁又富贵？二者完全不矛盾嘛。练笔不仅提高了大家的表达和文字能力，同时也密切了同学间的交流，打破了七中男女生之间的二元壁，对培养我们的社交能力是不小的助益。

除了练笔，王老师还有另外两样综合能力提升法宝：法宝之一是每一个同学每个学期都要办一张自己的海报，内容、版式、美工完全自己做主安排，内容可以自己一人创作，也可以找同学、朋友约稿。一时之间，八仙过海，各显神通。海报内容琳琅满目，五花八门，美工各擅胜场，风格迥异，既大大锻炼了编者的能力，也丰富拓展了观者的眼界。印象里面某如虎同学的梦幻名牌、某龄同学的日系漫画、某勇同学的足球世界、某磊同学的政论文章，都是一时之选，观者如堵。另一样法宝是每位值日的同学需要在语文课上做一个五分钟的自由演讲。七中对于学生的语言组织能力要求一向严格，记得英语课也有类似的传统，初中是情景对话，高中是主题演讲。五分钟的发言虽短，对综合素质的要求可不低，要在有限的时间内言之有物、生动有趣，大家开足了脑筋。有古诗词赏析朗诵的，有小说喜剧片段表演的，有语文实战技巧分享的。面对面地和同学交流互动，对于性格羞涩含蓄的同学来说也是一次很好的社交能力锻炼和心理脱敏机会，帮助我们勇于在大庭广众下勇敢地表达和展示自己。

高中物理王德琼老师同时是我们高中五班的班主任，教学上也是物理教研组的精英骨干老师，在教学上她兢兢业业，认真负责，讲解精湛，条分缕析。更难能可贵的是她对我们的教诲和帮助不仅仅限于课堂、限于书本知识、限于校园生活，限于考试分数，更着眼于培养我们的综合素质和人格品质。面对各种先天后天的差距、客观和主观上的困难，王老师没有抱怨和气馁，而是在管理和组织上狠下功夫，宏观上统筹、细节上着力。1993年高考，五班最后取得了各主科成绩全省第一名的好成绩，这是王老师呕心沥血、殚精竭虑的成绩，更是五班全体同学团结拼搏奋斗的结果。作为五班的一员，我深感与有荣焉。

高二临近期末，我因为近视程度严重，如果继续在理科班，只能读一些纯理论专业，大部分应用专业根本无法报考，所以不得不转学去了文科班，其间颇多波折。我高二期末才转学文科班，足足少学一年，文科班班主任颇有顾虑。后来我才知道，为了不影响我的前程，王老多次找到文科班的班主任沟通协调甚至大度表示："徐黎这娃娃我了解，学习成绩没问题，文科也很擅长，高考肯定能考上大学，你要是有顾虑，考上了算你班上的，考不上算我班上的。"所幸经过高三一年的刻苦学习，在同学和老师的帮助下，我顺利考上了大学，没有辜负王老师的一片苦心。三十年已经过去，每每忆及此事，王老对待学生前途命运的认真负责、勇于担当依然让我深深感佩。

毕业以后，和同学们多有聚会，同去看望老师。每次王老师谈及当年带我们的三年，对所取得的成绩和荣誉谈之甚少，倒是对一些不足和遗憾念兹在兹，反复提及。她说，对同学们的品格、学识、作风，老师基本满意，不负时代对我们的使命要求。不过回首过往，在几个问题上还是留下了比较大的遗憾。其一，学习占用了很多时间，兴趣爱好这方面相对比较薄弱。其二，男女生交流交往上，大家作风还是严肃局促，导致部分同学异性交流能力长期低下。我常想，王老师这话似意有所指，她说的莫不就是我？因为当时我在班里年纪最小，和异性沟通长期存在严重障碍。不得不说这是七中严谨学风校风下我的小遗憾了。其三，为了严肃学风纪律，迫不得已棒打了部分"鸳鸯"，回头看提高了学习成绩，却影响了部分同学的感情生活。以上虽然大多因时代所限，囿于客观条件的不足，到底是美中不足，多少有点意难平。

以上几位老师，是我们班任课教师中的代表，他们当年不仅仅教给了我们知识文化，更塑造了我们的品格、个性和灵魂，对我们的成长有着深远的影响。三十年时光荏苒，如水流逝，很多老师已经离开了我们，他们曾经的音容笑貌和谆谆教诲却依然时时萦绕我们的心头，给我们以生活和前进的勇气。

桃李不言，下自成蹊，谨以此文感谢并深深怀念我敬爱的老师们。

难以忘却的往事

郭　民[①]

1964年，我从成都市回民小学考入成都七中。秋天，我进入七中读书，当时在初中1967届四班，我们的班主任是卢俊才老师。

那时，我们班有一个同学患有很严重的夜尿病，他每天晚上都要尿几次床。这位同学与我同寝室，是我邻床。我住寝室进门右边靠门的下铺，这位同学住进门右边中间的下铺。他的家人给他送来的干净被褥要不了多久，都会被尿液沤坏。老师和我们班的同学特别是同寝室的同学想了很多办法来帮助他，包括晚上定时喊他起床尿尿，老师也组织班上的女生帮他拆洗被褥等，但都无济于事病情一直没有好转。他的家不在成都，父母不能经常来照顾他。他在周日不回家，还是住在学校里。现在想起来，他的那些夜晚也不知是怎样熬过来的。

转眼就到了冬天。一个周日的晚上，我从家回到学校，直接就到教室上晚自习。那时大家的学习热情都很高，每天都是紧紧张张的，认认真真上每一节课，不舍得浪费一分一秒。晚自习结束后，同学们都拿着脸盆到宿舍后面的水槽里打水洗脸洗脚。这一切做完，急急忙忙地钻进被窝。

我把脚一伸进被窝，不禁打了一个寒战——整个被窝不仅湿漉漉的，而且还冰冷刺骨。掀开被子，一股尿味扑面而来。我转身问坐在床边的那位同学："你昨晚是不是在我的床上睡的？"他低着头，一声不吭，满脸的愧

[①] 作者为初1967届一班学生。

疚让我明白了是怎么回事。这时,学校的熄灯铃响了,我无奈地穿上衣服,坐在床头,双手抱着枕头,蜷缩着身子,不知怎么办。灯熄了,寝室一片黑暗,只有走廊上的灯亮着,泛着昏暗的黄光。我望着黑黢黢的寝室,看着从门缝透进来的一丝光亮,心情沮丧至极,心想只有坐到天亮了。

正在我一筹莫展的时候,寝室的门被轻轻推开了,卢老师轻手轻脚地走了进来。她看见大家都睡了,就低下身对那位同学说:"你靠在床头眯一会儿吧。"她正要转身出门的时候,一下看见我在黑暗中蜷缩在床头,问我:"你还坐着干啥?咋还不睡呢?"我手指着那位同学,委屈地说:"他把我的床弄湿了。"卢老师把手伸进被褥里摸了一下,马上明白了是怎么回事。她没有责怪那位同学,只是对他说:"你还是睡一会儿,明天还要上课。"随而转过头对我说:"你出来。"

我穿上鞋袜走出寝室,卢老师叫我在宿舍门口等她。她接着把我们班的几个寝室看了一下,过来对我说:"你跟我来。"我跟着卢老师,一路上没有一句话。她直接把我领进了学校的教师宿舍。这也是我第一次走进教师宿舍,觉得好辉煌、好明亮。卢老师打开一间寝室的门,我站在卢老师的身后,不知所措。卢老师转身对我说:"都熄灯好久了,你今晚就在我的床上睡吧。赶快睡,明天还要上课。"说完,转身带上门就出去了。我没有多想,脱了衣服就睡了。一觉睡到学校起床的广播响了,我才从被窝里钻出来。正在穿衣服的时候,卢老师就进来了,她帮我穿好衣服,对我说:"你不要怪××同学,他身体有病。"我点点头,连声说是。卢老师又说:"你今天好好去上课,不要想这件事,我给你把被子弄好。"我连忙答应着,跑出卢老师的寝室。那时,外面还是黑漆漆的,清晨的冷风迎面吹来。这时我好像清醒了一些,觉得这一晚我住的不是教师宿舍,而是住在宫殿里,迎面而来的不是冬日的寒风,而是从卢老师心中吹来的暖风。我回头望了望教师宿舍,宿舍门口空空的,一个人影都没有,我呆呆地站在那里,望着晨曦中的教师宿舍。

我那时不懂事,对卢老师连声"谢谢"都没有说,也不知道卢老师那晚是怎样度过的,现在回想起来真是内疚得很。

那一天,从早自习到晚自习,我一直在认真上课,中午回寝室时发现我的被褥都不在床上也没多想什么。晚上上完晚自习回到寝室，打开被子，发现被套和床单都被卢老师拆洗晾干了。那晚，我睡在干净的、温暖的被窝里，回想昨晚到今晚的事，好久好久没有入睡。

这件事过去快六十年了，我经常想起那个冬日的夜晚，想起我的母校、我的老师。随着时间的流逝，记忆不但没有被消逝，反而在我的脑海里越来越清晰，就像发生在昨天一样。

下辈子还做您的学生

谢显宁[1]

一

1965年夏天，我从天回中学（三十六中）考进七中，编入高1968届三班。陈道洟老师是我们的班主任，也是我们的政治老师。

我是怀着兴奋、激动的心情进城上学的。知道我考上七中的老师、同学对我的祝贺和鼓励温暖着我的心，出"远门"的新奇感也让我激动——当时，七中是我离家去过的最远的地方。更重要的是，进七中读高中，使我真切地感觉到读大学的愿望有了实现的可能。

二

然而，新学期开学不久，就遇到了难题。用今天的一句流行语来说，就是"理想很丰满，现实很骨感"。学习上的压力还能勉强对付，生活上的压力却让我感到窘迫。最主要的是吃饭问题。

那时，七中实行"席桌制"，八个学生一桌，一盆蒸好的饭平均分为八份，一人一份。当时因为国家粮食实行定量配给制，我常常不能完全吃饱，饥饿感如影随形。尽管我家在生产队不属于贫困范畴，但缴了学杂费后基

---

[1] 作者为高1968届三班学生。

本没有多余的钱。好在有基本的定量粮食垫底,虽然常有饥饿感,身体尚能应付学习和一般的活动。那时,我最盼望吃烩面。食堂把烩面装在圆形大木桶里,大家自由取食,直到吃满意为止。还有就是盼望星期天,母亲总会在我回家之前做好准备,无论米饭还是杂粮,让我饱吃几顿。

三

2019年4月,七中老三届在成都举办了一场"春天有约"聚会。我班陈孝西同学专程从深圳赶回成都参加。那是我俩分别五十三年后的第一次聚会。孝西从椅子背后一把圈住我,叫我张嘴。我下意识地张开嘴巴。

"哎哟!还满口牙齿!"他一边把我下巴往下扳,一边大声叫道。

"三十二颗,一颗不缺,花生胡豆照吃不误!"我不无得意。

"你刷牙的事还记得不?"孝西问我。

"刷牙?"我一时想不起来。

"你把牙膏挤出来,一圈一圈盘在牙刷上。我看见了,才教你怎样刷牙。"

2019年七中老三届"春天有约"聚会时高1968届三班同学合影,后排左五为陈孝西,前排左一为谢显宁,后排右一为拍摄者张先知

四

我确实是在七中上高中后才开始刷牙的。不是不知道刷牙的好处，而是经济上的原因。虽然我家还没有穷到连一支牙膏都买不起的地步，但在当时的经济条件下，我宁可先多吃几顿饱饭，也不会先考虑刷牙的问题。这种状况持续到1977年我考上大学离开生产队，也没有多大的改变。我和父亲为了多挣工分，一天进城两趟，到金华街成都饴糖厂和人民北路省林业厅拉粪水是常有的事。我家当时的情况算好的，还有不少家庭辛苦一年还得倒贴钱，才能分到粮食。

五

挤牙膏的故事我记不清了，但买牙膏的故事却无法忘记，那是因为突然间有了一笔意外的固定收入。

大约开学一两个月后的某一天，我班张国均同学叫我去领助学金，说每月七元！

好消息来得太突然，我简直不敢相信，直到亲眼看见那笔钱才确信不是在做梦。后来知道，这是陈道涐老师为我申请的。在此之前，我完全不知道"助学金"这个概念。

七元钱放在今天，是个很小很小的数目，但在五十九年前，对于一个农村学生来说，实在不是小数目，对于经济困窘的农村学生，更是一场"及时雨"！于是，我用上了牙膏牙刷。如今我进入老年，满口牙齿功能如初，和在七中就开始刷牙应该有着必然的联系。

陈老师对我的帮助不止于此。1965年冬季某天，天气大降温。下晚自习回寝室不久，陈老师来了，手里抱着一件草绿色的军用棉大衣。他径直走到我的床边，一边把棉大衣递给我，一边对我说，用过之后，还给同一层楼某号寝室高1966届的税元廉同学。

陈老师肯定是发现我没有棉衣才去借的。我一直盖到寒潮过后才还给税元廉。和那份从天而降的助学金一样，这件军大衣同样给我留下了难以磨灭的印象，似乎还预示了后来我即将走上的一段人生路：十九年后的1984年，我参军领到了属于自己的草绿色棉大衣。

知我者　去我心忧

张兴贵[1]

怀念七中生活，感恩七中老师，敬重七中校领导，是七中学子共有的情感。

我是1961年考上七中的。考上自己向往的学校，当然高兴，可说实在话，能上多久我心里没底。原因很简单，家里太穷。我从小学毕业就开始做小工来补贴家用。初中三年，除每个寒暑假都要出去干活外，星期天也要尽量出去找活干。这样的生存状况，撑到初中读完已经很不容易，高中会怎样还真不好说——与其费劲上到半途退学，不如早作打算。

当然，我最后依旧上了学，开学初期也照常打过几次小工，但身处七中学风浓厚、课业繁重的环境，深感现实严峻。

期中考试前一天，家里煤油用完，且一时买不到，为了完成复习，我想到去班上晚自习"借光"。因没有缴晚自习费，我的"加入"引起一点小骚动，班主任刘子健老师妥善处理后，大致了解了我家经济状况。课间，他把我叫到休息室，说经请示，学校免了我的自习费，以后来上就行了。我有些感动，想说点感谢的话，却不知怎么说，气氛一时有点僵。

刘老师马上换了话题，问起我打小工的情况来："最近都干些啥呢？"

我据实回答："锤石头，割牛草，挖野菜，撸菜叶卖。"撸菜叶卖是老南

---

[1] 作者为高1964届六班学生。

门浆洗街蔬菜站的一种零活，帮店家清理萝卜、莴笋等根茎，叶归自己。

刘老师感慨地说："哦，这么辛苦啊。"

见他关心自己，我便具体介绍："好点的活路还是割牛草。离我家不远的金陵路有个奶牛场要收，一分钱一斤。但割牛草要起得早，刀要快。"说到这里，我又交流心得般地细讲："磨刀很讲究，要找好磨刀石，最好是红砂岩，最好是软一点的红砂岩，磨起来容易起浆，省力省时，又快！"

刘老师耐心听完，思忖着："其实你这种情况可以申请助学金。"

助学金？那当然好咯，我差点激动地叫出声，但马上忍住，问："怎样申请呢？"

"写一份申请书，实事求是讲明家庭经济状况，然后交学校审查。"

话谈到这个份上，按说只要回去照办就行了，但我仍犹豫，迟疑地再问道："学校要不要讨论呢？"

是的，讨不讨论，我很看重这个问题，必须先弄清楚。因为在自己内心，我很忌讳甚至可以说很怕这个问题。在读初中的学校里，我曾亲眼见过这种所谓讨论——

一个班的人围坐在操场边，班主任主持。全班人七嘴八舌，横向与纵向比较，什么心态的都有，什么情绪化的话都说，好像是施舍一般！被评议的学生，则龟缩在一角，羞怯、惶恐、尴尬、惴惴不安，即便平时再有自信，到这个时候也变得讨好、卑微、任人摆布、无可奈何！

当时我就产生一种想法：这难道不像一个人被剥光衣服，放在大庭广众下供参观吗？他（或她）今后还怎么在这个班里生活学习？还愿意在这个班里生活吗？遇事还能有主见、敢有主见、敢发表主见？颜面丧尽，学习还能搞得上去？我很怀疑，助什么学啊，简直是在打击学习积极性！

那个时候，我还没有隐私保护、人格尊重的意识，只是情感上受不了，并且下定决心，宁愿打小工、宁愿不读，也不会去申请那个什么"助学金"！

回到眼前来，我是我的思路，刘老师是刘老师的思路。

"讨论？当然要讨论！"刘老师不经意地说着，瞧见我有些紧张，想是担任多年的班主任工作,早已洞悉学生心理活动吧,马上又宽慰道:"那是老师的事。"

我提起的心终于落下,只是觉得尚未完全落稳,仍弱弱地补了一句:"学生不参加?"

"用不着!"刘老师明确回答,语气决断:"但要找你父亲的单位盖个章,证明你说的家庭经济状况符合实际。"

我控制住快蹦出来的兴奋:"就这么简单?"

他点点头。

谈话结束我便行动,写申请,盖章,呈交。学校很快批复下来。一个课间,刘老师把我叫到办公室,告诉我学校批准了我的助学金申请,享受乙等,每月五元。

这就是说,吃饭大事解决了!今后每周伙食,除周日和周六下午一餐外,其余学校全包。我再用不着打小工,可以安安心心一直上到毕业了!

我长吁一口气,心里默默祷念:感谢学校,感谢党的政策!

我清楚地记得,刘老师那天穿的是一件半旧的卡其布制服,靛蓝色,风纪扣严整,戴着一副镜架开始发黄的玳瑁眼镜。

站在刘老师面前,我胸中涌起许多话,但又觉得这些都不足以表达我此刻的心情,于是,我站直,双脚并拢,恭恭敬敬行了一个礼:"刘老师,谢谢你!"

刘老师呵呵笑着:"该办的!助学金嘛,就是用来帮助你们这些劳动人民家庭出身、经济困难又学习用功的同学!"

走出休息室,望望天,看看地,我只觉天空晴朗,大地生辉;七中的师生、房舍、树木、草地、操场……好不亲切!自己身心好不轻松!

就这样,我顺利读完高中。读大学时,我同样申请助学金。我将在七中受助情况作为家庭经济困难的佐证,如实陈述,最后一次性通过,让我在整个大学期间享受同等待遇。

这份助学金,于我可谓善莫大焉、功莫大焉、恩莫大焉!

写到这里,可能有人会嘀咕:那有什么?助学金是当时党和政府的政策,学校和刘老师不过是执行而已!

不错，是执行，但这样的执行绝非"不过"所理解得那么简单。同样是执行，有的执行起来粗暴凌人，有的执行起来和煦暖心，当中大有学问。

春风化雨时，润物细无声——在我心中，这是最高层级的教育理念，也是七中始终遵循的理念。正是秉持和践行这种理念，经过几代人的努力，七中迎来了今天的辉煌！

无尽的思念
——回忆李昌秀老师

王　楠[①]

李昌秀老师是我初中的数学老师，只教了我们一年就退休了，但仅仅过了大半年就因病离开了我们。虽然已经过了三十年，但依然经常回想起她，回想起她的音容笑貌，回想起她在课堂上的语言和动作，回想起她给我们一遍又一遍不厌其烦地辅导作业。今天，借着母校一百二十周年校庆征文的机会，我终于能够静下心来，把对李老师点点滴滴的记忆用文字记录下来，也算是学生发自肺腑的思念吧。

一

李老师教我们的时候已经临近退休，她个子不高，干瘦干瘦的，留着一头短发，戴着一副黑框眼镜。从我们进入成都七中的第一天起，她就负责我们班的数学教学，而她留给我最深的印象就是对工作、对学生的责任心。

我们是1993年秋季入学的。那一年成都市的小升初政策发生了巨变，第一次采用了微机摇号的录取方式。由于当时成都市各个小学的教学质量参差不齐，而微机摇号则将新生来源变得非常随机，使得班上同学的水平差异巨大。

---

① 作者为初1996届三班、高1999届三班学生。

按照惯例，七中初中入学前都有一次摸底考试，而我们这一年级的摸底考试可以说是惨不忍睹，班上数学甚至有只考九分的同学，我自己因为种种原因也只考了四十多分。在这种情况下，李老师和其他科任老师开始了艰难探索，针对同学们的分层教学也随即展开。那个时候的校内"小灶"基本上都是无偿的，除了交一些必需的资料费之外，都是老师们的"义务劳动"。但即便如此，李老师对数学还是抓得特别紧，很多个下午都抓着我们来强化教学，有的同学调皮不想来上课，她还到处追着找这些同学。现在想起来，只能说那时候的老师真的非常纯粹，不追求金钱和名声，就是单纯地希望他们的学生学得更好。

李老师上课是很务实的。她没有星光熠熠的名师头衔，也没有多少惊艳的言语，更不会时不时讲个笑话活跃课堂气氛。她就是一遍又一遍地强调各种知识点，生怕我们学不懂，也生怕我们忘记。"溶液就是溶剂加溶质""同位角相等，内错角相等，同旁内角互补"……这些基本的概念总是在她嘴边反复，以至于几十年后，我仍然清晰地记得她讲课时的语气和语调。有时候讲课情绪正饱满，忽然下课铃响了，她会来一句"哦豁"，然后意犹未尽地说"只有下节课再讲了"。

为了帮我们巩固知识点，她对我们的作业要求很高。我印象最深的就是"作业多，真多"。那时经常晚上要做到 10 点甚至 11 点，周末也要做大半天的数学作业，几乎全部泡在作业里面了。

写作业的过程是痛苦的，那个时候也曾不止一次在心里嘀咕：为什么非要布置这么多家庭作业，难道真的要把我们"虐"得这么痛苦才好吗？幻想着"要是没有数学就好了"。记得有一次我的数学作业又没有做好，李老师把我叫到办公室，给我一道一道讲错题，帮我分析做错的步骤和原因。看着我作业本上涂改的痕迹，她还半开玩笑地说："哎哟，你今天又给我画了个大花脸哟……"分析完之后，她给我总结的原因是"脑子还没开窍"，还要加强对基础知识的掌握，把基础练习好，而不是盲目地去攻难题、压轴题。于是，在她的帮助下，我逐渐减少了低级错误，作业效率和质量得到了提升，作业本上的涂改也越来越少。特别是初一两次期末考试，我出乎意料地考了满分，这是我之前想都不敢想的成绩。当我拿到成绩的时候，我心里对李老师真是充满了感激，这一刻终于感到，原来做的这些作业都是有成效的。直到现在，我在辅导自己的小孩做作业的时候，我仍然会自觉不自觉地把当年李老师教我们的方式和方法用到其中，也会让小孩加强基础训练、减少低级错误，或许这就是对李老师"润物细无声"的传承吧。

　　做作业是学生"受虐"，那改作业就是老师"自虐"。给我们"开小灶"占用了大量的时间，李老师就只能把改作业的时间往晚上推。我记得有好几次都看到李老师很晚了还在教室旁的教师休息室批改作业；还有好几次上课的时候，她用沙哑的声音告诉我们头天晚上她改作业改到凌晨1点多甚至2点。我们当时没有什么感觉，甚至都没怎么当回事，现在想起来，这不就是她对学生们的责任心吗？我工作之后，虽然经常也要熬夜加班，但常常熬了夜第二天都会晚一些去上班，可是李老师熬了夜经常还要上早晨第一节课。每次想到这里，总是感叹自愧不如。

　　当时我们正处于精力过剩的年纪，班上的课堂纪律非常不好，随时都可能有突发事件导致课堂秩序混乱，教师在上课的时候一边要维持教学进度，一边还要不停地维持课堂纪律，一堂课上下来有多艰辛可想而知。如果有同学在课堂上破坏纪律被李老师叫起来，她会很严肃地批评："你是哪个学校毕业的……你玷污了你们学校的名声。""你作为数学课代表，本应当维持纪律，现在却带头打闹。"有好几次，面对嘈杂的课堂和一塌糊涂的作业，李老师生气地把粉笔往地上一扔，说"我不教了""我不管了"，但是过了之后她又拿起粉笔和教鞭，继续给我们上课。有一次上数学分层推进课，我和同桌在下面做小动作打闹，她发现后点了我们两个人的名字，下来之后又分别找我们谈话，批评我们俩在课堂上不守纪律的表现。这是我印象中她对我批评最严厉的一次。自此之后，我就再也不在课堂上小打小闹了。

　　李老师对待工作的态度和责任心是我一辈子学习的榜样，也是李老师赠予我的一辈子的财富。

二

　　初一上期的一个星期天，那天上午我正在家里做作业，突然听见楼下有人喊我的名字，探出头去一看，原来是班主任陈祥玉老师在喊我。我当时很诧异：今天不上课呀！下楼之后陈老师对我说，今天是李老师的生日，让我下午喊几个同学一起买个蛋糕到她家去，费用从班费里出。还说近期班里的纪律不好，让李老师很操心，借这个机会让李老师高兴一下。然后她给我交代了一下李老师的住处，就骑车回去了。

我接受了这个任务。正好下午有奥数课，上完课之后便拉上几个同学一起去买了蛋糕。可是我上午并没有真正记住陈老师的交代，只是模糊记得一个什么宿舍楼栋号，在我的"带领"下，大家就像无头苍蝇一样到处找那栋楼，为李老师庆生变成了"寻找李老师特别行动"。

我们试着上了一栋楼，来到我们猜测的李老师家门口，只见门上贴了一个大红的"喜"字。大伙儿心里开始打鼓：是不是这里呀？最近也没听说李老师家里有喜事啊。犹豫再三，大家决定还是试试。为了避免尴尬，叫一个胆大的同学上去敲门，其余同学则跟做贼似的躲在楼梯间。只见那位同学鼓足勇气，"哐哐哐"敲了三下门，然后赶紧往后躲，我们见状也赶紧往楼下冲，生怕被发现敲错了门然后被训斥一顿。门里面没有反应，估计是家里没人，大家才松口气，看来确实不是，又重新下楼走出单元门。

正在大家一筹莫展之际，忽然发现了陈老师家。我们给她讲了刚才的情景，她看到我们这个样子，估计也觉得好笑吧。在她的带领下，我们终于找对了方向，顺利到了李老师家。

李老师开门的那一瞬间，她也怔住了，应该是没有想到她的学生会知道她的生日，更没有想到会有那么多学生来给她庆祝生日。她让我们到家里坐下，和我们一起聊着学习之外的话题，说我们都还是学生，何必破费买这么大个蛋糕，说我们都在长身体，一顿饭的饭量得当她一天的饭量。还有很多聊的话题已经记不得了，只记得大家在笑声中聊了一个多小时，快六点才各自回家。李老师那几天也特别高兴，第二天上课的时候都感觉比平时说话声音更洪亮了一些。

离开李老师家之前，还发生了一个小插曲：我的自行车钥匙明明记得是揣在裤兜里面的，不知道为什么找不到了。李老师就问我是不是掉在地上了，还把沙发搬开找，结果车钥匙果然在沙发下面。我至今也没想明白自行车钥匙是怎么钻到沙发下面去的……在捡钥匙的时候，一不小心我的额头和她的额头撞在了一起，还有点疼。想起来，这是我和李老师最近的一次"亲密接触"吧。

那一天是1993年12月26日，没错，是毛主席一百周年诞辰纪念日。李老师和毛主席的生日是同一天，我永远也不会忘记。

三

初一结束后，我们得到通知，李老师从学校退休了，据说是身体不好。刚开始我没有太当回事，想着反正李老师退休了还有其他老师来上课呗，再加上初二的学习压力变大，也就没有过多地去想了。

直到半期后，12月中旬的一天，我突然听到几个同学私下在说，李老师生病住院了，要不要去看看她。当时我还傻乎乎地问了一句："是哪个李老师？"旁边的同学赶忙说："就是以前教我们数学的李老师啊。"我回过神来，才意识到有一阵子没有见到她了。

对于李老师，我自然是心怀感激的，于是我和几个同学约着一起去探望李老师。李老师的病房在七医院，离七中不是太远，骑自行车一会儿就到了。进了病房，看见李老师躺在病床上，看上去比以前更瘦了，不过精神还不错。虽然有将近半年的时间没有见面了，她还是一下就认出了我们，招呼我们都坐下，然后就关心起大家现在的学习情况，问我们这学期学了什么，是否习惯学校的教学进度等。我们一边回答她的问题，一边聊班上最近的新闻和有趣的故事。其中一个同学还聊起了他上学期不遵守纪律被李老师单独批评的事情，大家都觉得很轻松，也很愉快。坐了二十多分钟，我们得回学校做作业了，于是就和李老师话别，祝愿李老师早日康复，约好等她出院了再去她家看她。临别的时候，我想起又快到12月26日了，还提前祝李老师生日快乐。

我没有想到，这竟然是最后一次和李老师说话。

这之后，由于我初二上学期学习有些退步，就忙着钻研学习去了，就这样浑浑噩噩过了几个月，我也就顺理成章地"忘记"了李老师的病情。

"李老师得的是肺癌！"消息如晴天霹雳传来，此时已经是初二下学期开学后不久，大家都深感震惊。某天下午，班上同学们组织起来集体去医院看望李老师。在此之前，班主任陈老师还跟我们"约法三章"：第一，不能大声喧哗；第二，不能哭；第三，不能长时间逗留。我们一群同学来到七医院的病房外，隔着窗户静静地看着李老师。此时李老师已经不能说话，戴着呼吸机躺在病床上，她的家人在她耳朵边轻轻说："你的学生来看你了。"我们也只能轻声地说："希望李老师早日康复……"此时我们多么希望能够出现奇迹，能够把健康的李老师还给我们。

1995年3月中旬的一天，不幸的消息终于还是传来了，李老师永远离开了我们，学校的门口贴上了讣告。

遗体告别仪式安排在星期二的中午。吃完午饭后，全班同学每人都戴上了白花，一起步行到群众路殡仪馆，最后一次看望我们敬爱的李老师。那天参加告别仪式的老师同学非常多，灵堂门口排起了长队，花圈上也写满了挽联。我印象最深的一副挽联上写着："你这一生真是过得太辛苦了！"是啊，李老师才五十六岁，才刚刚享受悠闲的退休生活，却在短短半年多之后就离开了我们。如果不是为了把我们的成绩提上去，不是为了给我们这些学生追着补习功课，不是为了提升大家的成绩而批改那么多作业，她本来不会熬那么多夜，不会操那么多心，不会生那么多气，不会损伤自己的身体；或许她能够更早地发现自己身体不适，能够更早地去医院检查，能够检查出身体有病而不至于拖到肺癌晚期……对我个人而言，明明李老师给我那么多帮助，明明七医院就在学校和家附近，为什么我就不多去看她几次，不去多和她聊聊天摆摆龙门阵呢？想到这里，我心里真是又难过又羞愧。

终于轮到我们了。我们两个同学一排，向李老师的遗体三鞠躬，然后围着她的遗体转了一圈，看了她最后一眼。我同桌女同学泣不成声，几乎快支撑不住要坐到地上。参加完告别仪式我们又返回学校继续上课。那天下午第一节课恰好是数学课，大家都沉浸在对李老师的怀念中，平时闹哄哄的课堂，此时却连一根针掉在地上都能听得见，课堂从来没有像那天那样安静过。

失去过，才会真正知道去珍惜和拥有。

写在最后

　　李昌秀老师离开我们已经三十年了，但是我对她的怀念却从未停止过。而今，我自己也步入中年，我的小孩也到了我当年上初中的年纪，我在经历了这么多年的学习、工作和子女教育之后，能够更加深刻地体会到她的付出、她的辛劳和她的责任心。我更加深刻地体会到，一位好老师就犹如一盏明灯，能够一直为你照亮前行的路。

　　我想，成都七中今天之所以能够成为誉满华夏的名校，正是因为有许许多多像李老师一样辛勤耕耘、默默付出、不计得失的老师，是他们以身作则，感染和培养出了一代又一代优秀的七中学子，让我们在耳濡目染中懂得了如何用自己学到的知识帮助他人，如何用自己的责任心做好自己的工作，以及关爱周边的人，最终成为正直且对社会有用的人，也让"全球视野，中国脊梁"这八个字成为七中学子的标签。或许这就是李老师以及七中的老师们希望看到的学生的样子吧。

　　在母校一百二十周年校庆之际，我终于有机会拿起手中这支生涩的笔写下以上的文字，权当对老师的思念、对青春的记忆以及对母校的祝福。

师恩难忘　唯愿寿康

何明洁[①]

我是一个很幸运的人，从 1992 年到 1998 年在成都七中度过了六年愉快的初中和高中时光。彼时还没有这么多关于七中铺天盖地的神话传说，我对七中的记忆基本都是与那些极具个性和人格魅力的老师联系在一起的。当我自己成为一名高校教师，在我教师生涯的成长过程中，仍会随时想起在七中读书时那些令人惊叹的与老师的互动。

七中的教师教学能力精湛。教师教学能力强是一所名校最基本的指标，也是一所名校可持续竞争力的来源。初中历史老师申军备课十分充分，上课从不需要看教案，一口气说下去，整堂课几乎都不停顿。时至今日，当我开始给大学生讲课，才体悟到这是要对知识点多么烂熟于胸才能达到的境界。申军老师对授课内容的熟悉已经融入了他的呼吸，时间、地点、人物、事件信手拈来，整堂课让人听着酣畅淋漓，意犹未尽。地理老师张军的课也很有特色。她梳着长辫子，戴一副黑框圆眼镜，看起来文雅温柔，课堂氛围却十分热烈。她讲世界地理总是能把知识点连成一串故事，将遥远的世界生动地刻画在我们脑海里，好理解也好记忆。张军老师特别会调动课堂气氛，最爱用现场 PK（对抗）的方式来检查我们对知识点的掌握：随机抽起来的两个同学就同一问题抢答，回答正确的坐下、后排接棒，回答错误的留场继续。这种方式刺激又好玩，同学们常常为争取被张老师点

[①] 作者为初 1995 届一班、高 1998 届四班学生。

到而把手举得高高的。这些青年教师的课堂不仅充满了年轻人的创意，他们对事业的投入和热情也感染着我们。

七中的教师教学理念开放。教学理念开放看似是艺高人胆大，却是教师热爱教学的日常表达。我印象特别深刻的是高二某个夏夜，正在上晚自习，突然眼前一黑，原来是跳闸停电了。正在我们一片混乱的时候，教室大门洞开，疾步走进一个身影，满头银发的地理范学翰老师用他极具辨识度的普通话大声喊着："同学们跟我上四楼平台，现在正好可以讲夏季星空！"这真是我上过的最浪漫的一堂晚自习。音乐舒承志老师多才多艺，似乎就没有他不会的乐器，音乐课就是他的圈粉现场。还是某个夏天的下午第一节课，大家午困未解，到音乐教室一落座便昏昏欲睡。舒老师不动声色，录音机突然放出一段先深沉后高亢的古典乐曲，把我们的瞌睡虫都吓跑了。只见他幽默地问："刚才给同学们展示的就是我们今天要鉴赏的世界名曲《悲怆》，大家感觉如何？"从此我们关于贝多芬代表作的记忆又增添了一首经典曲目。

七中的教师不仅技能卓越、传道授业，也是我们的心灵导师。学校提出的"不当教书匠，要做教育家"理念，是对过去多年七中教师塑造学生思想品格的精炼总结。历史王开元老师把历史课上出了哲学意味，所有同学提到王老师的课，无不感到受益匪浅。在讲到拿破仑攻打俄国失败的史实时，他评价道，拿破仑攻俄本身只是把莫斯科作为战争的一个策略节点，但当他久攻不下时，生出了执念，把手段当成了目的，整个战事被拖入了寒冷的冬季，为最终的失败埋下祸根。王老师金句连篇，让我们在记忆历史知识的同时也获得了思想的提升。

七中的学习从来不是死记硬背啃书本。我上初中的班级是易国栋老师带的第一个班，他接手我们班的第一件事就是通过组织大扫除整顿班风。当时班级由于原班主任生病，组织纪律涣散，人心浮躁，易国栋老师到岗的第一周就亲力亲为跟我们一起做清洁。身教胜于言传，一周后，不仅教室环境焕然一新，我们也对这位当时并不比我们大多少的新班主任暗暗竖起了大拇指：这是一个会跟我们一起流汗一起努力、感受我们的感受、陪伴我们共同成长的良师。

对七中老师的回忆随着记忆的展开而绵远悠长，还有很多很多的老师用他们辛勤的耕耘滋养了我们青春的灵魂，比如在我毕业后仍鼓励我"永远不要轻易否定自己"的张锦老师，跟初一每一位同学训练英语对话的朱波老师，和住校生一起打篮球的魏华老师，用"蒙娜丽莎的手"进行艺术鉴赏启蒙的罗国富老师，一边炒菜一边问我们食盐分子式的张建成老师……何其有幸与恩师们相遇，七中的天幕因这些才艺卓绝、性格鲜明的老师而熠熠生辉。

墨洗一池，垂范百廿；师恩难忘，唯愿寿康！

走遍天涯海角　依然心系七中

邱意扉[1]

我想念，想念，还是想念。

这份想念，不仅源于那一千余个日日夜夜的生活，更源于母校送给我的一份特别的馈赠。

成都七中的校友中不乏天之骄子，前辈们的事迹就不冗述了。当初毕业的分岔路口，有同学去了清华，有同学去了北大，有同学去了复旦，有同学去了浙大。这里虽然有太多才华横溢的同学，但也有着同我一样差强人意的孩子。和太多优秀的人在一起，自己的不足会变得更加明显，于是在那个欢庆的时刻，作为差等生的我只能低下头，默默地走向自己那看来黯淡的未来。

很长一段时间以来怕提起七中，因为但凡碰到这个话题，我知道接下来就要问大学了，我这个九流大学的杂牌军又该如何作答？

瀑布上的水珠飞流直下，那时它们全都壮怀激昂、挥斥方遒。但飞流直下之后有些依然在河道中纵横驰骋着，有些却落到了河边，渐渐渗入土壤，销声匿迹。

我就是那颗旁落的水珠。

我相信现在在学校的学弟学妹——像我当初这样平庸的少年，多多少少也都会有着和我一样的感受。在那么优秀的群体中，内心会油然而生一

---

[1] 作者为高 2005 届十一班学生。

种自卑，对于将来的道路怀抱着恐惧、迷茫和不确定，虽然老师们一直在鼓励，虽然同学们从不曾鄙夷。

人畏惧黑暗，不是因为看到了什么，而是因为什么都看不到。行走在那些优秀同学的身后，你是不是觉得自己的路被他们耀眼的光晕遮蔽了起来？也许这种感觉让现在的你焦躁不安、终日惶恐甚至自暴自弃，追不上、看不进去书，怎么办？

如今每每想到那个时候，我总会笑着叹息。

十多岁的孩子哪里会想到，当踏入七中大门成为这里一员的那一天，她已经用她百年的智慧，在自己的心灵中镌刻了一个独特的符号，写下了一道神圣的箴言。这是在多年后我才发现的。

在应试教育的年代，升学率似乎是每个学校追逐的目标，高考似乎是每个学生最终的战场，无时无刻不努力的三年是为了那炎夏六月的两天。些许年过去，考上大学的人越来越多，进入社会后大家的发展却各不相同。现在回头看来，这也是应试教育这高浓度的化肥在极速培养知识青年的同时所付出的惨重代价之一。每天在考试成绩这个与世隔绝的大棚里浸润着，早已经忘记了大自然清新的味道。

七中是个例外。我们的母校为我们留下了一道难得的窗口，让阳光洒在了我们的身上。

学习成绩诚然是重要的，但理想、素质也是我们今后人生的重要基石。七中给予我们更好的环境，提供给我们更多课外活动的时间和内容，老师们不仅传授知识，也用言语和自身的行为告诉我们何以为人、何以处世，身边的同学互相之间传播着正能量，分享着各自的理想与追求。这像空气一样不被察觉，但它弥足珍贵，别处难求。

记得曾经和魏新欣在夜深的学生宿舍洗衣房里谈论中国未来三十年走势，被宿舍管理员大爷记名，第二天被"请"进政教处。

记得曾经和胡纯在曦园的水池里试航新打造的"俾斯麦"战舰模型，结果不幸被"石头空舰导弹"击沉。

记得曾经和骆晓波在朝花文学社的活动课上表演古龙的小说《天涯明月刀》，他呷了一口杯子里的浓茶，道："好酒！"

记得曾经和喻蕾在晚自习后沿着操场跑，五圈、十圈、二十圈，只为了告诉自己还有许多事情要坚持。

时隔多年，我已经记不清是哪一天、哪节课基于什么情况，老师讲了什么故事，我只知道，故事连同着其他七中带给我的一块一块的拼图，拼成了现在的我。

后来，我开始关心国家民族的命运；我开始寻找自己专注的领域；我开始学会笑对生活，乐观诙谐；我开始学会坚持，为目标再努力一把；我渐渐意识到什么是人生，我应该给自己一个怎样的定义。

这一切都是母校在十年前酿下的酒，彼时生涩无味，此时醇香浓郁。

经历过失败，经历着失败，也不难猜测还会有失败，我却从来没有真正绝望过，却一直在"未来"这张白纸上不断地专注着、勾勒着。

因为我已经找到了我所追求的人生，活得幸福快乐，活得问心无愧。除了功名利禄，我还能看到生活中更多、更美的色彩。

这些，都是母校给我的。

如今，我已经不再害怕提起自己曾经就读于七中，因为我自信旁人从我的身上可以看到七中人的品质，其无关乎财富的多少、地位的高低，而在乎为人的真挚、生活的用心。我骄傲，我是一个七中人。

你现在或许迷茫，或许焦虑，或许惶惶，但请你珍惜在七中的每一刻，用心去吸收，不仅是知识，还有更多的东西。

我毫不怀疑，当十年后你回到母校，再见到当初那些时刻，交谈着这过去十年的时候，你们会相视一笑，因为你们终于理解了当初老师的良苦用心，老师终于对自己心爱的学生不再担心。

走遍天涯海角，依然心系七中。

我的高三　我的奋斗

康　展[①]

一切的改变发生在 2012 年 10 月 27 日。上午在数学办公室得知成绩，跟一等奖分数线差了十多分，虽然早有准备，但我依然不知道当时是怎么走出数学办公室的。大哥苟植东拍拍我的肩膀说："你还好，你还有高考，我们可是玩完了。"说着他望望老二胥伟杰。我苦笑，想起 233 分的理科综合成绩，欲哭无泪。

在高考的路上，我想走一条捷径，当我终于意识到自己失败时，又只有从头开始。而现在的我，已落后同龄人太多。

中午的时候，张锦老师从门前经过叫我出去，我们在走廊上进行了一次长谈。

我告诉了她我的努力、我的无奈，她竭尽全力安慰我，并告诉我还有机会，后面还有自主招生，我还有高考。

她举了很多她的学生的例子，其中有一个学生，搞物理竞赛差两分一等奖，自主招生差一分得到加分，并且没有其他任何加分，虽然郁闷无奈，但最后还是考上了清华。

我很震惊，怎么可能有这种学生！如果是我，我早放弃了。

张老师只是笑笑，说："我希望你比他幸运，你现在是要实现自己的目标。实现了自己的目标，自然实现了班级的目标、学校的目标。"

[①] 作者为高 2013 届十二班学生。

我叹口气说:"可我已落后太多。"

她说:"没什么,肖经纬当年只复习了不足三个月,最后还是四川省高考第二名。"

我苦笑道:"我怎么能跟他比?"

张老师说:"只要你努力,你可以做得一样好!"

"你可以做得一样好!"我心里涌上一股热流。

然后她给我讲怎么补上错过的课程。

下课后,谢老师走过来,搂着我的肩膀说:"过去的就放下吧,相信你会做得更好。"

回到教室,我依然难以释怀,放学后我默默地走到竞赛教室,把用过的书打包捆好,带回寝室收好,然后云淡风轻地告诉我爸,我失败了。

第三节是体育课。课前,谢老师来到教室叫我去趟办公室,然后塞给我一封信,让我好好看。

体育课休息的时候,我打开了信,是她亲笔写的,信里字字句句满是爱与关怀。其中有一段让我刻骨铭心:

"一个人成功的因素有很多,天时、地利、人和,等等。我们会有一种感觉,最有名的书法家,不一定是字写得最漂亮的;最有名的歌手,不一定是歌唱得最好的。实际情况也是如此,明白了这个道理,没有成功的时候,便不会自卑,知道自己不一定比别人差;成功的时候,便不会傲慢,知道自己并不一定比别人强。"

这封信我要永远保存,信的内容我将永远铭记。

收到信后,我感觉心情好了很多。但心中强烈的失落感和遗憾感久久不能消去。

下午吃完饭,我与谢老师擦肩而过。我目光躲闪,打声招呼迅速离开。她笑笑,欲言又止的样子。

下午来到教室,她再次问我感觉怎样。我点点头,说:"好多了。"

她考虑得比我还多。关于同学怎么看,我真的没怎么想,她倒替我想到了。

她说,其他的交给她就行了,不用担心。

她又给我讲了许多我应该感到高兴的理由。然后告诉我："你是要成大事的人啊，怎么能被这些击垮？"

晚自习的时候我思绪飘浮，总是静不下来，最后一节课时正盯着物理卷子发神，谢老师拍拍我的肩膀说："我们再谈谈吧。"

来到办公室坐下，她问我灰心没有。

我迟疑，点点头，又摇摇头。

然后她让我向她倾诉我的一切担忧。

我告诉她，这学期我运气太差，很郁闷。

她说我在逃避现实，让我好好思考。

她给我讲了很多她的故事，讲了她高中、大学还有工作后的那些事。的确，她也遇到很多的挫折，甚至经历了不可理喻的失败，她也哭过、郁闷过、无奈过，但她从未放弃成为一名优秀老师的梦想。

而我们有目共睹，她已成长为一名优秀的七中语文老师，一名优秀的班主任。

她告诉我，不管什么情况，就算天塌下来，她都永远支持我。

她永远支持我……我哽咽，但努力不让眼泪流下来。

高中三年，远离父母，独自在外乡求学，即使很受伤，我也没有流过泪。

那天晚上我们聊了很久，结束的时候已是将近11点了。

走出办公室，我感觉很轻松。有些结果已成定局，我不能改变，况且我所经历的，有无数比我优秀的高中生也曾经历过。

2013年1月27日下午，我们在办公室里又进行了一次长谈。

我分享了这学期的一些收获。她很高兴，引导我再次好好地总结往事，希望我能学到更多的东西。我告诉她我很害怕，就像我的那两个朋友一样，高考就差这么几分，成为人生的遗憾。

她说："你是你自己，你怎么可以把别人的命运加在自己身上？我相信你。"

我告诉她："我的数学每到关键时刻总会出问题。"

事实也是如此：作为外地生参加考试，数学刚及格，与林荫校区擦肩而过；竞赛，失利；零诊、一诊，本来最强的科目数学，连连刷新成绩最低纪录。

她告诉我："你数学本来没有问题，只是你太想赢，因此反而输了。有的事情我们越是害怕它发生，它就越可能发生，勇敢地面对，可能更有希望。"

她又说："登山的时候，不能老望着顶峰，而应专注脚下的每一步。"

我点点头。

话匣一开，她又讲了许多她高中的往事。她说的每一个地点，我都是那么熟悉，因为我的初中就在那个学校度过。因此，生出一种亲切感。

她又说："其实没有什么东西是不能放手的，时日渐远，当你回望你会发现，你曾经以为不可以放手的东西，其实只是生命的一块跳板，令你成长。"

这次走出办公室，我感到真的释然了：接下来的时日，不就是高考吗？有什么好怕的！全省五十万考生相陪，我不孤单。

我想我是真的成熟了，就在那一刹那，有一种跟以前完全不一样的感觉。我曾为一次考试考得好而欣喜若狂，但现在，即使一诊考出了可能我高中三年最好的一次成绩，我也没有过分高兴。我自己也感到奇怪，难道这就是成熟吗？高考这条路上，本就太多的荆棘，若自己不坚挺，只能被这无情的洪流掩盖然后忘却。

我渐渐感到欣慰，我终于可以成为自己坚强的后盾，在最疲倦最厌倦的时候，从内心深处涌起一股力量，支撑我勇敢前行。

"宠辱不惊，淡定从容。"我爸以前这样告诉我。我认为现在我真正做到了。生活再次回归平静。

不久就是寒假，老师让我们制订严密的时间规划表。我决定重点突破我的理科综合，毕竟我的理科综合还不够稳定。从一诊来看，语文、英语已经够好，可以暂时战略放松。

我认真看了一遍理化生的教材，终于补上了停课时缺的课程。我感觉我在养精蓄锐，为下学期的背水一战而奋斗。毕竟我是真的没有退路了。

在返校的车上，看着远去的风景，我告诉自己：就让我做给你看。

6月6日放假。6月5日，是离别的日子，天下着蒙蒙雨。我突然想起了他，两千多年前那个著名的死士。

我竭力想象他当时该有的心情，结果除了内心丝丝的痛和彻骨的寒意，什么也想不出。

那一天，荆轲，就像一枚一去不返的箭镞上了弓弦，谁都清楚这意味着什么。死士，他的荣誉就是死。一个凭失败而成功的人，一个以承诺换生命的人。

"我将穿越，但永远不能抵达！"荆轲终究没有抵达。而我能否抵达？我不知道。

用时间来证明吧！我这样告诉自己。

2013年6月7日，是战斗的第一天。早上起来，我和我爸在中和大街上走了一圈，呼吸了新鲜空气，然后去吃早饭。一切就绪后，我们一同去学校。

在门口碰到张老师和谢老师，拥抱过后，谢老师拍着我的肩膀说："我会祝福你的。"我平静步入校园。

6月22日，是查分的日子，爸妈很紧张，头一天晚上都没睡好，我却照常作息，睡得极好，我都不知怎么这么冷静。

那天晚上，一个同学的妈妈给我发来成绩：691。没有名字，刚开始我以为不是我的，后来核对了几遍准考证号，我发现那的确是我的分数。

哇！——我跟我爸相拥。

看到这个分数，我难以相信。特别是120分的语文和138分的英语，还有终于修成正果的数学(150分)。我告诉自己。随后学校发来短信，我是四川省前十名。不久北大发来短信，承诺满足一切专业要求。几分钟后清华发来短信，承诺满足一切专业要求。

幸福真的来得太突然了。当年踏破铁鞋难得一见，现在，却突然找上门来。

那天晚上跟谢老师聊了很久。她跟我一样睡不着。

"皇天不负苦心人。"她告诉我。可我完完全全没有料到是这样的分数。

或许这样的爆发，本来就难以解释。

"你不过把你所知道的，完全发挥出来了而已。"谢老师说。

这就是我的高三，我的奋斗。回望这个高三，总感觉太戏剧化、太珍贵。也许这就是高三，压力与坎坷同在，机会与挫折并存。破茧成蝶，也必先作茧自缚。而不到最后一刻，胜负犹未可知。

突然想起谢师宴上张老师告诉我的一句话："挫折只会让你更加强大。"

忘不了这些话，还有那些鼓舞我的话语，那些为你的进步而高兴的人。

我时常在想，要是没有这种历练，我的高三或许是完全不一样的剧本。没有父母和七中老师、同学的支持，我的高三不会这么有意义。因此我是幸运的，在高三，碰到这么多生命中的贵人。

每扇为你敞开的门，后面都有个开门的人。

在七中，这个人就是谢老师吧。

不知江月待何人　不知乘月几人归

王　晔[①]

"七"是个神奇的数字。我从七中毕业已有七年。算起来，我目前不曾看过几次北斗七星，印象最深的两次都在七中。一次是在学校五楼的廊桥上，那夜天空清朗极了，那夜的作业也做得闲适极了。不知为何乍现灵感，我突然想到五楼廊桥间呼吸一下晚秋的气息，正巧撞见北斗七星别致地挂在天这头。记得我急忙蹿回教室，拉起同桌的手就往五楼跑，眼见它们就在天幕闪烁，眼见着我的幸运和期待就在他抬头时呈现在他的眸中。当然，每当有一些浪漫的时刻，班主任总会毫不意外地出现。我记得班主任的笑容，他笑着说我们会享受生活。还有一次是清晨。冬天赶往食堂的早晨稍有些冷，一直到食堂前的路都是暗影重重，暗青色的天是透明的，路旁有一段曲水流觞式的回廊亭台，我顺着亭的顶向上看，北斗七星竟亮到了极致。隐伏在草丛的喇叭放起了《平凡之路》，我记不清那时和身边人的谈话了。一位颇让人欣赏的男同学在我身旁跟唱起来，那样自信和欣喜，稍微夹带着一些倔强和哀伤，是浓缩高中生活的感受，是奔向远方四处掠影美景亦无法压过的平凡一瞬。

高新校区里面有七栋大楼，有些楼是连在一起的，比如子云、芙蓉和墨池，姑且算是一栋楼吧。我对这里的每一栋楼都记得清晰，年年我都回来，看看变了多少。毕业的时候，我含着泪追上游老师。他似乎急着下班。

[①] 作者为高2017届二班学生。

我不安地说："我以后还能回到这里来见您吗？"他看着我，似乎下一秒就会笑我的天真。他的指尖有力地戳了戳我胸口的校徽，坚定地说道："这里是哪儿？七中。你是七中人，你随时都可以回来。"大概我当时已经看不清他的面孔了，模糊的泪光里，我和培育我三年的校园告别了。那日傍晚，我好像是最后拖着编织袋离开"红房子"的学生之一，宿舍楼门前，狼藉地散落着零零落落，竟有了秋日萧索的感觉。六月，爬山虎顺势而上，树木郁郁葱葱，一幢幢红墙就这么给挡住了，像梦一样，在公交车无情地开拨时遮住了我的回望。游老师的话在脑海里转个不停，我就这样哭回了家。

  我最不喜欢告别，可这一次告别，已经七年了。七年来，我回来了很多次，仿佛不曾告别。我还记得七里香开的时候很美，近了香味有些闷，远了反而感到清香，在长廊架子下休憩则是绝佳的。诊断性考试的时候，我们在那里等候入场，清美的花香都在或期待或焦急或开怀的我们脸上和心里。七里香旁的图书馆，自我们离开后总算有了名字，是七中人取的名字。我曾在阅览室里和挚友逃掉社团的练拳活动，直到我成为国学社社长。我曾和有山先生在那里浏览奇谈怪论，想着这些书缘何买到，又是否"缘尽"我们。我曾送周末托管的朋友来到图书馆的门前，雨淅沥沥地下，那时候我的伞是蓝色的——天蓝色的伞面点缀着淡黄风铃的款式，本科的第二年，它被豫章的大风吹断，伞下的记忆就此停摆。下雨的周五傍晚，说好了周末我会早些来，周日的艳阳午后，我一定斜挎着行李，背着书包兴致满满地奔驰而来。那时，分到文科班的我还是最爱在周末来这里看两眼，说不清是为什么，可看着那些人就会有答案。后来本科念了文学，硕士读了哲学，最喜欢的一首诗还是《春江花月夜》，每读至"昨夜闲潭梦落花，可怜春半不还家"都会不禁动容。这时候才发现，人的精神长相不是虚空得来的，七中塑造了我的精神长相，所以我不曾同它别离，亦不曾想同它告别。诗人默默说"有一种开始永远不会结束"，对我来说就是2014年进入七中这个开始。

  "不知江月待何人"，人生最积极的事情莫过于此：一念及受到诚恳的等待，人生在世，就总不会感到孤单。七中人是不孤单的，因为我们是一团火。在我入学的前后，其实大抵也算得上是野蛮生长的时候，非但学生如此，年轻有为的教师们也是如此。那时候的学生奇人轶事颇多，课上练气，课后熬药，晚占卜，早练拳，"群魔乱舞"，热闹非凡。如今，七中高新校区已建校十多年了，我毕业也有七年，当初的同学或深造或工作，而年轻的教师们也已然成为能够轻挑重担的厉害人物。现在，我还会在每次回家的时候，尽力去拜访所有我熟识的老师，和他们谈天。有时候，感觉时间好像也没有把人刻削成鸡零狗碎的样子，昔日总在担心某刻会因为发现老师老了而感到心酸的我，也就理直气壮地再次成为高中生，因为我的老师们还如此年轻、健康，他们也像我们一样大笑着。而我的朋友，一旦念叨着高中种种纷纭，欢声笑语间，仿佛又看到彼此更年轻时候的模样，这时最爱听的话是："你也没变呢！"

要说和老师的点滴，是几天几夜都讲不完的欣喜了。不过也会有难受的时候，好在，这些记忆都成为前行的力量。比如，因为教学调整等缘故，原本我的语文老师不再教我们班。作为课代表的我，执意要在她上完我们班最后一节晚自习后陪她回办公室。那次和她具体说了多少话倒是记不牢了，只记得我还没怎么说就啜泣起来，那是高中最早的舍不得，泪珠儿在子云书院的栏杆前嘀嗒作响。一学年的点滴翻来覆去地交织着，那天的夜静得嘈杂。班主任在我高三那年遭遇了不少坎坷，由于家中变故，他紧绷的心也有需要私语、需要倾听的时候。早读时的楼道上，他攥着我的袖子红着鼻尖抖着声音告诉我，说不定我们就是他在七中带的最后一届了。他心很细，坚强后面有着温柔，我感到他有许多期待和不甘，可作为学生，我难发一言。现今，我偶尔也会短信问候一下他，欣喜老师的生活也好转起来。只是回到母校，我寻不见他的身影，遗憾也无法着落。还有一次，我因为在国学社课上讲了些玄妙的东西，和老师在办公室起了冲突。我气得直呼他的名字。最后，他说，其实他一直都很喜欢我这个学生。仿佛是从未听到他的赞扬和肯定一样，我流泪了，那是周五的晚上，月亮很早地升起来，我半含感慰地奔出校门。第一次考研失败后，我在豫章的地铁里给老师发消息，诉说我的郁闷、困顿和迷茫，最后，我问道我是否让他失望，老师却说："一向很努力的你，一直没有让我失望，只是希望你能更好。"或许那时，我再次在泪光中与七中有了呼应。

所有属于七中的记忆里，都是我们，而不是我一个人，所有属于七中的记忆里，我们都得到了善待。或许吧，我也在不经意间慰劳了我的师友。相比起来，我更感谢他们，是他们，使我在过去七年的道路上并不孤单，并永葆勇气和使命前行，使我暂时的稚拙和落伍都有了"自胜者强"的安心。

"不知乘月几人归"，又到了校庆的日子，得回家了！一百一十周年时，我在学校的签名墙上郑重地写下了我的名字，那时，行政大楼上的"全球视野，中国脊梁"闪耀着穿透未来的光亮。我想着，千百年前有圣人出，其心同其理同，千百年后有圣人出，此心同此理同。让所有奔走的满天繁星都回家吧，这是我们聚成一团火的地方，这里是成都七中。祝母校一百二十周年生日快乐！祝福老师们，祝愿同学们！

我与七中的缘分

彭小芹[1]

敲敲打打，时间又过去了一年。去年的我也是坐在电脑前敲下我与网校之间的故事。我叫彭小芹，是来自四川雅安的远端同学。我毕业于2023年，现在是一名大二的学生。

随着时间的流逝，有很多事情我已经忘记了。但总有些事情会刻在心底，会在往后的日子里反复想起。高一的我曾经觉得我与网校、与七中就这么三年的缘分与时光，三年结束也许就什么都没有了，所以我对学长学姐们说"网校是个大家庭，在网校收获到了很多除学习以外的东西"感到不解。我很疑惑，为什么他们有这样的感受。但是现在我明白了，这种情感来自哪怕我们素未谋面，但是我们确确实实上过同一节课，听过同一个老师的教导。就好似当时的我们真的就坐在同一间教室里，我们曾在不经意间交流过，有过一样的想法。

高中经历了太多事情，以至于我现在模糊的记忆里依旧觉得神奇和幸运。在读高中之前我其实是一个自命不凡的人，我曾认为我就是世界的主角，世界是围绕我而存在的。作为一个出生在农村的孩子，我们享有的教育资源相对匮乏，但是小孩子又怎么会意识到学习的重要性呢？何况是对于一个成绩在班级中处于上游的孩子。

因此"玩"贯穿了我的整个义务教育阶段，尤其是初三突飞猛进的分数

---

[1] 作者为高2023届网校远端学生。

更是让我觉得学习是一件很简单的事情：只要我一发力，分数就直线上涨。可当时的我并不知道那是因为我的起步低，所以上升空间大，更不知道其实那些问题真的很简单。

在学校的宣传下，我知道了网校、成都七中的存在。说实话那是我第一次听到成都七中这四个字。当时我并不知道这所中学的含金量有多高。入学之后，亲身体验了成都七中的课堂，我开始深深地怀疑自己，那也是我第一次意识到世界不属于我，我并不是主角。

机缘巧合之下，我认识了很多别的网校同学，他们之中有很多人进入到直播班并不像我这样容易。他们往往都是当地最优秀的学生才能够去直播班。可是我呢？如果换个地区，也许我根本就和网校毫无瓜葛。

那一刻我觉得我好幸运，我能和这么多优秀的同学一起上课，并且他们十分乐意在学习上帮助我。同时我也很自卑，"天之骄子"到"差生"这样的转变让我猝不及防、喘不过气。可是同学们真的很好，大家都会在我不开心的时候耐心安慰我，我们一起高谈阔论，畅聊未来；也一起努力学习，分享学习资源。也许我正是在这段时间里慢慢和自己和解，慢慢接受自己其实就是一个很普通很平凡的女孩。

接受平凡是件很不容易的事，尤其是对曾经自命不凡的我来说。不得不承认，其实我是要强的，这也是我很喜欢邵宇杰老师的原因之一。高二一开始，邵老师的课对我来说真的很难很难，但是我不服气，非常不服气，我固执地觉得别的同学能做到的事我也能做到。在我不断地努力和坚持之下，我的课堂效率提高和英语成绩飞速上涨。自然而然地，英语课就成为我最喜欢的课，邵老师也成了我最喜欢的老师。

成都七中有一个理念给我印象很深刻——"全球视野，中国脊梁"。在直播课上老师们也会时不时地让我们了解国内时事和国际大事。语文课的课前三分钟给了同学们尽情展示的舞台，英语课会讲新闻，政治课有时事分析，历史课有历史趣事分享。在课堂上我们也能学到很多知识以外的东西。我们能在课堂上看到不同的观点、视角，参与精彩讨论，接受老师们的耐心引导。

高中因为认识了前远端同学，我对网校的情结更为深厚。毕业后我们也不曾断了联系，反而趁着毕业的机会见面。而我也是在与前远端同学的一次次见面、聊天中进一步和自己和解，我接受了自己在普通本科上学的事实，肯定了我从上不了本科到在公办本科读书的努力。现在的我可以自信地说我能考上一个公办本科本来就很了不起了，不是吗？是的，我真的很棒。

我和网校的缘分并没有因为毕业而结束，反而因为毕业而更深入。在远离家乡的地方遇到在同一个城市读书的网校同学真的会有一种在他乡遇故知的感觉，哪怕我们的家乡并不一样，这并不会妨碍我们给彼此带来老同学、老朋友的感觉。这真的令人很开心，会觉得在这座城市里我们不是孤零零一个人。

与此同时我和网校也有着些许的联系。随着时间的推移，我对网校的情感也在慢慢沉淀。这真的很神奇，毕竟几年前的我也不会想到，仅仅因为一所学校，我能和这么多陌生人产生这样深厚的感情；仅仅因为一所学校，我们这么多来自五湖四海、素未谋面的人能成为好朋友。这所学校对我人格的塑造产生了不可忽视的影响。

最后一课老师们给了我们祝福与鼓励。就拿我最喜欢的邵老师举例吧。我到现在依旧记得他在最后一课上对我们说的话，当然也记得他告诉我们："Don't stop learning. Don't stop growing. I wish you all a bright future, a happy life, and most importantly, a fulfilling life."以及他告诉我们要努力学习，抓住机会，成为更好的自己，为社会做出我们的贡献。

现在的我带着老师们的期许和祝福走进大学，未来我也希望我能像老师们期许的那样，成为更好的自己，为社会做出贡献。我希望下一次和老师们见面的时候，我已经是更好的更优秀的自己，希望到时候老师们会为我这个学生而感到骄傲。

七中的教育从不仅仅局限于书本。用哲学上的话来讲，我愿意这样来形容七中的教育：课本是我们要学习的方法论，而七中在教方法论的同时也在教我们世界观。让我们用世界观指导着方法论，让我们站在全球的高度去看待世界，用中国的脊梁挺直身板。

感谢当年进入网班的自己，也感谢成都七中给我带来的改变。祝愿成都七中一百二十周岁快乐，未来的日子里我们都会越来越好。

再拾银杏叶
——我的七中故事

罗岩熙[1]

回忆是需要酝酿的。再度经过林荫街，想起几个月前自己还在估算还能走多少遍，而如今已经到了思考何时才能再走一遍的时刻。离开之后，一草一木、校园里的小猫、每一间教室与走廊还是那么亲切，却在我们的时空里渐行渐远，再度交汇日渐难得。

记忆的阀门也由此被冲开。三年多前踏进校门时，我充满了紧张与忐忑：尽管知道七中的名气和地位，但这究竟是一所怎样的学校？我会遇到怎样的人与事？找这些问题的答案是漫长的：我用青春中的宝贵三年，在墨池畔、曦园里一点点探索追寻。

七中的校园小巧精致而秩序井然。每一处空间都被充分地利用，很多角落也充满设计感。这里有芬芳扑鼻的栀子花与七里香，墨池里游动着的锦鲤，老爷爷一样矗立守候的银杏树，还有慵懒可爱的小猫，在古朴典雅中又从不脱离师生生活所需要的几分"接地气"。外在的环境具有秩序感，内在的日程规划也是如此。在七中，有许许多多在几十年中确立的规范制度。师生活动、教研讨论乃至每周的升旗仪式都有章法可循，显得井井有条，而具体内容又因时而变、充满活力。我想，这是一所百年名校独具的历史资源与自信。

---

[1] 作者为高 2024 届学生。

七中具有民主氛围与人文关怀。师生有着向上反映问题的渠道，学校亦有着完善的反馈机制。信息畅通而不闭塞，极大激发了学校整体发展潜力。食堂用餐曾经常出现排队到窗口却没有菜的问题，我向负责老师反映后，很快各窗口开始餐食调配衔接；高二暑假前最后一天本来安排有晚自习，我向年级主任说明其不合理之处后，学校经讨论取消了晚自习。这都是我亲身参与经历的一些小事，却足以折射出一所学校的发展秘诀。政治学告诉我们，当主体参与决策的机会越多，其意见受重视程度越大，决策本身的科学性和受认可度会随之提高，更便于执行。何况是在学校，展示这样民主的一面对于提升同学们的政治素养贡献卓著。

对于学生来说，人文关怀更体现在师生关系里。颇为幸运的是，出现在我求学生涯里的每一位老师都给予了我巨大的帮助与关心。高一结束面临分科，常常和班主任罗洋老师交流，一点点坚定了自己的选择。也还记得生物袁老师写给我们的长信《拒绝缩小人生》中苦口婆心的告诫。进入文科班以来，遇到了正直善良、和蔼可亲的闫老师，像朋友一样倾听我心声、关心我的高老师，美丽细心、时时提醒我们注意身体的周老师，风趣幽默、时时一展歌喉的肖老师，精研教学、细心解答问题的林老师和开朗活泼又经验丰富的王老师，等等。也许只是请教过一个问题、听过一堂课，但或多或少结下缘分。他们是七中教师的代表，拥有作为教师所必需的专业素养与教育情怀。

在七中，每位同学都要学着与优秀的同龄人相处。这种相处不是带着刻意营造的"你追我赶"的过度竞争氛围，而是既有取长补短的相互学习，又有走好自己道路的沉稳定力。"你有多大能耐，七中给你多大舞台。"理想的教育不是造出一条轨道推搡着学生蹒跚前行，而是在旷野里为学生指明方向、帮他们铺出新路，并鼓励他们和同一条路上、不同路上的人交流。在七中认识的同学让我有一份信任与安全感，和他们的相处交流，不仅增进了解、增长学识，也往往让我在混沌迷茫中寻找到归属与关照。

七中在教育的每一步都践行着"力戒浮躁、极反媚俗"的宗旨。它始终是引领者、开拓者，最大程度尊重师生，不被外界的风潮裹挟，踏踏实实、科学有计划地做教育。在任何一个时代，有所为、有所不为都需要勇气与毅力。也正因如此，七中是当代中国中学教育当之无愧的一面旗帜，它在用自己的行动守护教育的纯洁与崇高。

我还记得高考后学校送给考生的那封信里说的话，也许那是一番苦战后，临别之际母校最想嘱托我们的话："试卷不过是一张纸，未来才是一幅画。青春不只路一条，何必急于见分晓。心有所信，阔步未来。未来的日子里，七中人仍不会放松对生命意义和灵魂高度的追求。"

带着这句话进入大学，我更加意识到七中带给了我什么。"全球视野，中国脊梁"，要做到这点，就不能仅仅把目光放在高考分数、锁在高中三年，而要着眼学生在大学乃至整个人生的发展。在当今的教育环境下，这样的要求是多么理想化，但七中在尽力实践。与同龄人相比，在"严格而不死板，宽松而不放任"的环境中成长了三年，我们更容易融入大学生活。综合素养、广博见识，七中留给我们的一切也一直在陪伴和继续塑造着我们。

如今站在未名湖畔，我还记得那蓝白色的校服，那铺满金黄银杏叶的草坪。热爱、感恩、想念，这三种情感喷薄而出，不断交织，在我的心头愈发激烈。

我把印有校徽的文创熊猫挂在了寝室里。我希望它能成为一把钥匙，在未来某个迷茫的时候，凝视着那抹七中蓝与展开的双翅，我能回到那条铺着银杏叶的林荫道上，去找寻宽慰与力量。我知道，那里有永远倾听、支持我的老师与同学，那里埋藏着我最绚烂的一段青春。

接到征文通知，我感叹我的七中故事能有幸参与到一个宏大的历史叙事里。回头看当初入校时的我提出的问题，不正是对应着"何以七中，七中何为"的校庆主题吗？

一百二十年，有多少代七中人的耕耘与坚守；一百二十年，又见证了多少代七中人的成长与辉煌。春秋更替，岁月无常，但那座校园还是安安静静地矗立在那里，无数的摆渡人送过无数的学生。因七中人的身份认同，我们共享着许多记忆与基因。我想，一所学校受到社会的认可固然重要，但能得到一代代师生的怀念与感激，才能折射出它经久不息的生命魅力。

这种磅礴的生命力又培育激励着七中儿女,凌云直上,在各条战线上发光发热。

如果能穿越回高中时代,我只想有一天能再次走过林荫街,拾起一片银杏叶,向那个时空里的我与你吹去。祝亲爱的母校成都七中一百二十周年生日快乐,永远年轻!

老爷子刘朝纲

罗晓晖[①]

认得刘朝纲先生，这是第二十二年了。对我来说，讲述他，似乎也就是讲述我自己；讲述他的故事，也是在讲述我自己某种特别的缘分。

一 初识刘朝纲老师

我平生不喜交游，相知的人很少。年少时就少有出门，宅家是常态。1989年大学毕业，我被分配到老家的潼南中学教书，若以被动懒散的习性，我大概会在那里教书一辈子。然而人生很多事情非能预料，命运在冥冥之中自有推手。我儿子就是我人生的推手。儿子幼年患病，为了找到更适合孩子成长的气候环境，我们到了江油中学；为了找到更便于支持治疗的居所，我们到了新都一中。1998年，儿子成功地完成了治疗，这也疗治了我的心病。经历了种种波折之后，我开始思量，要寻找一个更适合自己教书的地方。

2000年4月初，我把我的个人资料做出来，复印了几份，分别投寄给成都当时最著名的几所中学，这些学校包括成都七中、石室中学、树德中学、西北中学和盐道街中学。成都七中和盐道街中学给了我回复，通知我去试讲。很巧的是，试讲时间都安排在"五一"国际劳动节后的第一个上班日，上午第四节在盐道街中学，下午第一节在成都七中。

[①] 作者曾为成都七中语文教师，2000年至2014年在七中任教。

那天上午第四节课在盐道街中学试讲的篇目是毛泽东的《沁园春·长沙》。我自认为讲得还不错。试讲完毕，教研组长雷文龙让我在语文组办公室等候，他去校长办公室商议；大约二十分钟后雷老师回到办公室对我说："你回去等候我们通知。"然后我就离开了盐道街中学。其时已是正午。我路过岷山饭店，在饭店旁边的一个小卖部买了一个面包、一盒牛奶。我在大街上一边走一边吃。当时太阳很大。我拎着一个装着试讲资料的纸袋子，走在炽热、陌生和倍感空旷的大街上，独自徘徊在府南河边人民南路上的某个瞬间，我感觉到了阳光的辛辣和自己的无助。

下午第一节课，我试讲的篇目是《林黛玉进贾府》。听课的人很多，语文教研组长刘朝纲老师也在其中。进得教室，站上讲台，讲台边第一排一位同学轻声对我说："老师，别紧张，我们会支持您。"这是我平生听到的成都七中学生对我说的第一句话，令我终生难忘。讲课很顺利，基本思路是讲《红楼梦》为何以林黛玉的视角来介绍贾府及贾府中的人物，以此理解《红楼梦》手法的高超。很多年后，我遇到从七中考入北大的学生樊石磊——当年成都七中的学生会主席，他说他在高中时听到的最好的一节语文课，就是我讲的《林黛玉进贾府》。我说我没教过你，你怎么知道？他说他当时就是我试讲的那个班上的学生。

课后，刘朝纲老师带我进了他的办公室，然后叫我待在那里，他要去跟校长商议。不到一刻钟，他就回到办公室，叫我跟他一起去见校长。校长很和气，只是简单地对我说："刘老师认为你很优秀，你下学期就到七中来，回去抓紧办理调动手续。"我没想到进七中居然这么容易。走出七中校门，我兴奋地做了一个奢侈的决定，打出租车去高笋塘赶公共汽车回新都——要知道我当时为儿子花光了所有的积蓄，而打车的费用是十几块。

后来刘朝纲老师告诉我说，他看到求职资料中我写的那些文章就看中我了，他认为我有才华，善于思考，这是我的优势；他还指出我的思维方式是"剑走偏锋"，我的思考很有穿透力，容易给人启发夺人眼目，但也容易走向极端。这是我来到七中之后才知道的。

二　老爷子刘朝纲

进入成都七中，我就跟刘朝纲老师在同一年级同一办公室。我很快就明白这是幸运的。来七中不久，我就看出他是一位很有智慧的老头儿，而这个办公室是最和谐的办公室。刘朝纲老师的智慧与沉稳、豁达与风趣是显而易见的。我相信每个跟他接触的人，都能很容易体认到这一点。

我是独自来到七中的，家眷都在新都，只是周末回去一次。工作日每天傍晚下班之后，常常同事们都回家去了，只剩我一个人在办公室。那时候电脑尚未普及，办公室里一台公用的台式机，到晚上就被我一个人专用。我喜欢上网浏览，或者在电脑上写些文字。我性情疏懒，厨艺又差，很多时候都不吃晚饭，在办公室消磨到晚上十点左右才返回租住的房子。

这种情况很快就被发现，当时办公室的好几位同事都住在学校宿舍区的家里，有时会在晚上来办公室拿次日的备课资料。汪晓丹老师最早发现我经常不吃晚饭。大约是2000年冬天的一个晚上，八点过了，办公室的门被推开，一位小朋友进来，拿着一个盒子，对我说："罗叔叔，我妈是汪晓丹，喊我给你拿点吃的来。"然后他就走了。饭盒里是热腾腾的饭，还有炒肉。我是带着很大的感动吃下那顿晚饭的。

很快，刘朝纲老师找到我，说："你晚上不吃饭怎么行？没地方吃，来我家。"刘老师就住在学校宿舍区，我从办公室到他家只需要不到十分钟。我说"行"，就去了。第一次去他家蹭饭吃，心情非常忐忑，但刘朝纲老师和他的夫人王老师的和善与随意，很快化解了这不安。吃完之后，还会坐下来拉拉家常。这种氛围让我非常放松，两位老人家也很愉快。有一次王老师对我说："你想来吃饭就来，反正我们也吃得简便，你不用见外，就像咱家的儿子一样。"从此之后，我就偶尔私下叫刘朝纲老师为"老爷子"了。

三　学科的教师和人生的导师

初来七中，跟老教师听课是必做的功课。老爷子的课就像散文，神不散而形散，放得开，发挥多，不用心听出其神，则很难得其要领。我自己上课也是自由发挥居多，但并不能很好地控制节奏与详略，有时候一发挥起来就信马由缰，天马行空，失去章法了。老爷子教导说，上一堂课就像写一篇文章，要有个中心思想，要有起承转合，要放得出去收得回来。我觉得这句话很重要，常以此约束我过于随性的教学。

语文办公室里，但凡讨论语文教学，总是没老没少，自由争论——确实就像韩愈所说，"无长无少""道之所存，师之所存也"。我性格急，石峰老师也差不多，我们时常发生激烈的争吵。争吵之后，大家依然是兄弟，不会有任何芥蒂。虽然老爷子德高望重，但若不同意他的说法，我照例反对。那时候备课的争论，是我职业生涯中最美好的记忆之一。我记得我和石峰老师为《逍遥游》争辩了一个下午，最后还是未能彼此说服。办公室里这种自由的学术空气，在别的地方大约是稀薄的。我庆幸有这样的空气，在这样的环境中很容易获得思想的刺激，实现自由的生长。

教师的成长只有自由还是不行的，自由需要智慧的引导。老爷子常常指导我和别的同事的课，他的点拨总能切中肯綮。他很少批评同事，有时候也会有一些含蓄的批评，但总是无人不服。他对文本、对教学善于把握本质，充满常识感且不乏洞见。他有老派知识分子的淡定沉稳，但同时他的思想非常新潮，对新事物新现象非常敏感。我刚到七中时，他已经五十多岁，依然随时关注学科教学的前沿，并主动发起教学改革。他和石峰老师开发语文校本读本，在 2000 年发起语文"研究性阅读"实践研究，在当时都是得风气之先的。他的经验是成熟的，他的思想是年轻的。他以丰富的经验观照时兴的思潮，以时兴的思潮对照既有的经验。我由衷觉得他是非常杰出的教师。在当时成都语文教育界的"三老"之中，石室中学的陈文翰老师、树德中学的许孝伯老师，我很尊敬。"三老"之中，陈老师特别风趣，许老师特别温良，而老爷子特别智慧。我对老爷子尤其佩服，并不只是因为他是我们七中的，更因为我对他专业水平的高度敬重。

老爷子喜欢探索教学，热衷于在教学上"玩花样"。办公室每次"转转课"，他都要求我们尽可能上出新意，希望每个教师都能形成自己的风格，不同的课文能上出不同的味道。记得有次我上《劝学》，老爷子对我说："文言文讲点字词有何意思，太多教师喜欢讲课文中那些虽然重要却也浅显的道理，你能不能上成一堂背诵课？让学生都能当堂背下来。"他说，经典教育离不开背诵，文言文最重要的还是背诵，讲得太多未必有用。他还和我讨论了以理解促进记忆的方法。那堂课结束时，确实基本上达成了预定目标。2002年，我去参加成都市赛课，篇目是庄子的《逍遥游》，老爷子认为此文道理玄奥，教学重点应在阐明义理。他在备课会上发动大家一起讨论《逍遥游》，石峰、游俊松等多位老师都给了我很大的帮助。这次赛课我获得成都市一等奖，跟老爷子全过程的指导和备课组的集体帮助是分不开的。

到七中不到两年，老爷子就安排我来做备课组长。我生性散漫，不喜欢被人管也不喜欢管人，但又怕老爷子骂我不识抬举，于是不敢作声，就做上了备课组长。老爷子又深知我脾性张狂，常常给我教导。备课组长常常参加学校的各种会议，老爷子也会参加。有一次，他悄悄对我说："参加这种会议，你先别发言，先听其他发言者怎么说。""开会总是有某种调子，他人的发言总会有某些得失，你要边听边分析，调整你的想法然后再发言，才做得到言必有中。"我以为这是很老到的经验。

相处既久，情感就越来越亲。似乎是在2006年，我跟着老爷子去射洪讲学。我们去了射洪中学，参观了陈子昂读书台。晚上我们同住一个房间，老爷子敞开心扉跟我讲了他人生中的许多经历，从"文化大革命"时期西南师范学院他的大学生活，到参加工作时在天全大山中的乡村教师经历，再到成都七中的教学生涯。我听得出他对时代和人生的感慨；我能确信，他讲了很多他从未向别的任何人吐露的秘辛。我看到了一个有志向和有志气的青年如何经受磨炼，如何穿越绝望，如何在困苦中保持人性的善良，如何在诗歌一样的本心上构筑起一层哲学的通达和淡定。

四　令人信服的人

我知道老爷子的温暖并不只是给我一个人。我曾多次听他私下讲某老师学科知识较强但性格内向，适合在专业上发展；某老师办事严谨而学科功底有限，适合做学校管理工作……他心头随时都在盘算语文组这些同事的职业发展路径，并总是为大家争取机会去实现发展。这让我很感动。他的慈心是平等周遍的，我知道菩萨的慈心才是如此。

我刚到七中时，老爷子已过知天命之年。不几年后，他就退休了。退休之后，他仍然关心着语文组，不时回到学校来看望我们。每次遇见，我们都很高兴，向他报告学校的各种情况。他每次都叮嘱我，希望能够专业精进，在学科领域做出成绩。我到七中不久时，他就鼓励我积极发表文章，并把我介绍给七中校友、四川文艺出版社编审林文询先生。我的《高中作文要义：思维、材料和技巧》出版前，他就张罗着为我推介。《方法与案例：语文经典篇目文本解读》出版后，我第一时间送给老爷子指正，他认为这是一个成功的系统性建构，看似简单，实则深邃，具有相当高的学术水平。他认为还应进一步探索文本解读在教学实践中如何落实，这影响了我随后《文本解读与阅读教学讲谈》和《追求更高品质的阅读教学：中学语文名师课例深度剖析》这两本书的写作。老爷子多次肯定我，认为我的状态符合他的期待。他对我的鼓舞是巨大的。

  在我的教学生涯中，影响我的人大多是书上的人物，在现实中对我影响最大的，就是老爷子了。我性格随和、乐意迁就，热爱专业、喜欢思考，所以亲善的人较多，而敬服的人稀有。我这人好学而孤傲，好学能提升自我，孤傲则易滋生轻慢，因而很难找到发自肺腑地信服的人，而老爷子是我真能心悦诚服的。七中的刘源老师可谓我的知己，也是我的"杠精"。她曾经批评我说，除了老爷子，谁的话恐怕我都不会听得进去。其实在成都七中，石峰、游俊松、汪晓丹等老师水平都很高，也都是知心朋友，他们的话我也是听得进去的。刘源的意思大概是我对老爷子产生了某种崇拜：其他友人的话，我会想明白了才认同；只有老爷子的话，我几乎是不假思索就会加以认同的。我认为这是我人生中的幸事，因为在我看来，只有人生中出现了值得真心信服的人，我们才能够看到自己的局限，进而领会到这世界的伟大。

七中教师成长记

高　峥[①]

穿梭一百二十载的光阴，成都七中栉风沐雨，抖落一身星霜；回顾三十三年的执教生涯，我坚定初心，追寻梦的远方。

在七中，我的老师有很多

晨光中的校园，小蓬草长得正盛，淡淡的流云拂过天际。我望着空气中闪闪浮动的光粒子，追溯着回忆的坐标。

即便经历了多个春秋，我仍能清晰地记起，1992年那个温馨柔和的上午，甚至那天风的气息、天的色调。年轻的我，被分配到成都七中高二年级实习，在这里与数学组的各位老师结缘。

当时的教研组长是谢晋超老师，说话总是很温和，后来才知道他是首批四川省特级教师、国务院政府特殊津贴获得者，是深受学生喜爱、尊重的名师；上课做事干脆利落的董沛老师，有我倾慕的女强人风范；臧葆华老师讲课会把知识点解析得非常透彻，学生很少在细节上丢分；白宏老师特别温柔体贴，我们实习生最喜欢向她请教问题；刘正平老师特别严厉，我们生怕在他面前犯错；学长曹杨可老师和许勇老师是当时数学组最年轻的老师，实习生工作和食宿安排由许勇老师负责。

老师们对待实习生的态度很是尊重和温和，循循善诱，让我们自己意

[①] 作者为成都七中数学教师。

识到教学问题所在。老师们带给我的这种温暖与智慧的感觉，在我的整个教学生涯中起到了关键作用，也成就了我第一篇获全国一等奖的论文。这种温暖和智慧的感觉一直持续到我成为即将退休的老教师，我一直像他们那样对学生、对实习生充满大爱、尊重平等和耐心细致。

承蒙数学组前辈们的无私教诲，我很幸运地留校任教。1993年的七中还保留着初中，那时学校会要求新进的老师从初一到高三走大循环教学，即便从三十多年后的今天看来，这仍然是很先进的理念。

在那样一个美好的夏天，七中老师们以真诚与卓越，温暖了一颗年轻的心。

师恩璀璨　启梦新程

　　　　高山安可仰，徒此揖清芬，风流儒雅亦吾师。

在七中，一直延续着"老带新"的传统。初中三年每年都有一位老师带我，分别是李昌秀老师、黄正樵老师和刘族平老师，同时谢晋超老师带我执教实验班。我很幸运遇见这么强大的"老带新"阵容。在近距离观察和学习各位老师的教学风格与特长后，我积累了丰富经验，迅速完成了一名青涩新老师的成长蜕变。

谢晋超老师带我执教的实验班，正在中国科学院院士张景中先生的带领下，在七中初中部进行平面几何新路实验，将传统的欧氏几何完全用平面几何图形的面积表达，自成一个体系，为机器证明的研究做基础性铺垫工作。当时的王小川同学还是个瘦小的男孩，他也加入了张景中先生的研究团队，并解决了较为关键的一步。

实验班数学的教与学需要写阶段性报告并定期汇报，这是我第一次撰写有关教学研究的材料，连基本格式都不清楚。那时还没有互联网，微机只是PC机，于是，我带着自己统计的学生的一手资料，一头钻进图书馆，用废寝忘食来形容当时的情景一点也不为过。在数据的整理过程、处理过程、总结提炼过程中，紧张、沮丧和兴奋的情绪交替激荡。

永远忘不了当我把报告交给谢老师时，他惊喜地夸赞我："真是个乖娃娃！"原来谢老师只是让我收集和统计数据，没想到我把报告也一起写了。谢老师的慈祥和他的夸赞，开启了我的教研之路。

由于我是数学组最年轻的教师，赛课的任务自然而然就落在我的头上。那时候，赛课的形式与现在大不相同，前一天刚通知要录一节课，第二天赵一丁老师就扛着摄像机进了教室。

第一次被"机关枪"怼着，我格外紧张，语速也比平时快了不少。好在录像送到市教委，竟然得了一等奖的第一名。这可把我们备课组的老师们高兴坏了，大家一起去饭店庆祝，并鼓励我好好准备省级比赛。

每堂公开课的背后是无数昼夜晨昏的忙碌，但也是我设计课例水平飞速提高的过程。"异面直线"公开课让我记忆犹新。当我将备课组老师的意见和自己的设计融合为终稿交给谢老师时，他说道："几何研究的是几何对象的位置关系，而确定位置关系的两个基本量是角和距离。"醍醐灌顶！我不仅一下领悟到了整个几何体系的研究方法，更是为后期向学生讲授立体几何和解析几何时创造性地建立几何体系打下了至关重要的基础。

也是这一次，我深刻感受到：要想成为一名优秀的数学教师，必须像谢老师那样，深入到教材背景中去，回归本源，全面了解整个体系的研究方法，通晓不同知识之间最本质的联系。

之后设计课例，我都遵循这一原则，抓住不同知识内容之间最本质的联系，渗透整个体系的研究方法，突出数学思想方法的作用。例如设计"二面角"，我利用学生自己制作的实体模型，让他们自由探究，与学生讨论利用二面角的平面角衡量二面角大小的合理性，寻求其确定性，并用类比的思想，将平面角与二面角比较，最终学生发现空间角都可转化为平面角处理，体现了美妙的转化与化归的数学思想。这节课受到了来自北京、上海等地学者的一致赞赏——将运用数学思想方法探究和解决新问题展现得淋漓尽致。

再如"等比数列"一课，我使用了化学实验中真实的例子和数据，仍采用引导学生对数据进行整理、分析，从不同角度解读与研究的探究方式。到七中访校的北京某校长称赞说本课深刻体现了新课改的思想，值得他们学校老师借鉴学习。当时四川还没有开始新课改，这次机会使我提前了解新课改，对之后上网课时得心应手地回答远端老师关于新课改的诸多提问帮助良多。

名师引航　逐梦前行

令公桃李满天下，何用堂前更种花。

1994年，戴高龄校长提出"三体"教育理念，同年李岚清副总理到七中视察。

戴校长每周三晚上与青年教师座谈。当时的青年教师有现任成都七中书记易国栋老师、成都市教科院院长罗清红老师、成都二中书记史玉川老师、成都七中八一学校书记张守和老师、金苹果公学校长杨斌老师、七中初中学校副校长邱兴华老师、彭州嘉祥校长杨小平老师、教科院中学副校长李萍老师等1988届、1989届十多位老师。每周三晚定期召开的座谈会，成了未来校长培养基地，那时的小伙伴们如今都成长为教育战线的领军人物。

记得我向戴校长请辞团委书记一职时，他问："你两条腿走路不好吗？"我说："我的理想只是当一名好老师。"戴校长亲切地说："当团委书记并不影响你成为一名好老师，还能促进你成为一名更好的老师。"

即便时隔多年，回想起戴校长的话，还是犹如倾注着对青年教师殷殷期望的一股清泉，滋润着我的心灵。

戴校长会亲自带着我们青年教师到教育薄弱地区送教，其中马边给我留下的记忆最为深刻。

破败的校舍，几个小脸还没有擦净的小学生在一小块相对平整的土地上奔跑，那是他们的操场。整个学校只有一位老师，他身兼数职，负责所有科目，而他的妻子则负责孩子们的生活。她边在围裙上擦着手，边从厨房出来迎接我们的那一幕，深深地印在了我的心里，同时印上的还有戴校长对我们青年教师"奉献"的教导。

戴校长退休多年后，我去看他，他愈加清瘦了。在雅致的小院里，戴校长一如既往地慈祥地微笑着，问了我许多关于学校、老师的情况。他仍心系七中，关心着学校的发展。

1997年夏，我参加了四川省骨干教师培训班，有幸聆听了北京著名特级教师、全国人大代表孙维刚老师的讲座。他"八方联系，浑然一体，漫江碧透，鱼翔浅底"的结构教学法，与谢老师从学科研究脉络出发的教学方法不谋而合，我沉浸在中学数学最高教学境界的两位顶级专家的智慧中，久久不能自拔。为此，我专门买了孙老师写的初、高中上下册的两本书，时时研读，受益良多。

同舟共济　破茧成蝶

那些诗意的感动、博大的胸怀和层层叠叠的温暖，那些晨风里共同依偎的澄澈灵魂，那些灯光下共同书写的奋斗华章，那些黄昏中共同吟唱过的深情之诗。

七中的每位班主任都有自己的风格与特点，其中两位优秀班主任不谋而合的做法，给我留下了至深印象。吴丽老师气质端庄，性格温柔，后来她成为七中育才学校的第一任校长；张军老师束着一条及腰的大辫子，灵动而又严格，极富个人魅力。

她们俩都有一本随身携带的小本子，专门记录班上每个学生的行为习惯、品行爱好与各科成绩。她们说起学生来，总是如数家珍。她们外表看起来如此不同，但工作起来都是激情四射。我惊讶于她们对工作、对学生的热情，也请教和学习她们管理班级的方法。她们总是像大姐姐一样关照我，对我倾囊相授。

当我自己带班时，我着重培养学生干部，班上的事情放手给学生干部，引导学生自己管理班级，自觉为班级分忧，学生的积极性很高。高一开学，我就开诚布公地告诉学生：我们进了一个班就是一家人，高中的同学会是一生的朋友……虽然我们分班成绩倒数第一（十个平行班），但上升空间巨大，我们要拧成一股绳，互相支持与鼓励，我们终将证明自己！

我的科任老师们也非常给力：语文邓惠鑫老师，是一位稳重幽默的老教师；英语朱文英老师，细致认真，学生背诵不过关不许走；物理王芳老师，总有很多新奇的方法吸引学生，上课极有效率；化学黄萍老师，兢兢业业，课余经常找学生谈心……

到高二结束我去读研前，给校领导和谢组长汇报时，我班高考六科成绩均已跃居年级前三，其中数学、英语、物理、化学成绩年级第一。谢组长高兴地说："你梳了个光光头！"

1996年夏，人民教育出版社（高层次）教材研讨会在西安举行，教科院郭延庆老师和我赴会。初入教育界，还不知道这个会议规格很高，只是奇怪：为什么参加会议的都是老前辈啊？

会议期间，人民教育出版社的领导突然请成都七中的高峥老师讲讲，我瞬间感觉石化。因为参会前，并没有人告知我做发言准备，但因为成都七中声名远扬，我成了"显眼包"。幸好有用高层次教材与实验教材对比的亲身经历和撰写教研报告的经验，再加上七中老师们平日对我的悉心指导，我大脑飞速旋转，放缓语速，汇报了在实际教学中发现的学生对教材内容理解较困难的部分，强调了教材中蕴含的思想方法对一线教师教学的指导作用、章节后的总结对新教师统领全局的意义，着重汇报了自己在教学过程中实施调整且取得成效的部分，发言引起了与会老师们的共鸣，得到了人民教育出版社领导的称赞。

虽然这次发言有惊无险，但这次会议之后，我要求自己，以后参加任何会议都必须针对主题认真做好准备，力求能为七中增光。

1999年，我从初一带班至高三。那时七中文科只有两个班，由我一个人带。我把只有两岁的儿子送到全托幼儿园，一心扑在这些比我小十岁的孩子们身上。

那时的我，像吴丽老师和张军老师一样，记得住每个学生犯过两次以上的错误，也了解每个人的个性特点和小秘密。高三的孩子们除了问数学问题，更多的是寻求帮助，他们的问题涉及亲子关系、个人情感、同学矛盾、睡眠问题……他们随时都会抓住我聊不同的话题。我也很欣慰他们把我当成大姐姐一样信任，毫无保留、毫不隐讳。高考之后，七中文科的数学成绩显著超越同类兄弟学校，我也受到市教委表彰。

霁月清风　和光同尘

2002年，成都七中东方闻道网校做了"第一个吃螃蟹的人"，是全国乃至世界首家高中全日制远程直播网校。

2003年，我受命兼任七中网班的数学教学。加上四川云教，我共兼任了十五年网校课程。

当直播的镜头对准自己，当得知远端辅助教学的不少教师是特级教师时，我心下惶惑：我凭什么站在这个讲台上给师生们上课？我能给他们带来不一样的课堂吗？

我开始恶补各种教育教学理论，攻读数学教育硕士的同时自费学习心理咨询师的课程。上网校的最初几年，几乎没有在十二点前睡过觉，每天五点左右起床。2003年，结合自己在十年教学中的困惑，确定了教学研究的方向——差错诊断与差错控制。

默默地超负荷地做这些，只是源于一名教师最朴素的想法：不能对不起学校的信任，不能误人子弟，想让学生不仅学到教材上有的东西，也能得到书本上没有明确传递出来的、对他们一生发展更重要的东西。

一个新事物的诞生、发展必定经历诸多磨难，网校亦如此。我作为前端教师，只是管中窥豹而已。2007年国庆前夕，分管贵州的负责人点名让我到贵州某两所问题集中的远端学校。

虽然我不是该网班的前端老师，但学生们的热情还是几乎掀翻了我：他们的手臂像树林一样齐刷刷地竖立着，争先恐后地诉说着自己的困惑与想解决的问题。即便下了课，他们仍把我围得水泄不通。

下午和数学老师们的交流非常友好和通畅，我请老师们自由提问、自由讨论，回答了很多以前我自己都觉得困惑、通过深入教研才搞明白的问题，远端的老师们都很高兴。

闻此情景，校长亲自召见了我。随后给我布置任务说："高老师，只有一个多月就高考了，请你给我们高三年级的全体师生做个讲座。六点半开始，你觉得怎么样？"话是问句，但箭在弦上。我一看表，五点三刻！我立刻放下筷子："给我半个小时准备 PPT，六点半我准时到。"

到达阶梯会场时，横幅已经挂好。我坐到主席台上，一抬头，看见校长坐在我的正对面。

这次讲座结束，校长彻底改变了态度，诚恳地说："今天您都没吃好，我开车请您吃夜宵。七中老师的水平，是这个！"他冲我竖起大拇指。

那一刻，我几乎掉下眼泪。我知道，那一次，我代表了七中所有的前端老师，代表了七中老师的水平，代表了七中在兄弟学校心中的位置。那一天，是 2007 年 4 月 27 日。

这件事至今都在时时提醒我，除了学科的专业素养，一定要做一个研究型的、学术型的老师，才能真正让老师和学生信服。

天黑了，还下着雨，我执教另一个年级的远端班孩子们派了几个女生代表，送了个一人高的绒毛玩具熊给我，这是他们凑了自己的零花钱买来的。我很感动，也很心疼这些不宽裕的孩子们。我掏出包里所有的钱，请他们给班上的每个同学买个小礼物，代表我的心意。

坐飞机回来的一路上，抱着那只超大熊很是引人注目。我将大熊摆在家里最显眼的位置，时时提醒自己，不仅要对得起七中的孩子们，也要对得起远端的孩子们，最基本的——要上好课，要把美好的数学思想、数学思维通过七中课堂传递给他们，这将伴随他们一生。

利用国庆假期，我将贵州之行收集的远端老师在直播中的困惑、学生遇到的各种问题，连同到其他远端学校收集的资料、与每届到七中交流的学生座谈反映出的问题等重新归类整理，并将对问题的解读或建议等一并整理成文，把厚厚的一沓资料郑重地交给时任网校教务长的谢老师。后来网校采纳了我的部分建议，这令我有些意外也有些感动，同时十分欣慰——一个普通的一线教师终于能为学校做出些许贡献了。

在七中，我的学生有很多

我的心为四事所占据了，天上的神明与星辰，人间的艺术与

儿童。——丰子恺

在七中，我的学生有很多。毕业后，他们成为各行各业的中流砥柱，有党政公仆，有检察官，有部队军官，有名院医生，有名校教师，有企业领袖……

我们曾在共同的教室，构建共同的价值与愿景，书写共同的文化符号与心灵密码。我欣赏着他们的情怀和创造力，见证着他们的独特与蜕变。

当生命的味道渐渐由母体的遗传味，重叠上书籍的纸香味、数学的思维味、童话的想象味、情谊的芬芳味、理想的奔腾味，他们成功地领读了自己的生命。这时，我们的教育是多么迷人而磅礴。

"承蒙高老当年不弃……"每当听到他们这句话，我是幸福的。我愿意在他们青春的心灵种下最美好的种子。

我从来没有对学习困难的孩子疾言厉色，我看得到他们的努力与坚持，他们同样得到我的尊重与欣赏。也许正是这样，我也得到他们的敬爱。不少女生在结婚或是当了妈妈之后，都成了我的好朋友。我被他们拉进各种群，现在联系最为紧密的是四十三岁、四十岁的学生们。

上清华、北大的学生一共有多少早已记不住了，只记得某些特殊的时间节点，比如在林荫校区所带最后一届的某个平行班中，也能有两位裸分上清北的学生。

本部和远端寄来的信，总有好几百封，没有一一回复，成了我心中一直的遗憾。

这些年来，留下深刻印象的学生很多。而有三位成绩不是最拔尖的学生，更是在我的记忆星河投下难忘光辉。

救赎·摆渡人

摆渡人的使命是引导灵魂穿过荒野，使其在生命的长河中顺利航行。——《摆渡人》

"高老，我上单位公众号了！"

"高老，我成功入选石油集团公司青年科技人才培养计划……"

"高老，我要迈上人生新阶段了，我结婚了……"

"高老，告诉您一个好消息，我评上副高了，是最年轻的！"

"高老，我们单位打的蓬深六井，创造亚洲最深直井纪录，特向高老汇报！"

"高老，告诉您一个好消息，我成功入选国内石油天然气行业顶级期刊第二届青年编委会，是我们单位唯一入选的！"

"高老，我从高级主管提成一级专家了。特向高老汇报！"

"我一定一如既往地努力，为祖国的石油事业奉献自己的力量！"

"高老，感谢您在我高中最需要帮助的时候不断鼓励我、支持我！我一直铭记在心，没有高老就没有我今天的一系列机会！"

"非常感谢高老在高中我最困难的时候对我的教诲和帮助，才有我今天无论是婚姻还是工作上的幸福！"

…………

看着微信闪烁的一条条消息记录，欣慰的暖流涌上心头。

这是当年班上最让我揪心的孩子。学习刻苦、性格沉稳的他一直到高中还被父亲持续家暴。当年我决心去学心理咨询有他的原因，因为我无法向他解释来自亲人的暴行，也不知道以什么方式让他面对来自至亲的伤害。我能做的，是坚信爱能救赎纯真的灵魂！

当毕业后的他与我分享着人生的确幸，感受到婚姻和工作的幸福，当那个懵懂的少年度过青春至暗时刻，成长为意气风发的青年科学家，当他发出"我一定一如既往地努力，为祖国的石油事业奉献自己的力量"的豪迈宣言，那个一直被父亲粗暴对待的孩子，仍志存高远且脚踏实地，仍怀有大爱之心，怀揣浓厚的爱国之情。

这不正是成都七中培养出的报效祖国的家国情怀，这不也正是我作为一线教师所能得到的最大的职业幸福所在吗？

治愈·"偷"影子的人

> 为每一个你所"偷"来的影子找到点亮生命的小小光芒。——《偷影子的人》

夕阳的余晖落在窗前，站在我办公桌前的王同学有些手足无措。

在某次考试中，她的分数比平时水平降低了四十多分，当问及原因，她沮丧而坦诚地说："高老，坐在我右前方的那个男生，长得像头熊，我实在受不了！"

"那你不看他呢？"

"我也不想看，可他就坐在我余光范围内！"

我一边为那个多毛的男生感到不平，一边为这个女生感到惋惜，并希望引导她找到解决办法。"那下次考试的时候又遇到这种情况怎么办呢？"

"不会哦，我运气不会那么差了！"

"那下回考试没有遇到熊同学，又遇到猴同学怎么办呢？"

"那我尽量不看……他，不受……他影响。"她目光游离起来，吞吞吐吐地说道。

"那他又在你的余光范围内怎么办呢？"我会心地问。

女生沉默了，双手紧握衣角，低下了头。

聪明的她已经意识到，这不是她遇上谁的问题，而是她缺乏理解和包容的心态。她以个人的喜好评判他人，不管是外表还是行为，这是自我中心的表现，是心胸不够开阔的表现。这与从小形成的为人处世的方式和习惯相关。每个人都是独特的个体，有着独特的外表、家庭、经历，这是常识，但她却不能接受在她审美之外的人，并为此感到厌恶和烦躁，从而大大影响了自己的考试状态和成绩。

她让我意识到学生的成绩并不仅仅取决于他们所掌握知识的情况和他们的学习习惯，也取决于学生的品格和修养，是学科教育中"立德树人"的意义与学生学业成绩直接挂钩的关键所在。

随着与学生的交流越来越多、越来越细，我发现这孩子并不是特例。

学生的家庭教育、从小养成的个性特征与自我修炼的水平，对考试状态和考试成绩的影响之大，出乎我的意料。在紧张的考试状态下，学生出现的种种奇特心理活动、丰富的联想力以及带来的情绪上的不可控性，令我匪夷所思。这也是促使我走向教育研究之路的另一个动力。我想更清楚地知道学科教育应如何与育人紧密联系，学业考试和成绩可以为学生的综合素质服务提供何种参考价值和佐证数据。

守望·追风筝的人

"为你，千千万万遍。"——《追风筝的人》

"这是心的呼唤，这是爱的奉献……"歌声回荡在耳畔，总会刹那间回到"5·12"大地震学校自愿捐助现场。孩子们纷纷奉献着爱心，当得知杨同学是班级捐款最多的人时，全班瞬间极其安静，接着，爆发出久久不息的掌声。这掌声，似乎没有缘由，又仿佛约定已久。所有的话语都黯然苍白。

这位来自贫困家庭的孩子，父亲拉板车，母亲偶尔能打些零工，他却诠释着爱的传递。

高一开学不久他就引起了我的注意——他总是完不成数学作业。我开始仔细观察他，经常出一些题请他单独讲给我听，引导他从多个维度看待题目的条件和结论，并与教材中的知识点结合起来思考，从而加深他对概念的理解和掌握。"千千万万遍"之后，他开始能够借助一些较为复杂的综合题来深化理解概念，我就给了他可以不完成作业的特权，只要求他每天选两道大题，从不同的角度深入思考。直到高考，这孩子的数学成绩一直在班上居上游水平。

就是这样给孩子提供的微不足道的帮助，却让这位共和国的军官每次回成都必来看我，也必拍照留念。

作为老师，我们要允许不同的孩子有不同的学习方法，帮助并寻找适合他们的更加高效的方法，这就是"三体"教育思想中的"立足个体成才"。

七中深厚的教学底蕴，让不同的学生飞扬个性，彰显底色。七中向上向善的教育力量就像一盏明灯，引领着孩子们走向社会、关爱他人，成长为有责任有担当的人。

常常想起某些课堂场景，我们共同经历的动人时刻。

我记得风从窗外吹来，掀起课本，空气里满是文字与思想的芬芳。柔煦的阳光轻轻照在窗棂，继而映在你们年轻的脸庞上。你们那虔诚渴求知识的目光，由心而生对岁月至真至诚的景仰，不正是人世间最美的仪式感吗？

我多么急切地想留住那些神圣的时刻，急切地想让你们这年轻一代知道肩上的责任是多么美妙的承诺，而成为国人之风骨、民族之脊梁。

很庆幸你们的生命，因为有我更加丰盈。我手心粉笔的温度，从未消散。

在七中，我的朋友有很多

在七中，我的朋友有很多。

刘源、王芳、阎艳萍、马健、汪晓丹、屈曙光、张君亮、赵敏、蔺阳、罗芳秀、马智慧、唐建慧、张祥艳、杨敏、郭虹、黄萍、刘家勇、赵欣、何明慧、刘小吉、王霖西、田丹美、康华、杜晓雯、罗灵丹、夏雪、罗志英……我与这些朋友们大多保持了三十年的友情。

我们是或一起当班主任或搭班或共事，结下深厚友谊的好朋友。祥艳比我晚一年到七中，除了我们俩，最年轻的就数竞赛教练许勇老师、何明老师、魏华老师和张世勇老师，还有后来的方廷刚老师和杜家忠老师这些大我们七八岁的精英男老师，所以我们俩自然而然就走得很近。招进祥艳后，时任教研组长的王希平老师突然发现数学组男女老师的比例太失调了，之后才又招了几位年轻有为的女生进来，我和祥艳终于当上了大姐和二姐。

七中历来讲求立德树人，所以有高一学军、高二学农的传统。带学生军训的时候，刘源班上的学生跑来给我汇报，我班上的学生则跑去喊她高老师。据学生说，我们俩经常手牵手一起走，都是大大的眼睛、圆圆的脸、一样的身高、一样的披肩发，所以傻傻分不清。2012 年，刘源作为班主任，与科任老师通力合作，带出了"最牛高三班"，成绩斐然，被评为四川省优秀教师。

在七中，有善解人意、为人分忧的书记，有平易近人的校领导，有悉心教导的老师们，有亲密无间的同事朋友，有鼎力相助的孩子们。从我踏入七中的那一刻起，我就感受到了浓厚的学术氛围和温暖的人文关怀。

七中为我提供了广阔的学习和发展平台，让我有机会接触到最前沿的教育理念、教育改革和教学方法。每一次教学研讨、每一次学术交流，都让我受益匪浅。正是这些宝贵的经历，让我在教学道路上不断前行，最终成为一名合格的七中教师。

学海无涯，教无止境。教学是一场修行，我在这条路上向下扎根，不断沉淀自己；我亦在这条路上向上生长，持续挑战自我。在风雨兼程里，让我们传递薪火，共创七中辉煌。

舒承智老师画像

张　弛[1]

2008 年至 2020 年我在林荫校区管理艺体工作，其间组织我校艺体团队参加全国、省、市各项艺体比赛，获奖无数。令我印象最为深刻的是，十二年的时间我校管乐团四次以省一等奖第一名的身份代表四川省参加三年一次的全国中小学生艺术展演活动，获得三次全国一等奖、一次二等奖。荣誉的取得既是大家数年如一日带领学生积极排练南征北战的辛勤回报，更是乐团的灵魂人物舒承智老师的巨大功劳。

舒承智老师于 1988 年创立了成都七中管乐团，他担任指挥。三十多年来，在老舒的辛勤辅导下，乐团的演奏水平逐渐提高，参加省、市级各种演出比赛数百场次，受到社会各界的好评，多次代表四川省中学生赴澳大利亚、美国、奥地利、新加坡等国家参加演出或比赛并取得了多项荣誉。老舒也从一个寂寂无名的音乐教师成长为一名优秀的管乐指挥、四川省知名教师。他于 1997 年被评为全国优秀音乐教师，在北京人民大会堂受到党和国家领导人的亲切接见，2002 年被评为成都市音乐学科带头人。

和老舒共事三十年，我非常了解他在艺术教育上超前的创新意识、新颖的教育观、学生观和艺术观，但今天，我想聊聊我眼中别样的老舒。

---

[1] 作者为成都七中英语教师。

一、老舒的认真劲

老舒是一个对待工作极其严肃、对待音乐极其严谨、对待乐团及乐团的每个孩子高度负责的老师。在我印象中和他合作的十二年来,每年寒暑假他都会雷打不动地舍弃自己宝贵的假期,带领乐团所有学生训练、排练半个月以上。这件事情说起简单但做起来非常费劲。因为乐团五六十个学生散布在三个年级,每个学生寒暑假都有各自的安排。每次假期排练之前老舒都会耐心说服每一个学生甚至家庭,按时参加学校的活动,一旦开学,乐团每周都会进行二至三次排练,周五常常会排练到晚上九十点钟,如遇大赛,还会利用周末加排。每一次排练他都会早早地到排练厅等待学生,每次一排就是两三个小时。我曾经无数次陪着乐团排练,看着老舒不厌其烦一个小节一个小节、一个声部一个声部地抠细节,即便在夏天开着空调的排练厅,他也是大汗淋漓、衣衫湿透,内心常常感动不已。这十多年,我和老舒一起带领学生到悉尼、厦门、青岛、苏州参加过演出或比赛。带领这么庞大的队伍,行程中学生的安全、乐器的搬运都是大问题,但这么多次的行程我们都平安地去、平安地回。出发前老舒会和我一起制订出行方案,在比赛的任何一个地方我们都会晚上十点查寝,甚至有时担心学生晚上擅自外出吃东西,还会和我一起晚上十一二点蹲守在酒店门口。在我的印象中,老舒不只是乐团的指挥,还是乐团的搬运工:每次外出学生大大小小的乐器他都会帮着一起搬运;每次学生的演出服在演出结束后他会一一清理;每次演出前他都会拎着一个包,里面全都是学生容易弄丢的领结、腰封和矫音器。这些琐碎的事情他一做就是几十年。

二、老舒的人情味

乐团成立三十多年以来,我们迎来送往,培养了一届又一届的优秀乐手。很多学生毕业后可能会逐渐淡忘学校的很多人、很多事,但说起老舒都会觉得印象深刻、温暖如初,这与老舒对学生深切而无私的关爱紧密相关。排练和演出中老舒非常严肃,但排练之余他对学生关怀备至,经常在演出结束后自掏腰包给学生们买吃的,生怕学生冷着饿着。老舒关心每一个学生的学科学习情况,对学习不认真的学生他会提出要求,积极与家长沟通，并经常鼓励学生刻苦上进。他甚至多次向学校提出，将乐团学生单独组建成班，由他来当班主任。大家都知道班主任不好当，更何况乐团不少学生成绩不尽如人意，其他老师躲还来不及，他却将每一个孩子当成心肝宝贝。老舒的这种人情味还体现在对同事的关心上。记得1998年我们一起带乐团去昆明参加世园会开幕式演出，当时我女儿还小，就带在身边。哪知演出当晚女儿突发高烧，被紧急送到云南人民医院急诊输液。没想到晚上十二点过了，老舒处理完乐团的事情后，还拖着疲惫的身体和刘正平老师一起到医院看望我们，并等着我女儿输完液才一起回到宾馆。这件事我至今难忘。

三、老舒的孩子气

工作中老舒真的是个认真无比的人，但工作之余我们常常会见识到他童心未泯的那一面。记得1992年夏天，我们教育处的同事和他一起，带学生去西安、延安演出。有一天在演出之余，我们和学生一起参观西安古城墙。可能是演出很顺利，在炎炎烈日下，四十来岁的老舒和近三十岁的杨光荣老师一人掏出一张手绢顶在头上，模仿陕北老汉扭起了秧歌。他们的神情和舞姿逗得周围的学生和刚刚参加工作的我捧腹大笑，我们越笑他们扭得越起劲，完全没有了往日师长的模样。2016年，我们在青岛参加全国中小学生艺术节展演活动，结束以后，师生去青岛某处游玩。在一间颠倒屋里，他和胡勇校长等人夸张地做着各种怪相，一方面颠倒屋确实让人站立不稳，而另一方面着实是因为他内心纯真孩子气的一面又打开了。而这种彻底放松充满童趣的那一面还经常在各种演出后出现。即便是六十好几的时候，他也经常和川音外聘专家李天池老师、川音教授孙竞老师在学生面前嘻嘻哈哈、孩童般打闹互动。每到那些时刻，我都会忘掉他的年龄，只觉得他就是一个稚气未脱的孩子。

这就是老舒，一个实现了自己的音乐教育梦想并照亮了无数孩子音乐之路，把自己的一生贡献给了音乐教育事业的七中人。

我的班课 我的教育
——《春夜喜雨》之教育解读

邱 旭[1]

著名数学家华罗庚先生说:"弄斧必到班门!"因为我是学数学的,所以对此深信,所以非常惶恐地对着"班门"来说"杜诗"。诗人杜甫流寓成都时留下著名诗篇《春夜喜雨》:"好雨知时节,当春乃发生。随风潜入夜,润物细无声。野径云俱黑,江船火独明。晓看红湿处,花重锦官城。"我试着从教育者的角度来解读,不妥之处还望"班门"雅正。

诗的前四句,"盼雨""听雨"。诗中描述春雨知晓时节、催发生机,急人所急、体贴人意,泽润万物、悄无声息,无意讨好、唯有奉献。这春雨的品质,恰如教师的品格,也是学生、家长、社会的期许。我们不但要爱所有的学生,而且要爱得及时、爱得准确。何为"知"?——清楚地了解。教育机遇也是转瞬即逝,需要及早发现、及时把握。什么"时节?"——"当春",也就是刚刚萌芽、始露苗头的时候。这个"乃"字,其解释为"才,就,于是","乃发生"就是"才发生,就发生,于是发生了",正如捕捉教育契机要及时,把握教育机会要准确,不能早也不能晚,要恰到好处。教育是爱,但爱不是强迫,也不是给予,而是被需要。不被需要的雨不叫好雨,那叫梅雨,甚至叫洪涝;不被需要的爱不是真爱,那是错爱,是负担。南宋文学家洪迈说人生四大幸事之首是"久旱逢甘霖",旱得久了,才

---

[1] 作者为成都七中数学教师。

知道雨之甘醇,所以爱也不能太泛滥,不能总是打着爱的旗号时时刻刻都想着要教育人。有一种教育是等待教育。就像有一种疮,需要等它长熟了,再切开引脓,反而才能得到根治,"猛药去疴",偶尔的疾风骤雨是非常有效的。但绝大多数情况下,我一般不让学生"旱"得太久。因为旱得太久了,要暴雨才能解渴,我担心我的"雨量"不够。旱太久了,最大的风险是这一季庄稼可能就颗粒无收了。所以教育无定法,因生而异、因师而异、因时而异、因事而异。诗中的"潜、润、细"也透露了教育应该推崇潜移默化、温润滋养、和风细雨。选择教育方法要得当、教育方式要适宜。"润物"是泽润万物,普降甘霖,对象是不做选择的,而且还是默默的,也就是说教育情怀要宽广,"有教无类",真正做到不放弃每一个学生。"无声",就是悄无声息,也就是教育行为要努力把教育意图隐蔽起来。在我并不成熟的观念或者说是理想中,教育肯定是奔着教育意图(intention)而去,但不指着教育行为(behavior)而为,又一定会抱着教育效果(effect)而归。也就是游走于"管"和"不管"之间。中国人民大学附属中学的王金战老师说这种状态叫"守望",但我觉得又稍微被动、消极了一点儿。也就是游走于"为"和"不为"之间,管理班级我是崇尚"无为而治"的,当然并非什么都不做,而是尽量遵循教育的客观规律,在尊重人的共性的基础上充分尊重个性,有所为而有所不为。我认为教育行为的最佳形态应该是无声无形、无影无踪的。正如泰戈尔所说:"天空中没有翅膀的痕迹,但鸟儿已经飞过。"卢梭在其代表作《爱弥儿》中也这样说道:"最好的教育就是无所作为的教育:学生看不到教育的发生,却实实在在地影响着他们的心灵,帮助他们发挥了潜能,这才是天底下最好的教育。"

我一直认为"以理服人"的教育效果远远不如"以情动人"。我通常也不会说"同学们,你们要尊敬师长、要遵纪守时"等,我的教育很少使用"要"或"不要""应该""必须"等这种祈使或命令的语气。至于具体做什么、怎么做,我会告诉他们我做了什么、我是怎么做的、我的想法是什么、我的感受又是什么,于是我就有了三年也讲不完的系列班会故事《往前一步是幸福》。学生是老师的影子,所以我选择首先做好这面镜子。我的班课,绝大多数都是讲述自己经历的、感悟的事,也是发生在我身上的成长故事。

我讲故事只有一个原则："真话不全说，假话绝不说。"我想这些真实的故事一定可以陪伴着孩子们一生的成长。

比如，我给学生讲"我的工作"中的一个细节——命题，只要是半期、期末、诊断性、高考模拟等考试，只要是全年级专门安排时间进行的统一考试，我的命题一定是"盲出"。什么意思呢？不看教材，不翻资料，不上网，不用除头脑以外的任何信息源，只有一支笔、一摞草稿纸，这就叫"盲出"。因为我认为老师都想不到、记不起的，学生更可以想不到、记不清，那就不应该列为考查内容。有时候一道题，像高三压轴题，很容易"难产"，经过几天几夜的疼痛，产下来还有"残疾"，或者根本还是个"死婴"，那就只好重新"怀胎"了。班课上我让学生思考我这样做的意义究竟在哪里。学生说猿题库没用了，也就是防止作弊。我告诉他们：这也算一个额外的效果，但不是目的。有的会说提高学科专业素养，保持探究习惯和钻研精神。这也算，但是我更重要的目的是检验我看问题的角度——眼光即水平，看问题的广泛性——视野即能力。题如其人嘛，命题不仅反映个人的风格和喜好，更重要的是反映做事的态度和方法。我要给学生传递的信息是：严格、朴实是做人的修养，严肃、踏实是做事的态度，严谨、扎实是做学问的准则。2019年6月毕业的一位高三学生，不是我自己班的，我叫不出他的名字，他在一次大课间的时候，急急忙忙地冲到我面前，我还以为发生了什么事儿呢，火急火燎的。他向我伸出了大拇指，气喘吁吁地告诉我："邱老师，前天的考试题，你出得太好了！"老师们听这话一般第一反应会是什么？这孩子一定是考得很好。对！我也是这样想的。一般领导质疑下属的夸奖，那是勇气和智慧，但老师质疑学生的夸奖可算不上。所以我带着微笑说："是因为你考得很好吧！""不，考得不好，但我就是觉得做你的题收获很大！"从孩子的神态和语气我读到的是真心，再说他也没必要来诓我呀。学生是我们的服务对象，他们的评价是至高无上的。孩子的由衷赞美顿时让我觉得付出得到了满足，也收获了动力。这一刻我真正意识到：被许多人认为不屑的坚持，还真的不是犯傻。

诗的后四句，"看雨""想雨"。苍野的小路跟云都是黑漆漆的，只有江面小船上的孤灯是明亮的。当天亮了，便可以看到锦官城繁花似锦。当学生看不到希望、感觉前途渺茫甚至万念俱灰的时候,当我们遇到教育难题被"朽木不可雕"的判断和懊恼困扰的时候,这独明的灯火,就是我们的教育信念和信心,就是我们的教育智慧和功能。"云黑"说明这"雨"还要一直下呀;"小路"哪怕崎岖一点,但也不是无路可走啊!所以我们没有理由束手待毙,更没理由无动于衷。有两个学生,一个是高一我班的,一个是高三外校公益课堂的学生,相同点都是焦虑、压力大,看不到坚持的希望和理由,不同点是一个孩子不厌学但不愿上学,一个孩子愿意学但学不进去。高三的这个孩子在 2019 年 9 月 5 日和 6 日先后发布 QQ 说:"惨不忍睹的成绩、狼狈不堪的自己","总有一天我会被逼疯的,父母放弃我,老师放弃我,这样的生活不过不是更好"?我注意到了这两句话中荒诞、狭隘的因果关系:成绩惨不忍睹所以狼狈不堪,因为他人放弃所以自己被逼疯。我跟她们分享了我曾经班课讲过的一则故事《愧对"真"字——答"沙皇"老弟》。我通过对一场足球比赛的解读,让孩子们明白欣赏一场体育比赛或者一场艺术表演,除了直接的感官享受之外,或许能有点儿别的什么启迪。为什么要严于律己?为什么只有尊重规则、尊重队友、尊重对手、尊重舞台才是尊重自己?比赛是有输赢的,考试亦如此。输家不一定就是失败者,因为有人赢得了比分或成绩,而有人却收获了意义和成长。只有没有赢得尊重和反思,反而丧失了斗志、希望和信心,失去了克服困难、战胜挫折的决心和勇气的人,才是真正的失败者。我告诉她们我的人生哲学:我也想得冠军,但没有得冠军,能不虚此行就好。直到有一天,高三的这个孩子突然问我:"您坚持教育这么多年的理由是什么?有意义吗?"我当时来不及成熟思考,几乎是脱口而出:"为孩子们前行的路上点亮一盏明灯。"无独有偶,高一这孩子在差不多一周后也问了我几乎相同的问题,我还是把这句话作为了我的回答。在两个孩子承受折磨的时间里,我也经历着煎熬,我甚至怀疑过我这盏灯油量枯竭,真的能照亮她们前行的路吗?这一次还好,高一的孩子坚持上学了,高三的孩子告诉我:"我相信自己,相信明天,我和上海有个约定。"我知道她说的上海是华东师范大学。后来她如愿了。我相信每一个教育者的心中都亮着一盏明灯,那是教育责任和担当。诗中说"江船",古汉语中的"江"一般都是指长江,杜甫他老人家住在浣花溪,哪儿来的江呢？——只能是诗人视野的宽广和视角的独特，以及信心的坚定和信仰的坚守。我们知道，杜甫诗歌的特点是具有丰富的社会内容、强烈的时代背景和鲜明的政治倾向，我想这一首也不应该例外。虽然他暂时安定得以憩息，但仍有漂泊、沉郁之感。"野径云俱黑"，就是指吏治（野）腐败、生民（径）涂炭、社会（云）动荡，而"江船"就是指颠沛流离的诗人，"火独明"是指诗人空怀伟大抱负的孤独和落寞。虽然当前我们的教育不免浮躁，然而每一名具有良知和使命感的教育者都必须拥有指引我们前行的明灯，即使孤独，即使落寞，即使雾霾重重，即使只是路边不打眼的一棵野草，也要一直仰望星空。

杜甫的一生，虽然惨淡，但他从未丧失过对明天美好生活的向往与追求，从未推卸过对国家、社会的责任，从未忘记过心系苍生、胸怀天下！"野径云俱黑，江船火独明"，这"俱""独"，不由得让我想起诗人在同年（761年）八月所作的另一首诗《茅屋为秋风所破歌》："安得广厦千万间，大庇天下寒士俱欢颜，风雨不动安如山。呜呼！何时眼前突兀见此屋，吾庐独破受冻死亦足！"这"俱黑""独明""俱欢""独破"，这两对"俱""独"无不体现了诗人炽热的忧国忧民的高尚情怀、无私奉献和勇于牺牲的伟大精神。教师经常被比喻成"春蚕""蜡炬"，无非也是歌颂奉献和牺牲精神的，但我觉得如果没到非要燃烧自己不可的时候，我们还是选择做一个"园丁"，别过早"成灰"了的好。

杜甫的一生极尽坎坷、历经苦难，这一定不是他向往的，更不是他愿意选择的，他虽然穷困却不潦倒，虽然颠沛流离却不颓废堕落。他振臂疾呼、披肝沥胆，这恰恰又是他最成功的选择、最精彩的选择！因为他向往明天，对未来充满渴望。这"晓看"，不就是看明天吗？原来诗人虽然身处黑夜，却一直都很阳光、很乐观！我年少时也做过梦，想做一名脑外科或者心外科医生，但三十年前梦就"凋零"了，但并不残酷。因为我做了一名主治"脑内科"和"心内科"的教师。诚然，我相信可能有不足百分之一的人可以规划自己的未来，并予以实现，但还有超过百分之九十九的人会像我一样，都要接受被规划、被选择的命运，那我们是做这百分之一的教育还是做百分之九十九的教育呢？显然都不是，我们要做百分之百的教育！

我选择不了干我喜欢的事，但我可以选择喜欢我干的事。教育最大的责任应该是教会孩子学会生活，学会自洽，学会找到持续前行的动力和激情；学会学习，学会工作，学会具备面临责任时担当的勇气和能力。这才是最好的、最美的人生规划。无疑，高中生仅仅把高考作为目标多少是令人心酸的，教育把升学率作为目标多少是令人心寒的。我以为，教育的目标就是教育孩子学会做人、做事、做学问，而不是做平均分，也不是做百分率。当然，我一直还在路上，虽然艰辛，却很享受这一路上的风景。

教育者的情怀也像诗人一样，总在今日翘望明天，总在夜里呼唤黎明。孩子们成功了，梦想实现了，成都城也会花团锦簇、娇艳欲滴，林荫街也会欢声笑语、笑靥如花，而我的心里也会沉甸甸的、红艳艳的。这怎能不是我们的教育理想和追求、我们的教育动力和成就、我们的教育情操和幸福呢？所以，我们的追求是让"雨"成为"好雨"，更成为"喜雨"！

我在成都七中教书的二三事

杨 帆[1]

第一节网校直播课

顶着巨大的心理压力，我终于迎来了第一节网校直播课，备课组长阮杰老师和师父王俊德老师更是亲临现场坐镇，帮我把脉。两位老师均有十多年的网课授课经验。这一节课对我来说确实不容易。首先是设备不熟练，操作系统和书写系统与之前完全不同，就显得使用起来极其别扭。尤其在平板上书写板书，平板是立起来的，没有支撑点，导致板书凌乱。其次是授课方式不熟练，习惯了面对面和学生互动交流，授课讲解时总是习惯性地走向讲台中央的白板指示给学生看，互动的时候总是习惯性地走到学生中间去离他们更近，这便无法顾及远端学生的感受，导致一节课零零散散，节奏很受影响。

让我暖心的是奕佳和奕慧同学就像两个小天使一样，看到我没有办法控制设备的时候，立刻跑上来帮我调整，让我紧张的心情感到温暖。但是由于天气炎热和自身紧张，这节课我还是上得汗流浃背，也不能去兼顾教学内容怎么样了。好在这是一节入学考试习题评讲课，题目讲清楚，题目中渗透的考点给学生提点出来就行，难度相对较低。

---

[1] 作者为成都七中化学教师。

课后，六七分钟的时间，师父王老师和阮老师在肯定了我的习题讲评课结构和流程的情况下，也给了我行之有效的指导，尤其是板书问题。阮老师说把平板放平，就像在纸上写字一样，笔画落实，写慢一点，在平板上书写板书更要规范，写得凌乱，远端的学生看起来很吃力的。王老师说："之前听你的展示课时，你的板书设计与书写都很漂亮，要把这个优势发挥出来。"两位老师对教学更多的是肯定，传授的都是宝贵的经验，大大减轻了我的紧张情绪和畏惧感。接下来的课我感觉板书就好得多了，只是我喜欢跑到讲台中央指着白板讲这个习惯还要调整。两节课结束后，我又对照直播实录看了自己的表现。自己在媒体里的声音听着还是觉得别扭，但第二节课的板书和操作都有所提升，人也显得没有第一节课那么紧张了。

我又想起了开学典礼大屏幕上播出的远端学生的开学祝福视频。当我一开始接手这件工作的时候，想得更多的是每一节课都有直播的压力，应如何在接下来的工作中把这件事情做好。但是那天看到各地远端学生代表送出的开学祝福，我心潮澎湃，甚至有点泫然欲泣。他们来自不同的地方，有着不同的口音，你能感觉到他们的淳朴与善良，你也能感觉到他们成长环境和条件的艰苦，但是他们都心怀希望和梦想。我明白了开学前网校老师大会上蔡校长所说的这是一件功德无量的事情。作为一名从黄土高原上走出来的农民的儿子，我清楚地知道教育资源的不均衡带来的巨大差距，通过这块屏幕，也算是为家乡尽一份绵薄之力，所以我每天工作至深夜，想把最好的自己、最好的状态展示在千万孩子面前，能够让这些孩子在四十分钟内真的有收获。我想尽自己最大的努力，不负学校的信任，不负在现场、在远端教室内的孩子们的期待。

最感动的教师节仪式

2023年9月8日是周五，学校的教师节活动让我印象深刻。上午，学校氛围拉满。下午三点，已退休老教师回到教研组的座谈会，晚上学校知辛堂丰盛的自助晚餐，这一切已然让我感受到作为老师的幸福、作为七中老师的骄傲。

但是，就在这个周六，就在已经没有了教师节氛围的高三补课的周六，我十多年来最感动、最难忘的教师节仪式来了。我的课是在下午倒数第二节，我像平常一样在等候上课铃声响起时赶到教室。当我走进教室，三个课代表已在讲台等我了，伴随着同学们的掌声，佳翼把锦旗交给我，我仔细地打量着上面写的内容。这时彦兮推开黑板中的电子白板，说："杨老师，我们给你写了一副对联。上联是'受任败军之际，猥自枉屈，兴复十四'。"接着，雨点推开另外一边的黑板，说："下联是'奉命危难之间，裨补阙漏，妙手回春'。"然后两人齐说："横批是'一水合氨'！"同学们爆发出热烈的掌声和笑声。我开心中夹杂着激动，幸福中洋溢着感动，左胳膊夹着锦旗和同学们一起鼓掌。面对同学们，我心跳加速，右手拿着锦旗，左手不由自主地拍着胸口以平复激动的内心。我带着幸福与感动，用激动而颤抖的声音，说："真的太感谢你们了。你们太有心了，我觉得这是我从教十多年来过的最特别、最特殊的教师节。这个上下联也整得我非常有压力。"同学们大笑。"通过昨天的讲题，我也看到了我们班的孩子确实非常优秀，卧虎藏龙，我希望我们能够一起走到明年六月，大家在明年六月都能够有一个令自己、令家长非常满意的高考成绩，在未来的成长道路上也有锦绣前程，大展宏图。谢谢大家！"孩子们又爆发出了热烈的掌声。

我想这是得益于班主任夏老师两年多高中生活的培养，这些孩子知道感恩老师，他们根据每位老师的特点给科任老师都制作了锦旗，只是给我增加了一副对联。我是高兴的，心里紧绷的那根弦在此刻可以先松一松了，心里紧追的那个疑问，在此刻也有了一个答案。看来我一周多的时间已经得到了大多数孩子的认可和喜爱，这对我来说无疑是一剂强心剂。我唯有更加努力，才能不负孩子们的期望！

第一次研讨会发言

之前听新教师培训报告、听德育研讨会老师们交流报告，就期待有朝一日能在七中举行的研讨会上发言，没想到机会来得这么快。开学才第二周，备课组长阮杰说第四周周二要召开一年一度的高三复习研讨会，按照惯例我们学校会邀请国内的名校比如衡水中学、西北工业大学附属中学、重庆市育才中学校等一起进行交流研讨，化学学科的研讨会将在 9 月 19 日进行，准备把交流发言的任务交给我。虽然我希望有机会发言，但是我觉得这时候时机不成熟：一来开学才两周，备课、做题、上课、答疑、个辅等工作在紧张地展开，再加上网校备课和教学的双重压力，每天虽然早晨七点到校，晚上九点后才离校，但仍然感觉疲于奔命，完全没有理出条理来，所以无暇顾及这么艰巨的任务；二来高三研讨会交流的是各学校高三备考的已有经验，我作为才来学校的新教师，加上一来就进高三，对于备课组的整体策略和经验不了解，更谈不上当众交流。但是阮老师和师父王老师信任我，给我讲了以往的做法和讲座的思路，让我好好准备。

有了思路以后，我就开始构思。其实讲座本身对我来说比上课还轻松一些，毕竟这些年大大小小的场合也经历了很多，只要构思清晰，做完PPT，我也基本就能开讲了。第二周的周末我就开始着手准备，首先对今年的高考题进行分析，然后构思第二板块。但是，当我真的做起来的时候，发现一个新人要介绍团队已有的经验确实太难了，"巧妇难为无米之炊"。第三周周二上午，我和阮老师、师父王老师三人一起交流，我把我的框架展示出来后，能明显感到大家是不满意的。这时候阮老师对我的整体框架和PPT逐页分析，到现在我还清楚地记得阮老师的原话："你是代表成都七中林荫校区来做交流，所以你的发言要有理论的高度，也要有落地的实操。"然后两位老师把上一届研讨会的很多资料直接拷贝给我，刚好师父也被其他学校邀请做高三化学复习的策略安排，他便把PPT拷贝给我，说里面有上一届的很多内容，可以选择一些素材。阮老师讲到介绍我们高三的实际操作的时候，说在这些方面就是要细致地讲，能落到实处地讲，讲我们的高三教学计划、分推考试、培优补差。星期二下午整理完成后，我整个人有信心多了，因为框架修正了，也有内容素材了。接下来的两天，我从高考试题分析到高三备考的策略，从已有的内容中概括提炼，结合自己虽然短短三周不到但还是有那么一些的教学素材，完善、凝练我的PPT内容。星期五上午上完最后一节课，我们三个人再次坐到一起，我把我的内容以及讲法展示出来的时候，得到了阮老师和师父的赞同，阮老师建议把我们培优的内容再放一些进去，刚好这天晚上就是我们这一届高三培优的第一次课，到时候再去收集一些素材，整个框架就比较完善了。

周末又是加班的时刻，当得知省教研员马红艳老师要作为指导专家莅临的时候，我再次告诫自己，必须努力获得马老师的认可。2019年赛课的时候马老师来学校为我作指导，当时就对我很认可，说小伙子很努力，课堂表现很好。赛课我获得一等奖，点评环节马老师也是高度评价了我的设计与课堂表现。她其后几年数次在郫都区一中、成都四中等研讨会上对我赞赏有加。最近一次的接触，是在七中开学第一周周日的食堂。当时是化学奥赛的初赛，我由于监考，早早来到食堂吃早餐，稍后看到蔡校长和马老师一行也来到食堂就餐。看到马老师，我感到十分亲切，和她打招呼问好。她说："你到这里了啊！"亲切的言语中充满了肯定。她对蔡校长说："你们真是，学生招最优秀的，老师也是招的最优秀的。"在这种场合，马老师的评价让我备受鼓舞。这种肯定对我在后续一周能很快得到学生和远端老师的认可有很大的帮助。

我对比教育部教育考试中心对2023今年理综试卷和化学试卷的评析，从情境载体和考查特点方面对三套试卷进行了题目分析与总体对比评述，个别板块也对近三年的全国七套试卷进行了纵向对比，然后凝练出我们备课组的高三复习策略，从高三备考总安排到高三一轮复习的具体安排，从考试安排到考后辅导的要求和做法，从培优班到宝贝班的具体安排及实际操作做了详细介绍。星期二，在交流会上，我作为交流学校老师最后一位发言，得到了组上老师的认可，我对自己的表现也很满意。会后马老师也再一次鼓励我"新平台、新努力、新成就"。

最意想不到的是，第二天上午大课间的时候，我出去看同学们做操，在审是楼前，易书记叫住我说："昨天讲得很好！"我很纳闷，因为昨天在现场没看到他，就问："易书记，您来听了？""他们告诉我的，都说你讲得很好。只要肯花工夫，就能把事情做好！"

是的，只要肯努力，我相信一定会有进步的！

竞赛班的那些事

邹 旭[①]

英国哲学家詹姆斯·埃伦在他的著作《原因和结果的法则》中说："人的心灵像庭园。这庭园，既可理智地耕耘，也可放任它荒芜，无论是耕耘还是荒芜，庭园不会空白。如果自己的庭园里没有播种美丽的花草，那么无数杂草的种子必将飞落，茂盛的杂草将占满你的庭园。"

教育本质上不是管理，它的产品不是机器而是活人，它不注重具体的指标，而注重人的发展方向，教育是人与人之间的交流与合作，是心灵与心灵的碰撞。

苏霍姆林斯基说："请记住，教育——首先是关怀备至地，深思熟虑地，小心翼翼地触及年轻的心灵。"

从心理动因的角度去理解学生的行为，可能有助于我们更好地对学生进行心灵引导。创新实验班是一个比较特殊的团队。三年高中，所有同学同时坐在一起上课的时间不超过一年。大多数时候，可以用一个词形容——各自为政。在学习上，他们的确很优秀，在心理上，他们却很脆弱，甚至还不止于脆弱。关注他们的心灵成长，并及时给予他们心灵引导是一项重要的工作。下面我将以案例分析的形式与大家分享我这些年的点滴思考及困惑。分享是以我班故事为基础的，然而这些现象也绝非我班独有，而是具有一定的共通性。

---

① 作者为成都七中语文教师。

案例一:"你、我、他与我们"

己亥九月,序属三秋,金风飒飒,冷雨潇潇,西蜀蓉城磨子桥学堂秋意甚浓。室内书声琅琅,秩序井然,吾心甚喜。行至学舍后门,见弃物筐内空空如也,而筐外弃物杂陈。问之,张生曰:"吾已洒扫毕。"黄生曰:"吾亦已倾筐倒箧矣。"问:"何为其然也?且为之奈何?"二人面面相觑而自巍然。

文明进步的一个重要标志是"个体意识的觉醒"。我深深震撼于他们"觉醒"的程度:只关注自我,缺少和他人协作的意识,更缺乏团队精神。在他们眼里,你、我、他是界限分明的,这本没有错,然而,如果任其自由发展,他们很可能就会成为人们常说的精致利己主义者。对这个问题,绝不能等闲视之。我必须向大家表明态度:批评之、惩戒之——小组内的所有成员,还包括负责的值周班长及清洁委员都应接受相应的惩罚。教化——开展主题班会课"你、我、他——我们"。

你、我、他从四面八方来到同一个集体,但如果没有共同的理想追求,没有彼此的团结、协作与包容,终究不能成为"我们"。一个班级要成为有凝聚力的班级,一个国家要成为有凝聚力的国家,少不了你、我、他的独立自主,更少不了大家的凝心聚力。从你、我、他走向"我们"是我们不懈的追求。

虽然这堂课在当时的确深深触动了学生的心灵,班级风貌有很大改观,然而,在这个充满竞争甚至功利的氛围里,我很忐忑。我不知道这一课要上多久,方能真正显出成效。

"你、我、他"与"我们"绝不是互相排斥的,"我们"的强大离不开每一个"你、我、他"的茁壮成长。不是每颗心灵都如我们想象般强大,他们需要我们理智地浇灌、耕耘。

案例二:Hold your horses——信任与爱

故事一:张生,雅好术学。戊戌春,因感术业之多艰,而长太息以掩涕,日忽忽不知所往。某夜,忽号啕痛哭,自夜达旦,声闻于邻。其母闻之,与之俱哭。明日,电告余曰:"先生,且为之奈何?"吾对曰:"男儿哭吧哭吧不是罪,让他哭去吧。"数日乃止。遂机敏如初。

故事二:某,患抑郁之症,数往华西诊之,然效甚微。其母泣曰:"先生,且为之奈何?"吾对曰:"Let me try?"与某期。明日夜,与之会于游艺楼,相谈甚欢,尽兴而去。如是者三,某日以愈。吾叹曰:非吾能医之也,彼自愈也。吾所以成之者,信也。

优秀的人,往往对自己的目标定位更高、要求更严格,他们相应承受的压力可能就越大,尤其是对竞赛生来讲,必须要承受高考与竞赛的双重压力。他们常常会为终点上的荣光所束缚,一路上又难免会遇上瓶颈、会迷茫、会情绪失控。别人眼中的学霸,有时内心却脆弱无比。如果把他们看作病人,他们可能需要医生的治疗。但站在老师的角度,你会发现,有些其实仅仅是学生正常心理情绪的表现,或许你只需要告诉他:"不要只盯着最后的目标,专注于过程就好,不要急,最美的风景总会在最不经意的时候出现。不要总想着彼岸花开,而是要由彼及此,关注'此时、此地、此身'(朱光潜"三此主义")。"

这样的道理,人人都会讲,很多年前我也这样讲,那时我自己都不相信它有用。同样的道理从不同人嘴里说出来,效果却很不一样。这取决于听话的人是否信任你。如果他信任你,或许你就是世上最好的心理医生。抑郁症的学生之所以愿意听取我的意见,暂时痊愈,也仅仅是因为我了解他,他信任我而已。信任源于什么?或许是你的专业,或许是你对他的关爱,或许是你的人格魅力,或许是兼而有之。

案例三:人非圣贤——竞赛教室里的撒尿男孩

游艺四楼,数竞室也。地势僻远,而人之所罕至焉。适一屋正修缮,门虽设而常开。一日,"八十万竞军教头"巡楼至此。微风过处,送来缕缕腥臊。教头大骇,始以为妖。然朗朗乾坤,何妖之有?又疑为工匠所为,遂去监控室,欲以一觇真容。待背影闪现,赫然四字"××中学"也……

我绝不会把对着墙角撒尿的人和班上那位饱读诗书而彬彬有礼的男孩(据说他初中阶段就通读了"二十四史")关联在一起。他是我的科代表,父母都是隔壁大学的教授,然而,监控里那个熟悉的身影分明告诉我,是他无疑。

这样的行为的确有些恶劣，并且他起初并没有主动认错的打算，相反甚至有抵赖的表现，直到我向他明示教室里是有摄像头的。当他低下头时，我看了他一眼，然后说："到此为止，没有下次了。"

我非常清楚，他绝不是一个品性恶劣的坏孩子，之所以犯这种错，一是因为懒，四楼没有厕所，不想下楼；二是觉得反正也没人看见，何况即便是被同伴发觉大概率也不会告密。更深层的原因，我想，从某种角度看，他与前面那个号啕大哭的男孩或患抑郁症的孩子本质上或许是一致的——情绪宣泄，释放压力。不同的是，前者让人怜，而后者往往令人厌。然而，人非圣贤，孰能无过？往大了看，可以上纲上线，往小了看，不过是一时之冲动。大事化小，小事化了，不了了之，未尝不是解决问题的好办法。

案例四："破罐子破摔"与"断舍离"

某男，物理竞赛铩羽而归，形似枯木，心如死灰。或通宵不寐，或游戏终日，或数日不食。即或入学堂，亦无心于学业。时与父母争吵，怨天尤人。其母悲不自胜，每语及此，未尝不潸然泪下也。余与同僚尝劝勉之，批评之，使同窗密友抚慰之，无果。

我们常说得意忘形，然而人生不得意之事十有八九，对更多的人来说，这个说法应改为"失意忘形"。他对自己的竞赛失败断不掉、舍不下、离不了，甚至于怨天尤人，算是忘形之至了，必须让他和过去一刀两断。怎么办？既然"话疗"无效，那就给他"化疗"，或者叫"崩溃疗法"：一顿痛骂（风险很大），一盒纸巾，一顿早餐。虽然我基本上确定他不会有过激行为，但我还是在教师休息室里陪了他整个上午。结局还算圆满，这以后他的学习生活基本上比较正常，高考结束去了上海交通大学，这倒是我没想到的。

话疗也罢，化疗也罢，其实都只是为了让他明白一个道理——断舍离。《断舍离》是日本作家山下英子写的一本书，讲的是家居生活的事，用来比喻人生，似乎也颇为恰当。她说："无能为力的事，当断；生命中无缘的人，当舍；心中烦欲执念，当离。目之所及，皆是回忆，心之所想，皆是过往。放下执念，才能回归安宁。"

一个班级，一所学校，其实都是一个个小"社会"。每个"个体的人"，又都是"社会的人"。关照个体生命的成长，请让他学会融入社会！

　　这就是我班的故事，又不只是我班的故事。不必讶异他们的"瑕疵"，因为这才是真实的人生、真实的世界。

　　在这些已经发生和即将发生的故事里，"我们"都有一个美丽的名字——"心灵捕手"。请用我们的"爱心"去触碰那一颗颗年轻的心灵吧，那声音一定美妙绝伦！

将心比心　灵魂育人
——我亲身经历的教育故事

赵东琳[①]

六年前的 9 月，刚送走高三毕业班的我又被学校安排到高二二班，一个新组建的文科班。由于之前从没接触过这个年级的学生，为了体现威慑力，新学期第一节历史课我故意穿了一件通体全黑气质的长裙，一脸严肃地告诉二班的学生："我的课堂，顺者昌，逆者亡，你们好自为之。"没错，虽然那年我已经三十四岁，但仍然自以为是学生，觉得凭自己卓尔不群的才华和个性，一定可以征服所有的学生，却不知，一场既虐心又奇妙的际遇正悄然而至，它将彻底改变我对教育的理解。

开学不到一周，一个长相看似乖巧的男生引起了我的注意。他课堂默写基础知识反复不过关，作业也做得一塌糊涂，晚自习时，我忍不住质问他："你落下的作业是这辈子都不准备补了吗？"他看着我，眼神不卑不亢，嘴巴却闭得紧，始终默不作声。我顿时失去了耐心："那你以后都别交作业了！"一听这话，他立马干脆地回答："行！"然后转身就回到了座位上，完全无视坐在讲桌前面对全班同学的尴尬的我。我顿时恼羞成怒，抬手就在家长群里发了一条消息："谁是浩辰（化名）的家长？请速联系我！"很快，他妈妈就加了我的微信，以非常谦卑的语气不停地道歉，我态度冷漠地回了一句："请您明天速来学校面谈。"

[①] 作者为成都七中历史教师。

第二天，一个穿着朴素、戴着大口罩和大墨镜的妇女出现在了我的办公室。这是我第一次见到梅姐。"赵老师，您好，我是浩辰的妈妈。"我把眼睛从课件上移开，落在她的脸上，瞬间，我惊呆了。大大的墨镜也无法完全遮住她严重向内凹陷的左眼，她的左侧颅骨已完全变形，左侧额头凹陷得像一个巨大的陨石坑。见我惊在原地，她连忙解释说："赵老师，我这个样子吓到您了。我得的是纤维肉瘤，它会侵蚀我的骨头，所以我的脸才会变形。"我这才意识到自己失态了，赶紧拉住她的胳膊，充满歉意地让她跟我面对面坐下来。听了她的讲述，我才知道，浩辰从小还算是一个乖孩子，谁知道上了初三，就开始叛逆，越来越不服管束，到了高中，就愈演愈烈，甚至达到父母一跟他沟通就没好脸色的地步。"赵老师，我儿子什么德行我自己最清楚，他现在这个样子我们做父母的也有责任，可我还是不想放弃他，还是想在我有生之年看到儿子能成长、能懂事，即使我死了，我也放心了。"听到这些，我鼻子一酸，之前的愤怒和骄傲一扫而空，立刻对她说："周末有空不？我去家访，找他好好谈谈，咱们一起努力，争取改变他。"

周末，浩辰父母一起来地铁站出口接我。这是我第一次见到他爸爸，一个英俊挺拔精气神十足的中年男子，紧紧牵着因为生病而变得面目全非的妻子的手，小心翼翼地呵护着她。而梅姐就像一个羞涩的小姑娘，跟丈夫十指相扣，两人完全不顾大街上人来人往，旁若无人地腻歪在一起。看到这一幕，我着实羡慕了。谁说人间没有真爱？谁说夫妻本是同林鸟，大难来时各自飞？后来梅姐跟我说，她是军人家庭出身，有着稳定的工作，浩辰爸爸是一位成功人士，结婚十几年，对她始终如一。看着她家墙上挂着的梅姐没得病之前的照片，美丽、端庄、大方，我不禁为梅姐的遭遇感到惋惜，更被她的坚强乐观和与丈夫的相亲相爱所深深打动。其实这是我人生中第一次家访，原本忐忑不安地想着怎么完成任务，可看着梅姐两口子真诚的眼神，我的心态也悄然发生着变化。

这一下午的谈话其实并不顺利。浩辰最开始紧闭心门，小心观望，而我故作大方，跟他分享我的经历和学校的逸闻趣事，想通过轻松聊天的方式慢慢打开他的内心。然而到最后，我都有一种唱独角戏的感觉，最后，只得悻悻退场。

然而，我认为毫无用处的家访，却似乎潜移默化地起到了点作用。之后好长一段时间，浩辰变得听话多了，作业也按时交了，默写也好一些了，虽然质量都比较勉强。之后，我们之间的很多谈话都在轻松愉快的氛围中结束，甚至还有些意犹未尽。我知道，对于这种非常叛逆的孩子，传统的说教不管用，只有尝试平等交流，才有可能走进他的内心。精诚所至，金石为开，这一刻我才终于觉得成功一点点了。

高三上期，浩辰去参加了半年的美术特长生集训，没有来学校上课。在这期间，梅姐时不时给我发来他的素描作品。我惊叹这个曾经绘画零基础的孩子，因为文化课成绩差，临时抱佛脚走美术高考路线，起步如此之晚，进步竟然如此之神速。奇迹这个东西，有时候就在我们身边，不要低估任何一个孩子的潜能，这是浩辰教会我的。

高三下期，梅姐又开始了新一轮的放疗，虽然反应强烈，呕吐不止，却依旧坚忍不拔，她说："我一定要看着儿子考上大学。"而集训回来的浩辰，虽然文化课还是差强人意，却也比以前读书更努力了。几科老师齐上阵，利用自己空余的时间免费给浩辰等几个艺术生补习落下的文化课，我自然也当仁不让。看着浩辰在我这背历史背到昏睡过去，口水流了一桌子，我既心疼又冒火，却也还是努力压下了冲动，尽量和颜悦色循循善诱，陪着他们一起成长。这时候我对浩辰好，不仅仅是因为他是梅姐的儿子，更因为我是他的老师，而他是他自己。

2020年的高考并不容易，还因为新冠疫情的原因延迟了一个月。在7月的烈日下，我送二班的孩子们进了考场。最终，浩辰被哈尔滨的一所院校录取。梅姐惊叹："赵老师，那不是你的故乡吗，这简直太有缘分了！你之于我们一家，就是亲人一般的存在！"的确，两年的时光，已经让我跟梅姐处成了好友，跟浩辰处成了姐弟，他们的喜怒哀乐，都会跟我分享，帮助、教育浩辰的同时，这一家人的优秀品质和浩辰的成长成熟，也在不知不觉滋养着我，让我在教师生涯中不再高高在上、孤芳自赏，更添了一抹烟火气，师生情更添了一份兄弟义。

2022年，梅姐弥留之际，我去探望她。她这样对我说："赵老师，我儿子现在很懂事，不但要做家务，每天还都要抽时间陪我，即使不能陪我，也会给我打很长时间的电话。我舍不得我老公，他对我真的很好，我也舍不得儿子，我还想看着他毕业、工作、结婚、生子。我真的不想死，但现在看来，恐怕是不行了。你是我儿子最信任的人，他能有今天，你功不可没。未来的路，希望你能陪他继续走下去……"

　　这段奇妙的缘分让我重新思考教育是什么。是师、生、家长的将心比心，以心换心，家校携手，心心相印，甚至是灵魂的共鸣。现在，每当浩辰给我发消息，说"我回成都了，好久组织下我们几个回来看老师的事"，或是"准备考研呢，你还得远程指导下我啊"，抑或是"最近看朋友圈，你心情不太好，怎么了？要多保重啊"之类的话的时候，我都想对天上的梅姐说一句："也许你觉得是我救赎了他，其实，你们一家人的信任与真诚也救赎了我！谢谢你，梅姐，我会看着浩辰毕业、工作、结婚、生子，直到他老去，有生之年，我们都友谊长存，还有，我们永远也不会忘记你带给这世间的美好……"

教育如光　让爱生花

夏　雪[①]

有远端学生告诉我，自己从清华大学航空航天学院毕业后一定会努力实现航空报国的梦想；也有远端学生告诉我，正是在我的影响下才会选择成为一名人民教师。

我说："前端老师是爱的使者，对远端的爱通过一块屏跨越时空不断前行。"

我说："爱出者爱返，远端孩子们也将爱回馈给我们，给更多的人。"

爱是一个圆

从一个顽皮的孩童到桃李满天下的人民教师，我的成长，映射着另一群教师无私的爱与付出。我出生在一个教师家庭，我们家从事教师工作的人挺多的，姑妈姑父都是教师，爸爸也当过一段时间教师。但幼时的我并非传统意义上的乖巧学子，一年级的我，是老师到家家访说需要重读的"学习困难户"。调皮贪玩、不爱学习、成绩差是我对自己童年的印象，我那时常因爸妈上班没有时间管我，就在晚自习偷跑出去玩。

说实话我一直是被老师嫌弃的那类学生，直至我初中班主任的出现。初中选班干部，班主任一下就选中了我当清洁委员。老师的重视，让我从心底产生了要好好表现的想法，最直接的表现就是我成绩上的突飞猛进。

[①] 作者为成都七中数学教师。

我还记得我们一个同学家庭很困难，住得很远，班主任会在每天晚自习后主动送同学回家，然后再自己回去。这些举动老师从来不会在班上说，但是我们都看得到、感受得到，这就是老师给予我们的爱。

这份师爱如同一粒种子，在我心中种下一个小小的教师梦，进入成都七中后，这粒种子得以在这片沃土迅速成长。在这里，新教师可以随时随地走进其他老师的课堂学习，汲取百家之长；在这里，每一次教学上的进步都能得到同仁们最真挚的祝贺与鼓励，不论是前辈们的无私关怀，还是七中深厚的教学文化底蕴，都让我深受感染。

而走上直播班的讲台，更是让我有机会将那份源自初中班主任、又在七中这片热土上得到升华的爱，播撒至更辽阔的远方。2024年9月我去四川电视台录制教师节节目，碰到了我教过的第一届远端学生，现在已经成为当地一所学校的主任。虽然我不认识他，但他一眼就把我认出来。他说正是当年屏幕两端的老师们对他的教育和爱，让他坚定了要去教书育人的理想。听到这话我就觉得特别骄傲和感慨，我此刻正在做的事，就如当年我的班主任所做的一样。

教育的可贵之处，正在于以爱为源，循环滋养，生生不息。我是带着别人对我的爱成长，也会把爱传递下去，我想我教过的孩子们定能感受并传递这份爱。

无敌"女超人"

翻看我的过往履历，小县城出生，凭借专业第一的成绩从华中师大研究生毕业到七中任教，从市教学竞赛数学组桂冠到全国名校名师课堂教学展示一等奖，从成都市"优秀教师"荣衔再到"全国最美教师"的崇高荣誉，每一次进步都见证着我在教学领域的成长蜕变。我曾带过的学生形容我"就像一个女超人，带着同学们在沙场上所向披靡"。

问及诸多荣誉，我以"运气好"三字作为概括，我们试着从这简单三字窥见更多成为"超人"的秘诀，终于在"好运气"的背后发现了我身上的智慧、专业和淡然。

年轻的数学教师初次站上讲台，面对一群对数学抱有畏难情绪的文科生，我也曾心生惧意。我第一届带的就是文科班，你别说学生有那么多的情绪，作为老师我也怕，比如数学中有个对数的概念就非常枯燥，每次只要我把运算规律抬出来，学生基本都会集体倒下，简直就像压死骆驼的最后一根稻草。

如何才能让学生听懂并喜欢数学？如何才能让枯燥抽象的知识点生动起来？我一边观察着学生的上课状态，一边站在学生的角度反复思考这些问题。后来我想，其实每一个数学概念、符号的产生都是有原因的，我在课后查了很多相关的数学史文献资料，和学生们分享难懂知识点背后的故事。

打破常规，不死记硬背。我不仅将数学知识与人文、生活巧妙融合，让学生了解数学起源、数字符号创造的趣闻轶事，也带领学生一步步攻克心理难关，将抵触情绪转化为对数学的热爱与对自我潜力的发掘。

后来我设计更多课程、参加赛课，做所有事，从未想过能获得什么荣誉，初衷就是想让更多的孩子都能喜欢上数学。我始终坚信，专注于教书育人、做好本职工作才是最重要的。这种淡然的心态，让我在成都市激烈的赛课竞争时，面对时间仓促、PPT出现问题时能展现出超乎寻常的淡定与自信，心态特别好，这也跟教过网班有很大的关系。很多大场面都见过了，你也知道有很多人在喜欢和支持你，面对这些困难就能轻松化解。

网班之情，连接山海

一块屏幕，打破地理阻隔，连接山海，也交织着两端深厚的情谊。

回忆起最初走进网班课堂，我说这更像是证明自己的方式。上网班的老师都是各学科的佼佼者，所以"我能教网班"是一种证明我可以的信号，直到后来真实接触了远端的师生，才后知后觉这真是在做一件很有意义的事。

一次外校监考的经历让我印象深刻。那是在我们的远端学校，当时一个学生看到了我，他非常激动，把全班同学都喊了过来。所有人围着我合影要签名，拉着我说话。我心想："天哪，这就是当明星的感觉。"同学们的簇拥而至和争相合影，让我恍如置身镁光灯下，也真实感受着远端学生的质朴、单纯和可爱。

在我眼中，远端学生常常会展现出更为强烈的内在驱动力和对学习机会的珍惜。他们深知教育资源的珍贵，因而更加勤奋努力。此外，远端学生对老师的感激之情也尤为真切。尽管前端教师无法像传统课堂那样对每个孩子进行一对一辅导，但远端学生仍能敏锐捕捉到教师们的付出，对这份跨越空间的关爱报以深深的感恩。多年后，在中央电视台录制节目现场，我与昔日远端学子重逢，虽已时隔久远，但彼此间的情感纽带依然紧密，交谈热烈，仿佛时间从未让我们疏远。

这种深厚的情感联系，源自远端学生对知识的敬畏、对师恩的铭记，源自直播班教师的无私付出，也是我站上世界数字教育大会最大的底气。

教育无限，教育无界

2024年，我代表成都七中、代表七中网校、代表中国站在了全球数字教育大会的舞台，向世界展示中国数字化教育的创新实践与巨大潜力。

面对八百多名国内外参会者，我坦言"内心并无丝毫紧张"，这份自信与骄傲，来自我多年对网校教学模式的深度认同与亲身实践。作为一线教师，我见证了众多学生通过直播课走出大山，这让我可以充满底气地向世界分享这一精彩的教育故事。

"直播班不仅为学生打开了一扇通向外部世界的窗口，使他们有机会了解更广阔的世界、树立更高的目标，更重要的是这也在改变着我国教师队伍的发展格局。"我认为，面对中国师资力量分布不均的现状，网课为县域中学的崛起提供了切实可行的解决方案，让优质教育资源公平地惠及每一个有志于学习的孩子。

面对数字化教育的浪潮，我深感其势不可当。世界数字大会上，各国纷纷展示数字化成果，预示着学习与人际连接方式正经历着深刻变革。对此，我认为教师应与时俱进，积极融入数字化教育浪潮，让教育无限、教育无界的愿景在数字化的助力下变为现实。

知识跨越地域，抵达每一个渴望学习的心灵；爱飞越山海，让九百六十万平方千米土地上的孩子能在同一片蓝天下共沐阳光。我的故事，是新时代教育变革下的缩影，也是每一位用实际行动拓宽教育边界坚守者们的缩影。我想，不论时代如何变迁，教育的本质永不会变，就让我们以爱为光，照亮更多学子的人生之路。

当爱与教育在田野上生根发芽时，终会一路繁花。

在成都七中作"学渣"是怎样的体验

佚 名[①]

我从成都七中高新校区毕业四年了,现在坐在北京一家当代艺术画廊的办公室里。作为成都七中高新校区的第一届学生,我有幸在高中进入当年唯一一个文科实验班,也有幸遇见很多好老师和同学。

当我看到"在七中作学渣是怎样的体验"这个问题时,我想"学渣"这个词,对我而言还真是实至名归。我很幸运地遇见了许多好的老师和同学,他们没有一个人因为我文化课成绩差而看不起我或觉得我是异类,反而都很理解和支持我。其实我自己知道,这些支持很可能是来自"她是艺考生,不需要那么高的文化成绩"等误解,但是我仍然很感激能在我人生中最敏感、最容易被环境影响的那个阶段,遇见爱我的老师和同学们。我也很感谢易国栋校长,每次考试之后他都亲自来鼓励我,给我打气,让我再接再厉。感谢我的地理老师罗福俊,语重心长地教我怎么学数学和英语。也感谢班主任李萍老师,让我学会去正视和热爱自己,因此我从未有过一次因为自己成绩差而感到丢脸。同时我也很感激那个时候努力的自己。

现在的我还有半年时间就要从中国传媒大学毕业了,同时正在准备去英国读和当代艺术有关的研究生课程,之后还有申请剑桥大学博士的打算。大学期间我走过了十多个国家和地区,看到了太多的不同,所接触到的人和事都在我心里种下了许多未来可能会成长为大树的种子。所有这些都是

[①] 作者为高2013届学生。本文选自知乎网,有删改。

我在七中时不曾想到的，也因此萌生了很多关于中国教育的感念，我很庆幸自己对未来有清晰的规划，很庆幸自己在七中培养出了自律和不断钻研的勇气。也很感谢中国传媒大学，学校真正教会了我去剖析和认识自己，自己选择自己认为对的路。我从来没有一天后悔过我选择了艺考，也从来没有一天因为曾经是个学渣而感到自卑。我向来不认为学习成绩好就代表了一切，而学习成绩差就否定了一切。七中育才和七中高新都是我在这些认知上的起点，我很感激七中没有放弃像我这样的学生。到现在我都无法想象如果我在其他的学校，高中最后的日子里会是怎样一种情况。

我觉得我现在过得很好，现在的我对自己也很满意，而且我从来没有哪个时候像现在这样如此热爱我自己、肯定我自己。我想这也是七中教会我的——任何时候都不可以轻易否定自己。大学期间我也有难以坚持下去的时候，可每到这个时候我都会想到所有七中人都烂熟于心的那句话："不要让七中成为你人生的巅峰。"所有的这些成就了现在的我，大学四年的蜕变让我知道从一个所谓的"学渣"成长到现在有独立思想、有独立研究和学术能力的人到底有多远。

感谢七中，在很大程度上，是在七中当"学渣"的那些经历成就了现在的我，感谢我高中所有的老师和我爱的同学们，感谢七中老师们的言传身教让我学会成为一个更加优秀的人，更加认识我自己，更加明白自己要成为一个怎样的人。在成长的路上，我永远也不会忘记七中带给我的温暖。

第三篇

青春如梦

成都七中华侨同学印象

洪时中[①]

1958年，成都七中迎来了一批特殊的学生——归国的华侨学生。他们基本都来自东南亚，回国后，先在福建省厦门市的集美华侨补习学校集中，进行了几个月的集训，以适应新中国的环境和生活，然后再分配到全国许多大城市，分别就读于不同的学校。

到成都七中来的这批华侨同学有二十余人，男生占大多数，也有一些女生，高1960届和高1961届的都有。我们高1960届二班就来了两名男同学，一位叫彭晋潜，一位叫陈乌吉，他们都来自印度尼西亚。

国家对归侨学生非常照顾，有很多具体的政策和措施。成都七中为来学校的华侨同学们提供了专门的宿舍，其住宿条件优于其他住校生。那时候国内很多日用物资都实行定量供应，按政策，华侨生的供应标准明显高于本地居民，伙食标准也明显高于普通学生。为此，学校还专门成立了侨生食堂，由专人负责，黄孝珍老师（我们班高三时的班主任）就曾担任过侨生食堂的负责人。解子光校长还特别对她交代说，这是一个政治任务，一定要完成好。学校在学习方面也采取了许多措施，让他们能够尽快适应国内的学习环境，跟上学习进度。

这批华侨同学的到来，立即引起了全校师生的关注。

在我们这些本地学生眼中，华侨同学给人的第一印象是"洋气"。那时

[①] 作者为高1960届二班学生。

候手表还属于奢侈品，中学生几乎没有戴表的，而这批华侨同学却几乎人人都有手表。他们的穿着也与内地的普通老百姓有明显差别，其风格偏向于东南亚国家和港澳地区，最显眼的是脚上经常穿一双夹趾的橡胶拖鞋，男生女生均如此。那时候四川本地只有木制的"板板鞋"，连塑料拖鞋都还没有问世，"夹趾拖鞋"更是从未见到过的式样。他们都说普通话，但都带有明显的广东、福建一带的口音，与"川普"大相径庭。凡此种种，都使得他们显得有点"另类"。

当时，我们的生活水准还相当低，对外面的世界更缺乏了解，加上文化上和生活习惯上的差异，存在不同的观感是很自然的。其实，大多数华侨同学的家境都非常一般，并不都是有钱人。彭晋潜同学家里，就靠磨豆腐为生。

好在大家都是中国人，而且都是年轻人，这些华侨同学很快就和大家打成了一片。我们发现，他们有两个相当突出的优点，第一大优点是特别爱国。

他们的爱国不是只停留在口头上，而是一种发自内心的刻骨铭心的真挚情感，他们最能体会到有一个强大的祖国是多么重要。彭晋潜同学告诉我，在印尼，广大华侨都把子女能够回祖国上学看成一件光宗耀祖的事，凡有子女决定回国深造，亲朋好友街坊邻居就都要在当地的中文报纸上登广告祝贺。他给我看过他保存的一张剪报，就是他回国前夕当地中文报纸上祝贺他和家人的许多广告。

多年以后，我看到《四川侨报》上的一篇报道才知道，早在1949年10月1日那天，年幼的彭晋潜就从收音机里收听到了开国大典的盛况。接着，他又从报纸上找来五星红旗的图案，临摹着画出了国旗的图样，买回了红绸和黄绸，让妈妈一针一线地缝制出来，在他们那个印尼小镇升起了第一面五星红旗。

按照当年的国际形势，这些华侨青年告别父母回国，往往就意味着长时间的骨肉分离，不知道什么时候才能重新见到他们的父母和亲人。"回国"这件事本身，就是一种爱国行动。仅凭这一点，他们就值得我们尊敬。据说，在归国侨生中，还有冒着生命危险，穿过封锁线，经历千难万险辗转回国的，这就更加令人钦佩！

第二大优点是多才多艺。

这些华侨同学普遍热爱体育运动，游泳、羽毛球、足球等都是他们特别擅长的项目。彭晋潜和陈乌吉在我们班的许多田径项目中都名列前茅，而且羽毛球打得特别好，彭晋潜就先后代表成都七中和四川大学参加过全市的比赛。

不少华侨同学还有独特的艺术才能。彭晋潜就带有一支黑管（单簧管），吹奏水平还相当不错。还有的华侨同学有照相机，精通摄影，这在当时也是比较罕见的。他们给七中的文化生活增添了新鲜的活力。

华侨同学大多具有语言天赋，除了中文母语以外，大多还通晓侨居地的语言，不少人还能说广东、福建一带的方言，比如彭晋潜就能用客家话、广州话、潮州话和闽南话等与人交流。海外的学校大多重视英语教学，一些华侨同学的英语水平相当不错，有的人后来还考入大学的外语专业深造。

高中三年一晃而过。这些华侨同学几乎全部考上了大学，高1960届三班的林顺坤同学进了北京大学东方语言系，专攻印地语；我们班的陈乌吉数理化成绩优秀，考上了天津大学的建筑系；彭晋潜则考上了四川大学的历史系……

在后来的岁月中，这些华侨同学虽然地处天南海北，经历也各不相同，但他们都和全国人民一道，经风雨，共患难，同甘共苦，共克时艰。改革开放以后，国家有了飞速的发展，华侨同学中的许多人在不同的岗位上为国家和人民做出了各自的贡献，另一些人因为不同的原因到香港或国外定居，也各自以不同的方式关心着祖国，支援着祖国的建设。

就拿我们班的两位华侨同学来说吧，陈乌吉同学是学建筑的，20世纪80年代初他就来到深圳工作，成为深圳最早的一批建设者之一，为这座新兴城市的兴起做出了贡献。可惜，他才四十多岁时，就身患癌症，英年早逝，实在令人惋惜！

彭晋潜同学则是华侨同学中比较杰出的代表人物。1965年，他从四川大学毕业后，分配到成都市文化宫中学，当了一名普通的人民教师。他勤勤恳恳，兢兢业业，二十年如一日，在平凡的岗位上做出了不平凡的成绩，多次荣获成都市先进教师、成都市教育工作先进工作者等称号。党的十一届三中全会后不久，他就光荣地加入了中国共产党。

改革开放一开始，彭晋潜就敏锐地洞察到社会需求的新动向，利用他独特的人脉资源，为学校聘请到三位教粤语和英语口语的老师，办起了全成都市第一个旅游职业班，结果大获成功。他热心侨务工作，骑着自行车跑遍了全市几十所中学，串联起上百位归国华侨，组建了全市教育系统的侨联小组，他本人也当选为成都市侨联的秘书长，并当选为成都市人大代表。

成立于1925年的中国致公党是我国的民主党派之一，由归侨、侨眷及有海外关系的代表性人士、专家学者组成。彭晋潜同时也是致公党的成员，20世纪80年代中期，他调到中国致公党四川省委员会，担任中国致公党四川省委员会的秘书长兼宣传部部长，主持机关工作，直至退休。在新的岗位上，他再一次做出了新的贡献，迅速成长为一位杰出的社会活动家。特别值得一提的是，1996年他与另外十几名客家知名人士一起，发起组建客家社团，次年经省民政厅批准，"四川客家海外联谊会"正式成立，他出任副会长兼秘书长，在团结海内外广大的客家人、弘扬客家文化、招商引资等方面做出了卓越的贡献。

多年以来，彭晋潜一直与七中的老同学们保持着深厚的友谊。他是我们班联谊活动的发起人和召集人，是名副其实的"彭大哥"，赢得了同学们的尊敬和爱戴。遗憾的是，他于2024年因病离世，享年八十七岁。

光阴似箭，岁月如歌，当我们回首往事时，总也忘不了曾与我们同窗的华侨同学，他们永远是我们的好兄弟！

> 彭晋潜同学生前曾向笔者提供了许多有关信息，在本文写作过程中，黄孝珍老师以及胡金良、唐清文等同学给予了很大帮助，谨此深表感谢！

弟弟遗物中的一枚七中教师校徽

孙剑锐[1]

1970年4月中旬，我家收到了一个炸药木箱和一个行李箱——装着我弟弟孙剑明的遗物。清理中发现，遗物中有一枚用手帕包着的成都七中校徽——弟弟是成都七中初1965届四班、高1968届二班的学生。奇怪的是，这枚校徽并非一枚白底红字的学生校徽，而是一枚红底金字的教师校徽，为什么呢？这个谜团一直萦绕在我心里整整半个世纪。

在成都七中建校一百一十五周年之际，学校筹建了校史馆。我家把弟弟这枚七中校徽和其他有关遗物捐赠给了母校。经学校校友联络组成员刘正平等老师的寻访、核实，终于揭开了谜团。

1968年弟弟报名参军，他的班主任周平宣老师把自己的教师校徽送给了学生班干部孙剑明，将千言万语浸润在这枚饱含师生情谊的校徽中。

完成新兵训练后，剑明被编入铁道兵第五师二十五团五营二十二连，参加了成昆铁路大会战。他好学肯干，吃苦耐劳，勇挑重担。抬边墙支撑架，他经常是一人扛一头，让另外两个战士扛一头；别人上一个班就累得不想动了，他却经常连上两个班。短短两年内，孙剑明先后加入党组织，担任副班长，评为团标兵，出席师代表大会。1970年，为执行中央"成昆线要快修"的命令，部队加快了施工进度。4月17日，剑明带领班组上完前夜班，在头几天隧道掉落碎石砸伤两名战友和无人带班的情况下，他又

---

[1] 作者为高1965届三班学生。

强打精神主动顶班，毅然带领后夜班组赶至隧道制立模板。不幸发生塌方，剑明与两名战友一起被砸在巨石下，牺牲在成昆铁路九道拐隧道中。

弟弟遗物中的七中教师校徽

弟弟虽然没有机会参加高考读大学，但是他在九道拐隧道施工中，从这枚小小的七中教师校徽中，吸取了极大的温暖和能量，努力践行"审是迁善，模范群伦"的校训和精神。

孙剑明烈士牺牲前在成昆铁路九道拐隧洞口留影

有一夜我梦见弟弟，头上缠着渗血的白色绷带，胸前佩戴着白底红字的七中校徽，坐在高考教室里，一丝不苟、埋头答卷……

各媒体报道孙润明等烈士事迹

参与建设成昆铁路的孙剑明等烈士们的事迹，先后在中央电视台和多个省市电视台播出。孙剑明烈士的遗物和照片，分别由中国铁建铁道兵纪念馆、攀枝花三线建设博物馆、成都市烈士陵园纪念馆、成都七中校史馆陈列展出

七中难忘的"文体情思"

马 忠[1]

因父亲工作调动，1970年我们全家人随父亲从重庆来到成都，我就读于和部队大院仅一墙之隔的成都七中。为了上学抄近路，我常和部队大院的小伙伴翻墙到校。我入读成都七中，感觉校园读书氛围比起我之前就读的学校还是好了许多。让我迄今难忘的是，在读书氛围之外，七中还有着浓郁的文艺和体育氛围。

文艺宣传队：奏响岁月的旋律

由于七中多年来的校园传统，加上学校毗邻四川音乐学院，校园内有很多川音子弟。或是因家庭的耳濡目染，这些川音子弟大都喜欢音乐。这为学校奠定了较好的文艺氛围和群众基础。

1971年春天，学校成立了文艺宣传队，我操着一把拉了几年的二胡，被班主任刘隆惠老师推荐加入了学校文艺宣传队。记忆中的刘隆惠老师非常慈祥，擅长弹三弦的她，经常利用课余时间辅导班上爱好文艺的同学们排练节目。

在刘老师的悉心引领下，班上文艺爱好者众多。在全校文艺会演中，我班同学以颇具难度的现代芭蕾舞剧《红色娘子军》中的第一场"常青指路，奔向红区"，获得全校文艺会演一等奖。

---

[1] 作者为高1974届六班学生。

2014年，全班四十多位同学在青城山欢聚数天。时隔四十多年之后，尤晋蓉、李永潮、田壮再次表演了《常青指路，奔向红区》这个唱段。

七中文艺宣传队成立后，利用课余时间和寒暑假，精心排练了不少当时走红的文艺节目。记忆中，这些节目有反映军民鱼水情的藏族集体舞《洗衣舞》、《白毛女》选段《窗花舞》，有相貌清纯秀气、年约二十岁的学校音乐老师、同学们口中的"小刘老师"独唱《翻身道情》，有本年级男生公认的"校花"李小青独唱《山丹丹开花红艳艳》（男女声伴唱），有男声小合唱《咱们的领袖毛泽东》，还有乐队器乐合奏《万泉河水清又清》等。

1971年底，在成都市中学生文艺会演中，七中文艺宣传队表演的舞蹈《洗衣舞》获得优秀奖。1972年春节期间，七中文艺宣传队又以"拥军爱民联欢活动"的名义，到附近的省军区机关、空八军机关进行慰问演出，受到驻军指战员的欢迎。

半个世纪过去了，除了当年宣传队的女声独唱，如学校教音乐的小刘老师、校学生会文艺部部长李小青，乐队成员我也还依稀记得几个名字，如拉手风琴的秦大平、拉小提琴的朱成、拉大提琴的南民等。那会儿排练之余，乐队成员常常一起即兴合奏一些喜爱的乐曲，如朝鲜电影《南江村的妇女》的插曲《故乡的骄傲》、朝鲜电影《卖花姑娘》中的乐曲、苏联歌曲《纺织姑娘》等。

如今的我依然保持着对音乐的热爱。前两年，有文友通过微信给我发来如今七中学生管弦乐团的演奏视频（他儿子曾是七中管弦乐团成员），看后深为学生管弦乐团高超的演奏水平所折服，同时也佩叹迄今半个世纪过去，七中依然秉承着让学生德智体美劳全面发展的教育方针，传承着校园文艺和文化氛围浓郁的优良传统！

"矮子篮球队"：独具特色的"小、快、灵、准"

俗话说得好："文体不分家。"半个世纪前的七中校园，不仅文艺氛围浓厚，体育活动也开展得有声有色。

入读七中不久，我和同年级的弟弟马建一起被选入学校篮球队。我们兄弟俩当年身高都是一米六六左右，在重庆十二岁时开始在篮球场上"打野球"。我俩虽然身高在篮球场上属于矮子，但经过几年"打野球"锻炼，有一定的弹跳力、奔跑速度和篮球基本功，特别是投篮命中率还行，所以球队教练安排我俩分别司职左右小前锋。记得当年球队场上主力阵容打组织后卫的张泗科、打接应后卫的王建华当时身高也在一米六五上下，中锋马骋身高也不过一米七五。

学校篮球队训练

那会儿的七中校篮球队队员，基本上都是和我同一个年级的校友。当时我们这些矮个子队员最崇拜的球星是四川男篮的绝对主力蒋克礼。身高一米七八的蒋克礼司职控球后卫，中距离投篮准，弹跳力出众，尤其是他的运球突破与传球更是神出鬼没，堪称当时国内篮球界的风云人物。

为了磨炼球队技术，武汉体育学院毕业的七中体育老师、校队教练冷玉阶对我们有的放矢地进行了训练，让我们从每个基础动作——运球、传接球、突破分边、盯人防守、区域联防、中锋抢位、前锋快下等练起，让从小"打野球"的我们，在球场上具备了一定的战术能力。

接下来，校篮球队与成都十二中、文化宫中学、锦江中学、成都工学院附中、盐道街中学、十六中以及省军区机关、空八军警卫连等球队进行了不少比赛，比赛结果输多赢少。赢的比赛多在本校球场进行，球场四周聚集着大量为主队呐喊助威的同学，其威力相当于球队的"精神原子弹"。输掉的比赛不是技术差多少，主要是身高差得多，一对一的防守和拼抢篮板球都很吃亏。

记得当时我班同学田壮是校学生会体育部部长，也是学校田径运动会跳高冠军保持者。当年身高一米六九的他，腿部肌肉形如青蛙，原地起跳可以单手抓篮圈，这个弹跳力摸高完全不输身高一米八五的同学。可惜田壮同学只善蹦跳却不会打球。

我的记忆中，成都十二中篮球队水平较高，主力阵容普遍身高在一米七五以上。该校队员王一还参加过省青年篮球集训队，技术优秀的他司职控球后卫，身高在一米八以上。与我队交锋过的文化宫中学、盐道街中学、锦江中学等队的队员也多是人高马大。我们场上主力阵容平均身高仅一米六七，主力中锋身高也才一米七五。

与外校比赛打多了，与我认识的外校队员开玩笑说，我们七中篮球队属于"矮子队"，就连我们也自叹身高"短板"。1972年暑假后，学校转学来了一个新同学郑金陵，身高一米八七的他弥补了球队中锋身高，但那是后话了。

针对七中篮球队队员普遍个子不高的"短板"，冷玉阶老师为球队制定了"小、快、灵、准"的四字战略方针：小，就是比赛中充分发挥小个子的特点，尽量少打阵地战；快，就是进攻时要做到传球快、下底快、突破快；灵，就是灵活运球传球，灵活变向突破，灵活寻找战机；准，就是一旦投篮出机会了，就要努力保证投篮命中率，因为小个子一旦投篮失准，在抢篮板方面是很吃亏的。

为参加1972年春季全市中学生篮球联赛(分几个片区)，校篮球队开始寒假集训，每天天蒙蒙亮，我们就起床，吃两个馒头后到校，先在校园内跑圈以加强体力，再由冷老师指导技战术方面的训练。

在春季全市中学生篮球联赛中，七中篮球队在场上奋力拼搏，以快打大，场上经常出现二打一、三打二的局面。王建华泥鳅般灵巧地运球过人、马建掩护出空位后的中距离投篮和快下上篮（他后来参军在部队专职打了四年篮球）、张泗科在场上沉稳组织等，都给观众留下深刻印象。虽然我队小组艰难出线后没能取得更好成绩，但独有的特色打法让各队纷纷称道。

一晃半个世纪过去了，当年翩翩少年郎，如今皆是白头翁。更让人唏嘘的是，那届校篮球队队员中的王建华、马骋及1972年秋季转校入队的张亚凡等人，都在六旬上下的年龄因病去世……

岁月飞逝如电，往事并不如烟。当年在七中篮球队的那段难忘岁月，至今让我回味无穷！

无月的中秋　无涯的七中

杨百彦[1]

    2024年，我从东京、首尔、北京、上海、成都一路旅行回来，在纽约写下这篇文章。在成都时，受到易国栋书记、张翼校长热情款待，嘱我为母校一百二十周年校庆写纪念文章。作为成都七中海外校友会的负责人，我义不容辞。

    2006年，我向母校捐赠汉白玉雕塑"成长"，安置于林荫校区美丽的曦园内。雕塑由重庆大学人文艺术学院院长、雕塑大师郭选昌教授创作，立于重庆洪崖洞景点的标志雕塑也是他的杰作。我委托他为七中创作这个雕塑，并刻下了"成长之力，向往之心，生生不息"，这既是我对母校欣欣向荣的祝福，也是对我和后来学子终身学习向善的勉励。

    "谁言寸草心，报得三春晖。"捐赠仪式时，母校请来了我的高中班主任陈道泩老师，物理龚廉光老师，化学杨洪吉老师，语文石嘉骏、涂伟谦、黄文芳老师，英语顾子卿老师，数学吴德仕老师，我做学生会主席时的辅导老师华如群老师。

    今年在我回成都的聚会以及毕业二十周年的聚会上，还有很多同学记得我写的作文《无月的中秋》。这篇作文获得了当年联合国中学生征文比赛奖，出版于后来结集的《八十年代中学生作文选》。一位考上北京师范大学的同学后来还给我看过当时的全国中学语文实验教材，里面选了我的这篇

---

[1] 作者为高1984届三班学生。

作文作为范文分析讲解。作文写的是那年的中秋住校的同学们都已回家了，只有一位家在四川什邡的女同学回不了家，我们年级一位很有爱心的女同学主动留下来陪她。成都的秋天总是多云，那年的中秋之夜月亮也一直没有露面。于是我写了这个发生在美丽的林荫校区宿舍的真实故事，虽然"无月"，但"有情"。获奖后这位主动助人的同学也得到了相应奖励。

与师友们在捐赠的汉白玉雕塑前合影

多年后我的孩子们考上了哈佛大学本科哈佛学院。院长喜欢说，世界范围内的教育正在发生翻天覆地的变化，人工智能、科技创新、社会变革都在改变学校的面貌、教育的模式，但是有一点是不变的：十几岁的年轻人仍然在一起体验他们人生中诸多的第一次。我永远记得我从电子科技大学原来的成电子弟校考上成都五中初中，再从五中考上七中，第一次来到美丽的林荫校区，第一次住校，十二个女生在一个大房间，有六张上下铺。晚自习有老师们在教室走动，及时提供帮助，课间休息时我在现在已经没有了的教学楼上下跑楼梯，回宿舍前再抓紧去操场跑两圈。第二年我在七中校运动会上的四百米项目中就拿了第一名，北大的新生运动会我还得了八百米第六名。我进入校学生会做副主席，主席是一位唐山地震孤儿。初中、高中阶段我都被评为成都市三好学生，作为学生会主席代表成都市、四川省在人民大会堂参加全国青联、全国学联大会，当选全国学联理事会常委。这些学生时代的经历奠定了我后来发展的基础，影响了我的一生。

1984年我是北大物理系在四川招收的最高分的学生，1988年我获得全额奖学金去美国留学，后来又得到商学院全额奖学金，取得了决策科学硕士、管理科学博士学位，在美国的伊利诺伊大学、加州大学、纽约理工大学商学院任教，也接受了四川大学、电子科技大学客座教授的职位。我曾经参与创办了留美金融学会，担任UCLA中国学生学者联合会会长、私立学校校董、国际领袖基金会顾问。1995年我作为成都七中海外校友会会长，就校庆九十周年向学校发贺电，赠送贺礼。我也接待过七中杨礼校长、陈道浕老师、龚廉光老师等来美访问。

时光荏苒，母校七中享誉中外，桃李遍天下，我只是七中教书育人的参天大树上的一片叶子，如今我的同学们都已是栋梁之材。2018年我回北大参加北大一百二十周年校庆，如今七中也将在2025年4月12日迎来一百二十周年华诞，林荫校区也将焕然一新。2014年我参观过七中引领时代的高新校区，2024年夏天易书记又安排安老师带我参观了崭新的七中东部校区，巍峨的博雅楼，专业精备的教室，包括物理竞赛教室、智慧书法教室，让人羡慕如今的孩子们能在如此优越的环境中跟随杰出的老师们遵照卓越的规划学习成长，收获他们许多人生的第一次宝贵经历。

希望孩子们习得真知，永远铭记母校，回馈母校。"滴水之恩，当涌泉相报。"生亦有涯，而学亦无涯。七中为我打开了终身学习的大门，我感谢母校，祝福母校！

回首历历来时路，难忘"无月的中秋"，无涯的七中，无悔的青春！

那座山
——致我们这一代人

匡 宇[①]

三十年了，我已中年。

如果不特别地回忆，或者因为某些契机的推动，很多人和事，就从此沉入时间的深海。

在日常生活的各种操劳和烦事中，记忆虽然一直都在那儿，但却不再轻易浮现或被提取。即使它们如同水母般缓缓上浮，在意识的海面闪烁着微弱光芒，沉默如谜的呼吸也似是井中月般，将当时静观。

就此而言，似乎，回忆并不会改变什么——如同池塘中的莲花并不记得去年在水面绽放的位置。

但是，人是一种很奇怪的生物。只有当这种生命将时间中的记忆沉淀下去之后，低于所有的风，低于所有世界的星光，低于那些当下的一切喧哗与骚动，回忆的力量才顽固、持续而强大地显现，并潜移默化地重组着人的自我与未来。

已逝去的过往，犹如山林中的洞穴。这洞穴，幽深而曲折：于静寂之中见人群的行止，于骤起风声之中听自语的孤音。当我们远望山林，获得的是山林的轮廓；那山林之中的细微而破碎的存在，等待我们的深入和沉潜。而"想起"一件往事，和"回忆"一件往事的不同之处在于：前者仅仅

---

① 作者为高1997届三班学生。

是意识上的唤醒，而后者却是我们所有感官凝结于往事的那一点上的复苏。

回忆如鲸落，一念万物生。

尽管时间不停吃下我们的记忆，我们却始终吞咽并反刍着人生的报答。回忆，意味着可以再一次拾起十四岁时摘下的蜡梅花瓣；意味着可以听见雪停之后操场上传来的细碎微响；意味着可以重新步入办公楼前早上七点半的晨雾与丁达尔效应中的霞光；意味着可以嗅到同桌偶然转身带动的长发飘过的海飞丝清香；意味着，我们可以在多年以后的现在，一次又一次踏入曾经在最后一个儿童节的那天登临过的那座山……

那座山，名青城。在那次登临的之前和之后，我多次去过这座山。但是，唯有那一次登临的山，是我记忆中最苍翠、最迅捷、最不幽深的青城。

那时，我们从山脚之处迈步，步伐轻快、谈笑风生。我们一度在山路曲折之处稍息，一度在山路分岔之处问道。我们不知前方和身后有何风景，我们彼此相伴，同行林荫中。我们一度以为，上山的路与下山的路是同一条路，却不知山中多歧路，有时平有时缓，有时陡有时急。我们一度并不知晓，这一次的攀登，意味着我们与童年的告别以及与青春的照面。

当我们终于站到青城山之巅，站在这座海拔并不算高的青山之顶，凝视着层叠无尽的山脉和远方朦胧的平原，听着松风疾涌而过，所有的壮丽在眼前展开——那时候，我们尚未能够预见到三十年后的今天，会对当时进行回望与探寻；我们希望见到而在当时却并未实际见到的，无非是"过沙溪急，霜溪冷，月溪明；但远山长，云山乱，晓山青"。

去年年底，有同学回国小聚。席间，我对身边某朋友说：我们这一代人啊，几乎大多数是78年、79年生人，现在想来，我们和中国的改革开放几乎是同时的，我们这代人，就是见证着改革开放的同代人啊……

曾经，我们问道并登临的那座青山，依然万古长存地矗立在天地之间。天地如逆旅，我亦是行人。世事绝非稼轩所谓的"我见青山多妩媚，料青山见我应如是"——在这好道且问道的途中，我的人生已到中途，实际的情形是，"我见青山多妩媚，料青山见我如灰苔"。

然而，当我在山中的某处角落，行到水穷坐看云起，无意间遇见了一位名叫"记忆"的林中老人。他所带来的，是在这问道途中的友谊和同行，是另一个体长久徘徊生活于林间之后的偶然现身。他就是偶然性本身，就是让我沉迷忘返的时间与生命中的偶然。而这种相遇、友谊以及它们的偶然性，正是在疲倦和品尝各种滋味之后，人生道路之开端的再次降临与体贴，以及我对此的迎接与欣喜。

回想这几年以来，尤其是新冠疫情期间与各色人等的交流，我似乎重新认识了你们，重新认识了记忆和现实中的人。原来，三十年之后的价值观、世界观和人生观的共鸣，早已经命中注定般在三十年前那座山的危崖深谷之中的呼声与回音中回荡着。

就绝对的冷却而言，所有的燃烧都是不充分的。我们就是尚未被充分燃烧的材料。而我们的谈论所涉，只是关于往事、回忆以及各种余料的燃烧，或者火苗。

我们知道我们观看的东西，我们知道我们应该观看的东西。我们仅仅确保自己观看的东西符合自己应该观看的东西。

我们沉着地占有，尽其所能地寻觅，不必惊异，完成世界。

我们的凝视通达世界。我们并不是简单地模仿自然、描述现实、屈尊历史；并不草率地将目光从我们自身固有的位置移开，并不屈服地完成自我的被褫夺与被放逐。

回忆与凝视，在隐而不显的暗夜里，开掘出一道断层，以便用话语、思绪、光亮和色彩，充满柔情地或强行地挖掘出可见者的世界，在星河下，在沉思中，在我们心甘情愿投掷性命的大决绝中，在我们不愿对之服从的不服从里。

宋人晏几道在一首词中曾写道：当时明月在，曾照彩云归。

我们之所以震颤惊异，并非因为少年人的懵懂，而是由于生命初初绽放时这玫瑰色的醇粹，以及对这种绽放的初次自我觉醒；我们之所以喜悦长久，并非因为记忆的网结不厌其烦地一再捕获我们，而是由于我们如此热爱在时间的偶然中，居然彼此相遇、相识、相知——就像张爱玲曾经写道：

（于千万人之中遇见你所遇见的人，于千万年之中时间的无涯的荒野里，没有早一步，也没有晚一步，正巧赶上了，那也没有什么别的可说，唯有轻轻问一句："哦，你也在这里吗？"）

墨池同学当择善固执
——怀念我的外公

张洁洁[1]

我的外公陈永熙，曾就读于成都县立中学高十一班。我们家三代七中人，外公1940年入学，比我早五十四个年头，比他的曾外孙更是早了八十四个年头。外公1922年出生于四川省汉源县九襄镇，那时候正是动荡和变革的时期。外公本有兄弟姊妹共十人，由于缺医少药，大部分自小夭折。他的母亲遭地痞流氓迫害冤死，父亲在大饥荒时期饿毙。每当思亲梦萦，外公总是潸然泪下。

外公1940年负笈来蓉，考入成都县立中学高中。毕业时，因成绩优异，被内迁到重庆沙坪坝的民国第一高等学府——国立中央大学的经济学专业录取。1947年，面对国民党的倒行逆施，外公投身"五二〇"运动，还担任了武汉大学进步刊物《珞珈学报》的通讯员，报道学生运动情况。1948年，外公从中央大学毕业，时任西康省主席的刘文辉拨发路费，要求他回乡为桑梓服务。

外公热爱学习，晚年生活以读书看报、研习书法为乐，常常戴着老花镜，一伏案就是半日。他生活节俭，一日三餐往往就着牛奶用蒸好的红薯拌饭，但他对亲朋好友却很慷慨。耄耋之年，他要求我们教他使用手机、电脑，并学会了每天上网查阅国际国内新闻大事，时常感叹"晚逢盛世，殊

---

[1] 作者为高2000届三班学生。

堪欣慰"。外公在成都县立中学的同学毕业后，散落天涯海角。在那个没有网络的年代，我总是能时不时接到远方打来的陌生电话，但外公则开心地接过去，大声闲聊半晌。

外公对母校一直情深义重。在我小时候，他常常跟我提起太平乡银桂桥的老校址，以及学校迁往青龙街的往事，因为那里留下了他学生时代的美好记忆。外公还常常提到解子光校长、杨礼校长等，言语之间对这些名校长尊敬有加。解子光校长和外公同年，在七中工作二十六年，2005年百年校庆时，曾亲自主持《成都七中百年校志（1905—2005）》的编撰工作。这本校志卷帙浩繁，是个大部头作品。我仔细阅读后认为体系庞大，内容翔实，足见编撰人呕心沥血，下了苦功夫。

2018年9月，外公刚过完九十六岁寿诞。27日，校友联络办负责人刘正平、石峰两位老师专程来到家里拜访他。外公听说是母校来的老师，便颤颤巍巍地从卧室里捧出他珍藏大半生的《成都县立中学高中班第十一班同学录》，亲手交给了两位老师，请他们代为捐赠给学校。外公慢慢翻开同学录，一一讲述了他求学时期的各位师长，其中不乏鸿儒大家，他能够详细回忆各位老师的教学风姿和生平轶事。除了同学们耳熟能详的诸多名师，他还提到中国象棋理论的奠基人与顶级国手、有"无冕棋王"之誉的佛学大师贾题韬先生也曾被成县中聘为教师，为学生讲授"形式逻辑与道家哲学"。贾老先生曾组织学生游击队英勇抗日，1938年，他因病移居四川，后任光华大学、成都大学及内迁的金陵大学的副教授、教授。没想到在贾老先生任教大学前，外公这群中学生还能有幸在成县中课堂得大师亲授真知灼见，足见当时成县中广纳贤才、云集大咖的治校理念。

不知道从何时开始，从远方打来找外公聊天的电话越来越少了。2022年，在新冠疫情成强弩之末的那个盛夏，外公的精神状态已大不如前。我回了一趟母校，看到了静静躺在玻璃橱窗里的高十一班同学录。到家后，我拿出手机，把拍摄的校史馆照片一张张给外公看。他越发瘦弱了，整个人没精打采地窝在椅子里，脸色蜡黄，只能用眼睛直勾勾地盯着照片看，不断发出"嗯""嗯"的声音回应我。当他看到校史馆墙上印的由龚向农作词、邓静安作曲的《成都县立中学校歌》时，突然来了精神，竟一字不差地缓缓唱了起来："井络吐曜兮，汶江炳灵。蜀郡首都兮，世载其英……"这是我第一次听成县中的老校友唱老校歌。我望向外公，看到他深深凹陷的眼眶中噙着昏黄浑浊的泪珠……

在那本高十一班同学录上，时任成都县立中学校长的孙少芝先生题写了《高十一班毕业纪念赠言》："墨池同学有好学的精神，有互助的精神，尊师爱校，质朴无华，这都是无上美德。修身之道，重在择（善）固执。诸生永远保持此等美德，扩而光之，则在校为好学生，在社会为好国民，在国家为柱石矣！"是啊！墨池同学，当择善固执。外公牢记了少芝先生的毕业赠言，他一生都在坚持做善良、正确的事情。

光阴荏苒，岁月倥偬。站在母校一百二十周年校庆的时间点回望过去，不禁感慨时光无涯，已温柔地走过百廿年。外公所在的高十一班恐怕已无人在世，他也不过是从学校毕业的莘莘学子中的平凡一员，但是他留下的七中精神却永远让我追随。

在成都七中就读是什么样的体验

陈 睿[①]

回忆起来，七中对我的影响是很大的，比如我走向互联网之路就与七中有关。本来我更喜爱文科，但是进入七中后迷上了计算机，后来转职成为一名理科技术员。

我进入七中是 1993 年，七中在高一就开设了计算机编程课程。不仅如此，在我的班级，还有一批同学在初中就擅长编程，比如曾任搜狗公司 CEO[②] 的王小川。

高中三年，计算机知识一直是班上同学们的热门话题。那时没有互联网，计算机书籍也很少，如果不是在七中，我是无法接触到计算机知识的。我记得王小川向我讲解什么是"格式化"，什么是"MODEM"。我学完 BASIC 之后本来想学习 PASCAL，他建议我直接学 C 语言，于是我在 1994 年就开始用 C 语言编程。班上不少同学都买了电脑，于是大家会互相拷贝软件和游戏。七中对面是成都电脑城，我放学后的一大乐趣就是逛电脑城，流着口水看各种顶级硬件。记得 1996 年一块奔腾 166 的 CPU 要卖六千元，按购买力推算，放到现在能买一辆轿车了。

在这种氛围的影响下，不少同学在后来都走向了 IT 和互联网行业。那时还没有素质教育一说，但是七中一直鼓励学生发展各种课余爱好，而不是只应付考试。高一和高二，七中在下午只安排两节课，下课后就是参加

[①] 作者为高 1996 届一班学生。本文选自知乎网，有删改。
[②] 即首席执行官。——编者注

课外活动和各种兴趣小组。高中三年都是双休，直到高三才有晚自习。而这种安排丝毫没有影响学生的高考成绩。我们班上五十人，考上清华的就有五个，一半以上都考上一线名校。

这就是我在七中读书的一种体验吧。

那 年

叶 飞[①]

那年，你去看高考考场。彼时的高三，是在七中刚竣工没两年的新教学楼顶楼上课，桌椅板凳都还是新的。你的班在上楼右边过道尽头最里面的那一间，可以说是全校最安静、最不受打扰的教室了。你的高考考场居然就在这间教室，高考座位还是你平时上课的位置，天底下真的有这样的奇事！你瞬间就"后悔"了，怎么没有提前在自己的课桌上做个记号啥的，说不定能多得几分。

那年，你拿着一个叫作随身听的东西向同学炫耀。真是个好玩意儿，不到书的一半那么大，插上耳机，世界立马就安静了，再插入一盒磁带，听一首张学友的新歌《吻别》，坐在楼前满廊的七里香下，淡淡的花香中，一缕阳光斜照，周围忙碌的同学来来往往，寰宇间，天高云淡，法力无边。你说高中毕业了你要和全班同学"吻别"，大家说："呸，想亲班上哪个女生就明说，哥几个才不会沾你的口水呢。"

那年，你参加学农。学农实际就是帮助农民做农活，培养学生吃苦耐劳的品质。在简阳的某处农场，学会了垄田、除草、施肥、打苗……种种技能，各样功夫。十分辛苦谈不上，但每天还是腰酸背痛，关键是饭量大增。几片本来就不富余的肉片，被几个眼疾手快的小子给夺了去，慢一点的只能舀一勺漂着薄薄油花的汤。没办法，只能冒着被惩罚的风险，几个

[①] 作者为初1990届一班、高1993届四班学生。

人去农场外的集镇凑钱买一块烤鸡或者烧鹅。教员睁一只眼闭一只眼，知道这几个馋鬼学生只是想打打牙祭。

那年，你还没长个，身材瘦小，一颗小虎牙撅得老高，感觉能把嘴皮戳破。你的眼神机灵，似乎透露出你在班上的成绩名列前茅。你似乎喜欢班上哪位女生，但你们是平行线，平行线隔得再近能相交吗？可后来偶然听说你们结婚了。而今眼目下你们在哪呢？毕业后就没再见过，甚是想念。

那年，你的外号叫"圆子二"。学校的伙食还是不错的，红橙黄绿，荤素搭配。食堂在小操场的后面，是一排低矮的小平房。座位不够，很多同学就坐在平房外面的花台上吃饭，或三三两两，或独自为阵。你最爱吃的是圆子，点得最多的自然是圆子，外加二两米饭。在点菜窗口前，你总爱高声叫"圆子二"，久而久之，圆子二就变成了你的名字。那时打饭还要粮票，有同学忘带粮票，你总会慷慨相借，也不催人还，后来粮票一夜间取消了，不知同学借你的粮票还了没，也可能之后还了，但已经用不出去。权当收藏吧！对不起！圆子二！

那年，你刚参加七中管乐队。管乐队才成立没多久，感觉没几条"枪"，但基本结构是凑齐了。凑齐了，就得拉出来遛遛，于是西去卧龙，南下昆明。成昆铁路线上，绿皮车厢里，要坐十几二十个小时。大家无所事事，昏昏欲睡。领队老师心血来潮："要不大家在车厢里来上几段？"说干就干，于是长枪短炮，各式家当纷纷搬出。左一首《运动员进行曲》，右一首《欢迎进行曲》，后面还亮出了《义勇军进行曲》，吓得连列车长都出动了，以为是哪个首长莅临了他的这一处"小庙"，急忙过来"参拜"。得知真实情况后，一脸嫌弃，丢下一句"不要打扰其他乘客休息"，悻悻地走了，扔下一队面面相觑怀抱丝竹号管的老老少少。

那年，你参加班会。班会主题是表现成都中小学生为"未来号"天桥修建建言献策、集资捐款的情景。"未来号"天桥是号召成都中小学生变卖废品集资捐款修建的，在骡马市玉龙街附近。班会是示范班会，当场摄像。当你戴着一顶明显大你头围一圈的红色安全帽，穿着一套松松垮垮的建筑工作服，装扮成工人师傅的样子，似笑非笑、若有所思、像鬼子进村般鬼鬼祟祟上场的时候，大家都竭力憋着笑。当你操着一口浓郁的"川普"，望着意念中的"未来号",开腔说了一句"看,这就是我们的未来号",全班已经笑得前仰后合,摄像机明晃晃、空洞洞的镜头和班主任犀利的眼神与旁听老师尴尬的表情至今难忘。这次班会的录像带在哪儿呢?真想看看那时活宝一样的我们。

那年,你得知已被七中录取,你俨然成为全家人的骄傲。尽管七中离你家很远,骑车差不多要一个小时;尽管七中门口还是田坝,从新南路进来还要再走一段机耕道才能到老校门;尽管七中只有两栋低矮的教学楼,斑驳的墙壁上爬满了青藤,地板只要有人跑动就会微微颤动,但,那又怎样?她是七中。你想时时刻刻都告诉别人你是七中的学生,你想一直戴着那枚方方正正的镌刻有白底红字"成都七中"字样的校徽在居民区里趾高气扬地招摇过市。是呀,她就是七中!

  如今
  你,你,和你
  都已过知天命之年
  但,她
  我们的七中
  依然年轻、漂亮、充满朝气
  虽然
  她已一百有廿
  但,她
  永远是我们心目中的那个
  成都七中
  从来都没有改变!

心之所向　笔之所至
——记我们难以忘怀的林荫往事

田　敏[①]

时值母校一百二十周年校庆之际，同学们纷纷应邀回忆、书写林荫往事。写什么？怎么写？我在灯下静静地回想，慢慢地忆起我在七中的日子，那早已融入血脉的六年里的一点一滴。本以为已久远得褪色的记忆，就像早已定格的影片一幕幕在脑海中回放，清晰得如在眼前。我不用再煞费苦心地思考如何谋篇布局、前后照应，那难以忘怀的七中岁月就这么像喷泉一样涌向笔尖，可谓心之所向，笔之所至。那么，就让我跟随我的心回到久违的校园吧！

校园的变迁

1987年，我以全班第一的成绩从龙江路小学进入七中——这所在成都市闻名遐迩的中学。时至今日，我依然还能清晰地记得校园的每个角落。

初中时的校门很不起眼，在一条狭长的小路尽头。步入校门，左右两侧是两栋灰色的两层教学楼，木制的桌椅在岁月的侵袭下变得残破。教室里只有八盏日光灯，灯光昏暗，而且冬日电力紧张时还时常停电。停电时每一个同学的桌上就会摇曳起一支白色蜡烛，黄色的烛光下是我们稚气未脱的脸庞。教学楼的尽头，是那栋被绿色的爬山虎包围得严严实实的教师

[①] 作者为初1990届三班、高1993届一班学生。

办公楼，绿色的藤蔓肆意地生长着，窗户都快消失了。那时的我，有一个异想，如果大门都被遮挡了，老师们是否会像林中的精灵一样，从窗口顺着藤蔓而下？办公楼和教学楼之间，横亘着一条顶着花架的廊道，每到春天，就会一丛丛、一簇簇地盛开着白色的七里香，甜蜜而芬芳，一如我此刻回忆时的心境。我仿佛看见当年的自己坐在花架之下，读着喜欢的书本，阳光透过花蔓落下来，在书本上留下斑驳的光影。微风过处，白色的花瓣雨簌簌而下，花下的自己有些出神。

1990年，新教学楼建好的时候，我正逢高一。在那栋白色的蝶形的建筑里，我度过了三年苦中含甘的高中生活。两年前，同学们相约又返母校，我们在楼里寻找曾经的教室，当年簇新的课桌椅已变得残旧。

穿过办公楼，是一个四周栽满树的小操场，常常被指派为我班打扫的公区。我曾经很多次描绘着它的草图。作为生活委员的我，需要划分每个小组的区域，然后把任务分派下去。那个时候，我特别不喜欢秋天，并非是因为"悲寂寥"，而是"悲落叶"。拿着长长叉头扫把的我们，在那个时候无论怎么努力，都清扫不完那随时飘落而至的落叶。那个时候有个不成文的规定，每周由一个小组承接做清洁的任务，如果那周没有获得清洁红旗，那么该小组继续做清洁一周，直到夺回清洁红旗为止。如此，"落叶"往往成为得不到红旗的罪魁祸首。某位未来的宣传部部长在继续做清洁的第二周，因落叶完不成任务而抱着大树痛哭的情景至今历历在目。

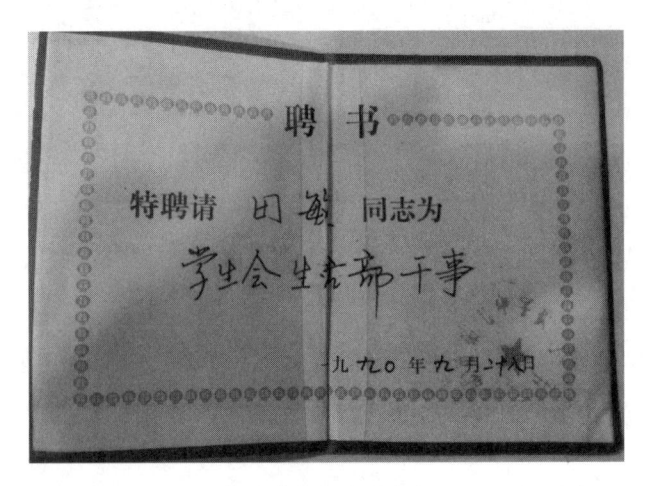

我的学生会干事聘书

所幸，那个操场在高中的时候变成了有亭台楼阁的花园，也就是后来我们熟知的"曦园"。

我坐在灯下，穿越时光回到从前的校园，其实骨子里是缅怀自己匆匆而去的青葱岁月，回忆与自己共度六年的亲爱的老师和同窗，那里有着我们或悲或喜的记忆，难以忘怀。

我的老师、我的同学

我的第一任班主任王培慧，记忆中很像日本影星山口百惠。从第一堂英语课起，她那流利的不含中文的全英文教学，极大地锻炼了我们的听力和语感。她虽然年轻，却给了我们发挥的广阔空间，初1990届三班以活跃灵动而出名，创造了当年校园里的多项纪录。同学们，你们还记得歌咏比赛我们拿的那个丝毫没有争议的第一名吗？那如同天籁的童音领唱，一开口便震惊全场，唱完后的余音岂止绕梁三日，简直是长存人心多年。还记得我们班的体育健将吗？瘦高的"旗杆"、挺拔的"禾苗"是校排球队的主力，在他们的带领下，我们在一次次校运会上，多次刷新校运会的历史记录。还记得精灵古怪的那些"费头子"吗？他们发散性的、有创造性的思维经常让上课老师惊诧不已，一堂课经常被他们弄得有声有色，因此我们班常常被选去上公开课。

我的初中地理老师张军，是位一头短发、行事利落的女子。我初一时当了一年地理科代表。因为有她，我热爱上了地理；因为有她，我喜欢上了山城女子豪爽的性格。那时的我胆小害羞，从不主动举手回答问题，她却偏偏喜欢点我的名。一次在课堂上，她说："下道题当然由我们的科代表来回答。"我硬着头皮，用一副豁出去的样子答完坐下。她笑着说："我怎么觉得，我们的科代表怎么就像奔赴刑场准备英勇就义呢？"大家哄堂大笑，我也不好意思地跟着笑成一团。写到这里，我不由笑了，当年的情景历历在目，我陷入回忆不能自拔。那些难忘的岁月在过去多年以后，我仍然铭刻于心，寄寓其中的爱与温暖永不消逝。

高一的班主任是教物理的王德琼老师，个子虽小却蕴含着巨大的能量，她对我们要求很严格，那双锐利的眼睛对我们有极大的威慑作用。她又很慈祥，就像是高1993届五班的灵魂核心，把我们紧紧地团结在一起。我不会忘记那些为了清洁流动红旗我们所付出的辛劳。当年作为生活委员的我，在王老师的指导下甚至开创了用洗衣粉清洗教室地面的举措。每周六，打扫完的教室窗明几净，黑板槽、桌椅黑色的端头、地面甚至日光灯罩都一尘不染，以至于来检查的校学生会生活部的学长们都不忍踏足。对于我们来说红旗不是流动的，而是固定地悬挂在我们班的教室里的。因为五班在清洁卫生上的突出表现，高一开学几周后就吸引了学生会的关注，某日两位学长突发而至，热情邀请我加入学生会生活部。我却傻傻地问道："生活部是干什么的？"

高二文理分科以后，范学翰成为我们的地理老师。看到这个名字，他的亲切样貌就清晰地浮现在眼前。他知识渊博，有着学者风范，让我们深深折服。上他的课，完全是如沐春风，我那糊成一团的高中地理知识瞬间就被厘清了，真的是茅塞顿开啊！我从来没有看到他用严厉的语气批评过任何一位同学，他总是慈祥地对我们说："不着急，慢慢来。"

颜值爆表的王正可老师，是我高中的语文老师。当年的她风华正茂，靓丽逼人，是众多同学心目中当之无愧的女神。还记得王老师要求每个人必写的"百号作文"吗？每一位同学的练笔她都会认真地批改，"很棒""很美、很美""抄一份备用"……为了博得她的赞语，我们不遗余力地写着、练着、交流着，经历了几个"百号作文"之后，我们从最初的一写就抓头抠脑壳发展到后来一挥而就，写作如行云流水般畅快。她对我们语文素养的培养让我们受益至今。同学当中有的成为大编辑、名记者，有的成为所在单位宣传部的部长，还有的理所当然地成为笔杆子，写汇报材料、工作总结那是信手拈来，毫不费力。还记得我曾写过校园里绚烂的蔷薇，"远远的，我看见它用热情的火焰燃烧在墙围"，王老师批"抄一份备用"。今日的蔷薇再次绽放，又燃烧了我对七中的拳拳热爱之心。

我的笔跟随我的心走走停停，灯下的我时而微笑、时而泪奔，甜蜜而幸福。我深深地感谢培养我多年的母校和老师，是他们让我成为现在的自己。家人说我的七中情结过于浓厚，那是因为他们不知道作为七中人，是一件多么令人自豪和幸福的事情！再次感谢王老师让我有了这次写作的机会，使我有机会跨越时光，重温昔日那些珍藏在自己心灵深处的爱与温暖。

难忘七中岁月

蒲 逊[①]

我是 20 世纪 80 年代在七中读书的。那时的七中校园被大片的农田环绕，仿佛世外桃源。那里有开放自由的风气，更有蓬勃飞扬的青春。回望那段岁月，仿佛翻开一本老旧的相册，里面一张张照片的色彩没有因时光流逝而黯淡，反而愈加五彩斑斓、流光溢彩。

那个年代万象更新、生机勃勃，全社会兴起文学、艺术的热潮，七中学子更是领风气之先。各个班级可谓藏龙卧虎，喜爱文艺的才子们经常聚在一起谈诗论文，各种自发创作的诗歌、报告文学、武侠小说不断涌现，校园文学社、记者团应运而生。

记得大家为给新成立的文学社起名而冥思苦想，但众口难调，意见始终难以统一。最后，语文老师石家骏引用鲁迅先生的《朝花夕拾》，拍板定名"朝花"。当时还有个别同学暗暗吐槽，觉得这个名字稍显"土气"，然而漫长的时光沉淀后，却越发觉出它的精妙：朝花——清晨的盛开的花朵，含着朝露的花朵，不正象征着我们绽放的青春吗？

印象挺深的是编印朝花文学社的小报。我们几个编委先到各个班级收集稿件，编辑排版后，找字写得好的同学用刻字笔在垫着钢板的蜡纸上刻写。教学楼楼上一间小阁楼是油印室，我们放学后来到这里。阳光透过窗外的大树，投进斑驳的光影；老旧的木地板在脚下嘎吱作响；沾满油墨的

[①] 作者为初 1984 届二班、高 1987 届四班学生。

滚筒在简易的油印机上一遍遍滚过,一张张报纸便印出来,而我们脸上、手上、身上到处蹭上了油墨,几乎成了花猫。当我们将装订成册的《朝花》小报分发到各个班级,看到同学们争相传阅,心中不由生出一丝成就感。

文学社成员曾拜访文坛名家马识途、艾芜、流沙河,与盐道街中学、眉山中学等学校文学社交流联欢……我和何亚军同学为写一首描写川西农村的诗,到府南河边反复吟诵、修改。当时颇有影响的《中学生文艺》还介绍了七中文学社的活动。

记者团的活动同样丰富。印象中我采访过七中校友——小说《红岩》中孙明霞的原型、重庆渣滓洞监狱幸存者曾紫霞;当时热血勇士漂流长江是轰动一时的社会热点,两位"长漂"英雄被请到学校来做报告,我们对他们进行了采访报道;者阴山作战中的"滚雷英雄"安忠文来学校做报告,我采访他后写的报道被登在校园的黑板报上,《中国教育报》的记者来七中访问时看到报道,不久后将这篇文章发表在《中国教育报》上。我们还和当时的《成都晚报》建立联系,不断有作品发表在晚报的《苗地》专栏,为此《成都晚报》给七中记者团的成员颁发了"成都市中学生记者证"。

1986年的暑假,文学社和记者团成员凭着这张中学生记者证在新桥电影院免费看了一个多月电影。记得当时看的电影有《黑炮事件》《红衣少女》等。看完电影后大家还展开讨论,写出影评。后来不少同学的影评在成都市中学生影评大赛中获奖。

对我的人生影响最大的是那次排演校园戏剧的经历,用现在的话说,就是命运的齿轮开始转动。我们高1987届四班一向在学校的各项活动中表现活跃,为迎接1986年的"红五月"演出,大家铆足了劲要搞出一个与众不同的节目,于是想到排演一出话剧。

我和尤文同学找到成都市话剧团,拿出"中学生记者证"对门卫师傅说:"我们是成都七中的学生,想找一个导演……"没想到门卫真的打电话找来了富有经验的中年女演员罗蕴丽老师,罗老师竟也真的答应当我们的导演。话剧排练完后在学校首演,立刻引起了轰动。不久后,我们演出的话剧《群猴》和另一个班的同学创作的小话剧《阿Q歪传》一同入选首届四川省青春杯校园戏剧大赛。参加那次比赛的大多是四川各地的大学,如四川大学、成都中医学院、四川音乐学院、川北医学院等，成都七中是参赛单位中唯一一所中学。

比赛的日子到了，除了我们参演的同学，不少师生都动员起来：有同学抱来家人穿的旗袍、中山装作为我们的服装；有同学从家中带来化妆品；有老师当起了化妆师、发型师……

我上台时有些懵，感到灯光是那样耀眼，舞台是那样空阔，台下黑压压的观众更带来一种威压感。但此时容不得杂念，更没有退路，我渐渐镇定下来，进入了角色……

演出获得了成功，独幕剧《群猴》在大赛中获得了优秀剧目奖，我和蔡咏松同学、王军同学、骆颂同学还获得了优秀表演奖。

我们的《群猴》后来还到成都十九中等多所中学进行巡演。那时的学校条件普遍不太好，舞台都很简陋，有的就只有操场上坑洼不平的主席台，没有灯光，没有布景，但我们的演出每次都很受欢迎。现在想来，其实我们的表演很幼稚，更多是因他们对七中竟有如此多姿多彩的校园文化而感到惊讶和新奇吧。

命运的齿轮继续转动，我偶然从报纸上看到了中央戏剧学院的招生简章，而戏剧文学系那一年西南地区的考点就设在成都。参加校园戏剧大赛的经历将戏剧的种子埋在了我的心间，现在，这颗种子开始萌动、发芽了，迷茫的前方依稀有了新的光亮。

四个月后，我参加了中央戏剧学院戏剧文学系的专业考试。刚进考场时我不禁有些发怵——当时戏剧学院编、导专业的录取年龄放宽到三十岁，考生中不乏因文化课不过关而多次参加考试的社会青年，一个个看上去成熟而有个性，文艺范儿十足；而我只是一个还没有走出校门的中学生，显得那样青涩、稚嫩。然而，七中的学习生活锻炼了我不服输的性格，发表过的作品装订在一起有厚厚的两册，也给了我底气。我沉下心来，进入到考试的状态。

不久我通过初试进入了复试，复试的内容是看电影《简·爱》，当场写一篇影评。我在考场上奋笔疾书，那些拿着中学生记者证在新桥电影院看免费电影、写影评的经历，都成了积淀在内心的力量……

如今我已成为专业编剧，每当有创作的作品在全国各地现代时尚的大剧院上演时，我常不由自主地回想起当年那个简陋的舞台，那是我出发的地方。

回首往事，常常惊叹自己的中学生活如此丰富多彩，惊叹作为一个顶尖中学，成都七中能给予学生最大的自由和空间，老师们总是用殷切的目光和宽厚包容的微笑鼓励学生探索前行。

今生难忘，难忘七中岁月！

我的七中故事

李佳妮[1]

九月的秋风还未带走夏日的暑气,傍晚的凉意已预示着季节的更替。偶然在公众号上看到母校成都七中即将迎来一百二十周年校庆的消息,我的思绪不禁飞回十几年前在墨池旁琅琅书声中度过的一千多个日日夜夜,一时间感慨万千。

蓦然回首,已过而立之年的我才深切地体会到高中的时光是多么充满活力且富有诗意。那时生活还没有展现让人无奈甚至倍感残酷的一面,一切如同朝阳一样熠熠生辉。我和我的同学们在缘分下聚在一起,在成都七中度过了对一生都产生了重要影响的三年。

说到高中生活,对我现在的工作生活都产生了直接、深远影响的最重要的一段,当数参加生物竞赛的经历了。高一入学以后,在懵懵懂懂的兴趣的指引下,我加入了学校的生物竞赛班,开启了我和生命科学的缘分。生命科学向我展示了一个我从未了解的、新奇的、神秘的、魔术一般神奇而又充满诗意的世界:分子生物学向我揭示了DNA(脱氧核糖核酸)是如何通过四种核苷酸的组合编织成生物的遗传密码,其中的异常变化又是怎样导致了疾病的发展;生物化学向我展示了此前我从未涉足的微观世界,一个分子的葡萄糖怎样分解,怎样精确而又高效地既给细胞供能,又产生很多"原料"用于其他的生化反应,人类的智慧实在无法建造出这样精密的机

---

[1] 作者为高2009届八班学生。

器；植物解剖和分类学教我怎样在大自然多样的植物中寻找其共同特征，多姿多彩的植物界又展现出一种神奇的规律感……我现在依然很难用语言精确描述出我的震惊与感动，正是在这种感召下，我确定了自己未来深造的方向。我要深深感谢我的竞赛指导老师文宗老师。现在每年都能看到参加生物竞赛的学弟学妹在国内和国际竞赛中拔得头筹，也能在合影中看见文老师和蔼的微笑。正是高中生物竞赛的经历，我找到了愿意为之奋斗的领域。后来我来到六朝古都南京，在中国药科大学进行深造，博士毕业后从事抗肿瘤新药研发。目前是国内的抗肿瘤创新药研发最好的时候，虽然某些肿瘤的治疗已经取得长足的进步，但是依然有很多高发的肿瘤我国还没有有效的治疗方式，希望能有更多优秀学子投身于肿瘤生物学的研究。

上大学以后，了解了其他省某些名校的所谓军事化管理和单一的应试价值观，我为自己有幸成为成都七中的一名学生而感恩。高中的孩子可能还懵懂但一定是积极的，可能还稚嫩但一定是坚韧的，可能还叛逆但一定是良善的。七中，以及七中优秀而敬业的老师们，像父母一样包容了青春期各种各样的孩子们，用宇宙的浩瀚、艺术的美妙和人类文明的精髓感染着这些孩子们，在应试教育的大环境下，探索着一种教育多元化的可能。学校除了给有天赋和学有余力的同学提供各种学科竞赛的支持和平台，还有各种各样的社团和活动，为我们紧张的学习生活增添别样的色彩，指引未来的方向。一年一度的话剧会演依然还在延续，一届又一届学生在这个舞台上完成自己的戏剧初体验，留下青春的倩影，现在依然在人生的舞台上继续书写属于自己的传奇；家里的书柜还保存着校刊《朝花》，当年激扬文字的少年们不知在何处，是否在各自的生活和工作中发光发热；各位优秀校友激情澎湃的演讲和祝福言犹在耳，让我们在树立人生观的关键时候看到一盏盏指路的明灯……七中，真正从人格、思想和知识全方位培养一个个学生。当人生中不再需要面对千军万马过独木桥般的考试的时候，七中对于我们人格和眼界的培养才越体现其价值。

现在，我自己也有了一个可爱的女儿，我多么希望她的成长中也能传承人类智慧，多么希望未来她也能如我一般幸运，能在像七中这样的学校中学习和生活，有如此多的良师益友陪伴踏上人生的旅途。

光阴荏苒，再回首，我已毕业十五年了，也至少有十年没有再回到母校了。我的恩师有的已经退休了，有的还在教学一线照亮一届又一届少年的前进道路。在母校即将迎来一百二十岁生日的时候，我的感恩和感慨只能浓缩为几行文字。这一百二十年是中国艰难前行却又波澜壮阔的一百二十年，无数优秀的少年在母校度过自己的少年时期，又投身时代的洪流，共同谱写出时代的华章。少年强则中国强，七中以她广阔温暖的胸怀，滋养了无数少年的人生，也为中华民族伟大复兴贡献了自己的力量。多想什么时候能再回到母校看看啊！墨池边的树可能更加葳蕤，七里香长廊下可能依然书声琅琅。我多想像当年年少时，和三五好友相约，再次走在斑驳的树荫里，或是漫步操场的星空下，那时人生的斑斓色彩才徐徐展开，我们的人生之路才刚刚开始，一切都是那么美。

点亮路灯的人
——2009届十三班爱心小分队的故事

康 华[1]

十三班爱心小分队能成立，小代同学功不可没。工作后的他想为学弟学妹们做点什么，考虑到有个别外地考入的学生在省城读书，家庭负担比较重，他想资助一位家境贫困的外地学生高中期间的学费和住宿费。

我们把这个想法告诉了我任教班级的班主任老师，得到他的大力支持，很快便找到一位符合条件的受助人。在小代同学三年的帮助下，受助同学顺利完成了高中的学业，并在小代的建议下选择了军校，现在留在了北京工作。

这个助学故事如春风化雨，在十三班更多的同学中生根发芽。新学期伊始，好几个同学私信我想加入爱心助学的队伍，于是就有了后来的十三班爱心小分队。他们采用资助学杂费的方式，一支队伍的力量已经远远超过了一个人的力量。

为了方便开展资助活动，小分队组建了一个微信群，在成都工作的小官同学提出由他来负责和学弟联系，对接相关工作。他主动和学弟见面交流，每个学期开学根据学弟具体情况制订帮扶计划，征求成员意见，汇总并执行。每到高中学习关键阶段，都会及时和他沟通交流，疏导鼓励。

新冠疫情期间，七中开始全面上网课。学弟家中没有电脑。负责对接

---

[1] 作者为成都七中数学教师。

的同学把这个困难反馈到小分队微信群里。为了给学弟提供网课所需的笔记本电脑，群里难得地发生了争论。大部分成员建议资助一个新电脑，但个别成员也提出了自己的担忧：虽然学弟成绩很好，但是如果在家管不住自己，用电脑玩游戏怎么办？大家讨论再三，决定暂借一个仅支持网课功能的旧电脑给学弟使用。小分队的小陆同学主动提出可以把自己的旧电脑借给学弟。他连夜找出自己的旧电脑，调试安装好相关软件后，第二天就提供给了学弟，为学弟解了燃眉之急。最后，在大家的帮助下，学弟如愿考上了理想的大学。

小分队的成员分布在全国各地，有军人、医生、公务员，有国企员工、私企员工……那时他们初入社会，新建家庭，虽然还有些许的稚嫩，却能够心怀善意，以爱为灯，照亮他人。多年后的他们在工作中逐步成长为骨干，在家庭中也都挑起了大梁。那份无私助学的爱，也伴随着他们的成长，伴随着他们的成家立业，逐步升华成一种更宏大的爱，像一盏灯一样，照亮了他们身边的一切。

他们是一群可爱的孩子，也是七中可爱的学生。我为有这样的同学感到骄傲和自豪！

心声
爱心小分队成员们

所谓"当局者迷，旁观者清"，多年以后，我们再来回首这件事的初心时，或许可以自认为旁观者，会把它看得更清楚一些。

当年的我们刚参加工作没几年，还有点少年意气，难免有些急于求成，眼高手低。于是，面对现实和预期之间巨大的落差，也就难免心生迷茫，看不清楚方向。康老师号召的这件事，无疑是当时我们能遇到的为数不多的没有疑义的正确的事。

面对它，有人想，"我知道寒门供学的不易，因此不想袖手旁观"；有人想，"求学是改变命运的机会，我应该助他一臂之力"；有人想，"我应该保持善良，在波云诡谲的社会中守住自己的精神家园"；有人想,"人生中能遇到这种真正能帮助别人的机会并不会多,我应该把握住,先做了再说,万一以后没有机会可能会遗憾呢";有人想,"种善因得善果,要为自己波折的人生种下一个向上的善因";有人想,"也许多年后,这件事回忆起来,会是自己平凡人生中难得的一抹亮色";有人想,"这件事兴许可以把自己带出当前内心迷茫、精神内耗的阶段"。

扪心自问,我们的初心各不相同,也难说真正大公无私。要说善有善报,这么多年了,我们是否有了善报?是否走出了入群时的心灵困境?是否获得了相应的善果?如果没有做这件事,我们的现状会不会更差一些?人生是单行道,我们没法去做控制变量的对比,从而得出确实善有善报的结论。但我们做了正确的事,这就让我们无论什么时候回忆起来,都能感到难得的心安!当我们2009年从林荫街出发,在各自的人生路上走出很远以后,再来回顾这件事时,不禁让人觉得:我们名义上是帮助了学弟,但学弟又何尝不是在帮助我们!

这件事多年以后依然让我们感受到一份难得的心安。

学弟的目标和理想是明确的,他是知道自己要向哪里去的,只是这条路上微微有些昏暗。我们对他的帮助,就好像是在这段路上点亮了几盏灯,让这条路更亮一些,让他走起来可以更轻快一些。几年后再回首,看见当时站在路边举灯的身影,我们发现,那盏灯在照亮学弟的同时,也把我们周围照亮了。原来为他人的路点亮一盏灯,灯下的我们也能分享一片光明。送他走完这段路以后,我们便转身离开,而这盏灯似乎并没有熄灭。我们能走过自己人生路上的坎坷波折,似乎也是这盏灯在为我们照亮,让我们的步伐更加坚定踏实。

这件事多年以后让我们发觉,原来在收获助人之乐的同时,我们自己也在成长。

除了专门对接学弟的那名同学,我们都没有见过学弟。可以说他的名字我们很熟悉,但他对于我们来说却仍然是一个陌生人。也许某次在街头的擦肩而过,就是我们彼此并不知晓的相遇。我们以这种方式参与了一个陌生人的成长,这种微妙的联系带来一种心安的慰藉,也给予我们一种纯粹的快乐。尤其是在得知学弟考上了他理想的大学时，一种"成功不必在我，功成必定有我"的快乐达到了顶峰。这件事似乎让我们与一个更宏大、更永恒的东西建立起了联系，升华了我们对执着与放下的辩证领悟，让我们可以更加积极地对待人生。这是一种妙不可言的感觉，这大概就是"无穷的远方，无数的人们，都和我有关"的具体体现，也是一个见天地、见众生最后见自己的玄妙过程。

我们也期待我们做的这件事能在更多年以后，结出更大的果实。

每学期的学杂费摊到我们每个人身上其实也并没有多少。这点微薄的付出，却为我们换来了内心的安定、助人的快乐。当然我们相信，这件事也一定在学弟的心中种下了一颗善意的种子。它会在未来的某个时刻破土而出、生根发芽。而随着学弟的成长进步，当他站上一个更高的平台以后，种子会长成一棵参天大树，可以为更多人带来阴凉、挡住风雨。这颗小种子就结出了大果实。我们这群普通人的善意，通过这种传递，似乎就可以推动命运的巨大齿轮。

在学弟上了大学以后，我们的群里便鲜有新消息了。大家在自己的人生路上又走出了一段距离，工作、家庭的牵绊，导致说了几次组织团建最后也没有成行。但这个群一直都在，群里的人也一个没少。也许我们都还在等待下一个这样的机会。

我们只是一群七中毕业的普通人，但我们始终带着七中赋予我们的谦逊和善良。我们相信，即使身披素衣，也要心怀锦绣，虽然现在道阻且长，但未来始终可期。

七中，一百二十岁生日快乐！

同堂共生　教育均衡
——成都七中网校与教育理想传承

刘　磊[1]

在巴中光雾山，每到秋季，漫山红叶如诗如画，那热烈的色彩仿佛是大自然燃烧的梦想。红叶在风中舞动，虽生于深山，却有着独特的魅力，它像是一种无声的召唤，激励着人们去追求美好。而我的教育之路，也恰似这红叶一般，有着自己的故事。

我来自四川省巴中市革命老区，那里山清水秀，但教育资源相对匮乏。高中时期，成都七中网校的出现，宛如一道光照进了我的世界，成为我人生中重要的转折点。

我还清晰地记得加入成都七中网校直播班时的情景。成都七中的老师向我们介绍了马斯洛的需求理论，鼓励我们勇攀高峰，告诉我们那些不起眼的野百合也会有它的春天。从那个时刻开始，我知道加入成都七中网校将是改变我命运的一次契机。在网校的学习过程中，我遇到了许多优秀的老师，他们的言传身教对我产生了深远的影响。

其中，高中历史教研组的史老师给我留下了最深刻的印象。史老师总是披着一头长发，上课幽默诙谐，在课堂上会补充很多名人轶事。他最常提到的两本书是司马迁的《史记》和斯塔夫里阿诺斯的《全球通史》。现在每当我回忆起高中的历史课时，他那头飘逸的长发就会浮现在我的脑海。史

---

[1] 作者为高 2016 届网班远端学生。

老师用独特的教学方式让历史这门学科变得生动有趣，激发了我对历史的热爱，也让我明白了历史不仅仅是过去的事情，更是一种智慧的传承，它可以帮助我们更好地理解现在和未来。

还有李晓东老师，他现在已经是成都七中的副校长。他的英文名是Spring，在网班的第一节课，他就解释了 spring 的含义："spring 这个单词具有诸多含义，它一方面代表着'春天'，蕴含着蓬勃的朝气与希望。另一方面还意味着'弹簧'。我们都清楚弹簧的特性，你越是用力挤压它，它反弹回来的力量就越强。希望同学们能够如同弹簧一般，在高中三年的学习过程中持续给自己'施压'，从而实现厚积薄发！"李老师的这段话激励着我在高中三年里努力学习，不断挑战自己。也正是这种弹簧的精神，让我最终在网校的助力下，走出了大山，走向更广阔的天地，最终也成了一名人民教师。

成都七中网校的教学模式独具特色。特有的"四同时"教育模式让我们能享受到与七中学生同等质量的教育资源。当年在网校直播教室，就有两位老师为我们上课，成都七中主讲老师在成都上课，上课信息通过双向卫星信号传输，以视频形式同步出现在教室课堂大屏幕上的右上角，我们的本校老师则站在屏幕旁边，用主讲老师讲课的间隙，补充讲解同学们还不明白的知识点。如果有同学想直接向七中的老师提问，网校则会安排互动时间。现在看来，这种可以实时交流的网校模式弥补了地区教育资源的差距，为远在大巴山深处的我们提供了优质的教育资源。

我现在已经成为北京第二外国语学院成都附属中学（简称"北二外成都附中"）的一名教师。成都七中林荫校区离北二外成都附中仅有九公里，我离我的网班老师们仅有二十多分钟的车程。从大巴山到成都市，从北二外成都附中到成都七中，中间是我和七中优质教育均衡理想的双向奔赴。

在我的教学实践中，我也深刻地感受到了七中网班对我的影响。我借鉴了七中网班的教学模式，努力为我的学生提供更优质的教育，注重培养学生的自主学习能力。就像网班的老师培养我们一样，我会给学生提供更多的自主学习空间，让他们在学习过程中不断探索和发现；同时，就像网班的老师与我们互动一样，我也注重与学生的互动交流，我会认真倾听学生们的问题和想法，及时给予他们指导和帮助。

在网班的学习经历还让我明白了教育的重要性和使命感。教育不仅是传授知识，更是一种责任和担当，它可以改变一个人的命运，也可以影响一个地区的发展。我到现在对成都七中网校导播间墙上的一段话都还记忆深刻："一次失误导致86580个失望，一次微笑传递86580份温暖，我的专业程度决定86580个梦想。"这86580是对教育怀揣梦想的孩子的缩影，也是86580个家庭对七中网班教育的信任，我正是86580中的一员。

成都七中一百二十周年校庆即将来临，本次的校庆主题"何以七中，七中何为"引发了我的思考。成都七中一贯致力于素质教育，努力打造最适宜学生发展的教育，通过网校教学等方式，为区域优质均衡"教育梦"做出了不懈努力。

作为一名远端校友，我希望七中能赓续教育理想，把优质的教育传播出去，在每一个学生心里播下教育光明的种子；作为一名老师，我更要把优质的教育传播出去，像曾经教过我的七中网班的老师们一样，用自己的言传身教影响学生，激励学生追求梦想，为实现区域优质均衡"教育梦"贡献自己的力量。

在成都七中一百二十周年校庆之际，我衷心祝愿它越来越好，继续为区域优质均衡"教育梦"发光发热。我也希望自己能在教育事业中不断成长，为实现教育公平贡献自己的力量。我将永远铭记七中的教育之恩，将七中的教育理想传承下去，在每一个学生心里播下教育光明的种子。

就像巴中光雾山的红叶，无论生于何处，都能以其独特的魅力展示生命的热情和对美好的追求。教育亦如此，它能在任何地方生根发芽，传递知识与希望，激励一代又一代的人去追求梦想。愿教育的"红叶"永远绚烂，教育的理想接续传承，每一个学生都能感受到教育的温度与温情。

七中的时光与回忆

刘一然[1]

多年未曾联系的殷老师在 8 月 11 日忽然发来消息："七中一百二十周年了，乖乖，如果有时间，可以回来参加呀。"手机叮咚一响，回忆仿佛瞬间打开，五年已匆匆而过。毕业也有五年了，从我踏入七中的那一刻算起，已经八年了，在天涯海角的某时某刻，在异乡城市独自徘徊的一瞬间，又与遥远的母校产生连接，这种奇妙的体验让我很惊讶、温暖和开心。

回想起上高中的时候，每天早上七点起床，晚上九点半结束，高中的生活是辛苦的。高中对面是川大，厌倦了做题的时候，我喜欢去川大校园逛，心想，什么时候才能读上大学？在一个以分数筛选、淘汰人的规则里，我在高中尝试了不同的事情。感谢七中给我提供了探索多样性的空间，在我失落的时候给我包容，让我在规则的夹缝下跳舞。除去高中繁杂的作业考试外，我记得两件印象深刻的事情。

在高一和高二的时候，我参加了机器人社团，负责机器人程序编写的部分。当时我才高一，不会编程，于是上网买了一本 Java 的编程书自己学习，每周好多时间都花在机器人社团，后来去全国各个地方比赛，拿到了积分赛第一名，赢得了代表成都七中前往美国参加 First Technology Competition 国际比赛的机会。现在回想起来，如果说权衡取舍的话，我失去的是宝贵的学习时间，收获的是了解了人工智能这个方向到底做了什么，在

---

[1] 作者为高 2019 届七班学生。

更高的层次见到了不一样的人和事。在比赛中，我学会了如何与其他人沟通合作，如何在比赛场上处理突发的问题，在一次次失败中吸取教训，在即将要成功的时候又失意。这些情景在多年后的此时此刻，仍鲜活如昨。

另一件印象深刻的事，则是我在高中写小说的经历。高中受到语文殷志佳老师的影响，我沉迷于各类文学作品，乡土文学、寻根文学、魔幻现实主义、现实主义的经典作品无一不让我心驰神往。晚自习回到家，或是周末的晚上在图书馆，我便寻找《收获》上刊登的最新小说。那时的我，对现实敏感，对未来困惑，在窄小的图书馆阅读，好像是被困在一个地方，想象外面的世界，通过文字，我的心灵奔向远方。文学滋养了我的中学时代，让我的心灵逃离这个被禁锢的地方。后来，我模仿阅读过的小说，开始结合自己听过的故事写作。我投稿给《萌芽》，得到了参加全国新概念作文大赛的资格，小说《鱼塘》也发表在了《萌芽》2019年第6月刊上。我很惊喜。到了大学以后，我在《中国校园文学》上把高中时候写的几篇小说都发表了。

还记得高中时我们曾邀请一位作家来讲课。他说，文学贵在真诚。如今多年过去，我依然怀念那时的纯粹与真诚。我想，正是那份对自我的真诚，成就了我心中许多美好的梦想。

"七中人"这一身份，始终是我人生中最深刻的烙印。八年前，十五岁的我作为外地生从自贡考到成都七中，后来从七中毕业去北京读书，本科毕业后，从北京到纽约求学。一路走来，身处异乡的孤独感陪伴我。尤其是在国外的某个不经意间，当我遇到来自成都的同学或朋友时，总会迫不及待地打听他是哪个高中毕业的。每当听到对方也是七中校友时，我的内心都会因这意外的相逢而激动不已。记得2023年，刚刚来到康奈尔大学，在走廊上听到有一位学长说成都话，他是运筹管理的在读博士，一聊起来发现原来学长是成都七中2016届的同学，我们有同一位化学老师。我兴奋地差点跳起来，因为刚到美国，遇到七中的学长让我倍感亲切和温暖。之后，我和这位学长聊了许多关于老师、学校的趣事，也通过他认识了其他校友。在异国他乡，遇到七中校友总是让人感受到一种久违的归属感与温情。"七中"不仅仅是一段记忆，它更是一种不断自我鞭策的力量。每当别人问起我是哪个高中毕业，我自豪地说出"成都七中"时，对方总会流露出赞许的神情。这种来自他人的肯定，无形中也变成了激励我的动力。它时刻提醒我，无论遇到怎样的困难与挑战，都要坚定前行；无论面对怎样的诱惑，要仰不愧于天，俯不怍于人。

我现在已经是研究生二年级了，回望过去十多年的求学生涯，所有的一切看起来都十分美好和正确，但又感到有些不那么舒适和自在。从十五岁离开家乡，异乡的新鲜感和孤独感一直同时伴随我，一边喜欢探索新的空间，另一边又产生强烈的不适应感。回望在成都生活的三年，成都的热闹和家乡的冷清总是形成鲜明的对比，那种强烈的对比感，伴随我走过了一个又一个城市。而此时此刻我身在纽约的乡下，这里的风景极其优美，有山川湖泊。可在某时某刻，我又会想起成都热闹的生活，那里一切都变化很快，在回忆里，我不断怀念成都的麻辣鲜香，还有七中七里香的芬芳。

到现在为止，这些记忆存在的意义，就是让我看到、让我想起曾经发生过这件事情。太多东西拥有的价值不是使用，而是怀念。人生短暂，青春转瞬即逝，我甚至相信，如果乐观向上做不到，尽可能不让自己陷入陈谷子烂芝麻的消极之中，尽可能做点自己喜欢的事情，多看看世界就好，要是开心就更好，这是最好的心态了。

谨以此文，献给我逝去的高中岁月。祝贺母校成都七中百廿华诞。

我的七中故事

徐仲雅[1]

在最近的"空间、故事与身份"文学课上，我读到了一篇关于写回忆录的文章，它说："书写人生，是一种重温过往的方式(To write one's life is to live it twice)。"

在七中高新校区（以下简称"七高"）的三年，我养成了写日记的习惯，准确来说，是什么都记录在那个本子上：周末作业、考试安排、读后感、吐槽、理想、对人生的思考……

我在启程前往美国开启交流学习之前，翻开了高中时期的日记本。在2020年1月15日，我写道："今天听了寒假指导和大学介绍……现在国内大学也有很多与世界名校交换的机会……但，唉，真的，考不上。"

结果，我以一个既没有超常也没有失常的成绩——674分，进入了南京大学，进入了我充满期待的大气科学专业。我现在在加州大学伯克利分校写下我对七中的回忆。

当一切排名、恩怨、得失都不再重要，当七中不再是每一天一步一步走过的地方，而是回忆中的青瓦红墙，一些琐事反而变得清晰了起来。

一个周日的下午，我们班十几个同学在林荫校区进行清华标准化学术能力考试。考试结束后，本该老老实实坐地铁回高新校区，正好赶上晚自习。但只有几个乖宝宝按计划行动，剩下的一群"叛逆者"偷偷约着去了来

---

[1] 作者为高2022届十二班学生。

福士，理直气壮地吃了一顿烤鱼，还顺便大胆旷掉了半节晚自习。我忍不住偷偷拍了一张照片，记录下大家难得的"放飞自我"。一桌人围着烤鱼，兴奋得像刚放学的小学生，畅谈理想与人生。走出地铁站，我吹着冷风，努力让自己身上的烤鱼香味散一散，心里却忍不住感叹：这才叫生活！后来回家跟妈妈"炫耀"这天的精彩收获，结果被一句轻描淡写的"班主任其实都知道"泼了盆冷水。原来我们自以为天衣无缝的"逃逸计划"，班主任只是看透没有戳破。这是我印象中高二最幸福的瞬间，那顿烤鱼是真的很香。

七高种了很多果树，每次去操场上体育课都能看见，桃子和枇杷特别显眼。晚饭后，我习惯绕着操场散步，顺便密切关注它们的成熟情况。大家都知道，这些果子是特意留给毕业年级的福利，虽然最后终于轮到我们吃时，我们都笑称酸的才是学校自己种的，又大又甜的都是外面买的。

高三的最后几次诊断性考试和模拟考试的中午都是自己找地方复习，我最喜欢的就是第二天下午考英语之前去操场上躺着晒太阳。音乐厅旁边种着玫瑰，玫瑰藤蔓下面正好有几张椅子，我也偶尔坐坐。我会戴着耳机听英文歌，顺便发发呆，也没什么压力。如果下雨，就打着伞在雨中散步，畅想着高考的这个时候，做完最擅长的英语就能彻底解放了。我考英语之前几乎从来不复习，而且我特别喜欢去超市买一袋果汁，正好一边考试一边喝，起到一个控制做题速度的作用。

最后高考的时候我没有选择集体跟车，而是由家长自行送考。早晨我在锦城湖湖边散完步才去参考，几乎是最后一个进考场的。我看到七高送考的老师站在路边，穿着一身鲜艳的红色衣服，像一团跳动的火焰，在人群中格外醒目。他们的目光追随着每一个走向考场的身影，那神情里藏着无声的叮嘱和期待："好好考，不留遗憾。"

毕业典礼那天，我偷拍了一张照片，记录下一个关于传承的片段。门外的地上整齐堆放着我们留下的练习册、笔记本和错题本，而下一届的同学围在一旁，像寻宝样翻找着有用的资料。那一刻，我突然想起了一年前的自己，也曾小心翼翼地挑选过这些"遗产"，虽然最终拿回去的只是一摞空白答题卡。这堆积如山的书本里藏着一届又一届七高人的记忆与努力，哪怕其中混杂着像篮球这样的"意外收获",也是属于我们的独家传承。

在伯克利,来交流的国际学生有一门必修课需要做一个汇报,叫"知识分子传记"(intellectual biography)。虽然我觉得我还算不上"知识分子",但是回想起我的教育经历,我说:"毫不夸张,七中为今天的我奠基,它是我今天能够站在这里的原因。"我还不敢说出"今天你是我的骄傲,明天我是你的自豪"这样的话。我只是一个大三的本科生,未来身在何处、投身何种事业尚未可知。但我想,无论未来如何,我都将带着七中的点滴,走向更远的地方。或许,回首之时,答案自会浮现。

几乎每次演讲,老师都会引用鲁迅先生的那句话:"无穷的远方,无数的人们,都和我有关。"彼时的我或许并未真正理解这句话的深意,但今天,当我站在异国的校园里,听见那些陌生却炙热的声音,看见那些飘扬的旗帜,我终于明白,那些遥远的故事并不只是耳边的风,它们连接着更广阔的世界,也勾连着我们的责任与共鸣。七中教会我的,不仅是如何考试,更是如何用一颗赤诚的心去关注这个复杂而美丽的世界。

无穷的远方,似乎离我不再遥远;无数的人们,也成了我生命中的一部分。

何以七中　七中何为

李雨桐[1]

刚刚踏入大学校园，一切陌生，一切崭新，接触新的同学与老师，接触尚未踏足过的领域……时常听到周围同学对高中学校的抱怨，感叹自己终于重获新生般自由。同理心向来强的我一时竟无法共情，这时我方才发现，七中给我留下的精神财富让我从未有过"牢笼"的体验。我一直自由，我一直向上，我一直心怀热情地憧憬新知识，我明白学习是美好的而非限制于分数，我理解世上最纯粹的梦想可以是学习新知……

源于什么？缘起何处？直到2024年的教师节，偶然看见七中校园里的标语"不当教书匠，要做教育家"时，我恍然大悟，热泪盈眶，刻骨铭心，自感难忘。

何以七中？七中人的责任，七中人的使命就这样一代代、一辈辈，从老师传向老师，从老师传向学生，又生生不息地由无数学生带向生命的远处，如河流一般汩汩向前，不曾停息。我们何曾接受过完全应试的教育，又何曾一遍遍无意义地刷题？直至高三，犹记生物徐琛老师仍一遍遍地告诉我们生命之伟大，在课堂上始终让"青山"与"蝼蚁"平等地存在于七中人的心灵；犹记数学何毅章老师讲的趣味人生小哲理，数学世界的冰山在高中课堂上缓缓为我展开一角；犹记语文李宏川老师一次次评价课前演讲时的风骨，他让我们在一次次历练中逐渐拥有遇到问题时快速找到解决方

---

[1] 作者为高2024届五班学生。

法的能力……

　　学习绝不只是分数，我们的老师绝非单纯的教书匠。我们是七中人，我们各自走向自己的人生，但身体里始终流淌着七中人的血液——"审是迁善，模范群伦；全球视野，中国脊梁"。

　　此时我勇敢，我平和，我告诉自己心系苍生，告诉自己不可拘泥一隅，我知道我现有的很多很多都缘起七中。我明白全世界的七中人一定都是这般热忱地爱着母校，爱着这片小小的但充满着爱的土地。

　　在成都七中一百二十周年华诞之际，我虔诚地为她祈福，愿与她有关的人都幸福平安，愿她繁荣昌盛，代代不息！

我在七中当教练
——代码之巅的追梦者

蔺 洋[1]

当谈及竞赛，多数人会立即想到运动场上的热血对抗，但学科竞赛同样承载着激烈的思维碰撞，充满了智慧的角逐与激情的迸发。今天我想聊一聊作为一名成都七中的信息学竞赛女教练，与竞赛"缘起、惜缘、续缘、缘定"的故事。

信息学竞赛是智慧的竞技场，是思维的舞蹈，是青春的交响曲。在这里，代码编织成梦想的翅膀，算法构筑起逻辑的宫殿。学生们在 0 和 1 的数字世界里，挥洒着创意的汗水，追逐着极致的逻辑。

缘起 404 室

信息技术组的办公室原在科技楼（现在的博雅楼）4 楼 404 室，404 这几个数字在网络世界中常代表着"页面不存在"，它似乎映射了我初入学校的迷茫和对未来的不确定。2002 年我成了成都七中的一名信息技术教师。信息技术教师这一角色远比我预想的复杂，不仅要上信息技术课，还要制作课件、打印资料、维修电脑、管理多媒体等。每天在多重角色——维护员、教务员、电教员等中间切换，工作内容琐碎而重复，我一度感到迷茫。

2006 年我又多了一个身份——信息学竞赛教练，成为学校为数不多的

---

[1] 作者为成都七中信息技术教师。

竞赛女教练。此时的404办公室对我来说，不再是网络上的空白页面，它成了见证我作为教练梦想开始的地方。在这里，我度过了无数独自看书、啃题的日夜，尽管过程中充满了他人的误解、目标的迷茫、内心的困惑和纠结、教学的挫败、家人的担忧和反对……但这些都没有阻止我怀揣梦想一路坚持，在404这个曾经象征"不存在"的空间里，用代码编织着我和孩子们的梦想。每一行代码都是我们向未知领域迈出的勇敢一步，每一次调试都是我们对完美的不懈追求。404这几个数字，从网络世界的空白，转变成了我教育生涯中最坚实的起点，成为我与竞赛缘分的起点，开启了我和孩子们共同追梦的旅程。

惜缘305室

305教室是信息学竞赛孩子们的小天地。七中对参与竞赛的孩子们是"宠爱"的，给孩子们提供了专门的竞赛训练机房。听早期的教练提起，当年七中只有两台电脑的时候，其中一台就提供给当时的竞赛生使用。现在学校更是购买了信息科学中心一层楼的机房供大家使用。

305在信息学上通常指的是一个HTTP状态码，意味着被请求的资源必须通过指定的代理才能被访问。305教室聚集了对信息学充满热情的孩子们，在这里他们不仅学习编程和算法，更重要的是，他们在这里结交了志同道合的朋友，锻炼了坚韧的学习意志。通过自主学习，他们学会了独立思考和解决问题；通过共同研讨，他们培养了协作精神和团队合作的能力。305教室成为他们成长的摇篮，这里的305就像是网络中的代理，是连接知识与孩子们梦想的桥梁，孩子们的潜力也在这里得到发掘和展现。信息竞赛团队走出了许多IT界行业新锐，如百川智能创始人兼CEO王小川，B站董事长兼CEO陈睿，美团前副总裁、美团前金融CTO[①]包塔，飞步科技创始人兼CEO、浙江大学无人驾驶方向教授何晓飞，腾讯公司COO[②]兼网络媒体事业群总裁任昕宇，美国国家工程院院士、美国国家医学院院士、美国艺术与科学院院士、美国斯坦福大学教授李飞飞……

---

① 即首席技术官。——编者注
② 即首席运营官。——编者注

国际信息学奥林匹克竞赛（IOI）团队的孩子们对计算机科学有极大的兴趣和热情，他们的逻辑思维能力强，数学基础扎实，具有创新思维，但同时又极具个性。作为教练，面对这样一群拔尖的孩子们，需要更多的智慧和耐心。每一个孩子都是一个独特的宇宙，需要我们用心去探索和理解。他们的聪慧让我看到了无限的可能，而他们的任性和调皮则提醒我们需要更加细心和耐心引导。在尊重他们个性和想法的同时，也要让他们明白规则和纪律的重要性。我们既是孩子们的老师、教练，又是朋友、亲人，会一路陪伴孩子们成长。我们遵循七中的教育理念：严格而不死板，宽松而不放任。

王小川讲过他中学时代两次被批评的经历。一次是他高一时，痴迷电脑游戏，拉了同学在小机房玩游戏。老师突然推门进来，他急忙把电脑切到后台，但那个时候是 Windows 3.1 的系统，不好掩饰，被老师逮个正着。老师批评他的主要原因是掩饰错误，回避问题，而不是玩游戏。第二次被批评是王小川打算编写一段电脑病毒，过程中遭班主任当场挡获，并告诉他要知道"什么事情能做，什么事情不能做"。这是中学阶段王小川在校园中就养成的重要习惯。二十多年前老师对他的两次批评，让他明白"以危害他人的方式来炫技，以欺瞒的方式来蒙混过关，都是不可取的"，这也影响了王小川的人生。

当年的 305 和现在的 503、504、510……都见证了孩子们的成长和成功，也成为我们共同的记忆和骄傲。这里不仅是一个地点，更是一种精神，一种教育理念，激励着每一位孩子去追逐梦想，去实现自我超越。

缘续九班

成都七中这块教育高地，有着老一辈老师们创下的辉煌，有着优秀的教师团队，作为七中的一员，我感到自豪和骄傲的同时也有着巨大的压力和挑战，更有着一份沉甸甸的责任。成都七中一直秉承拔尖创新人才的培养理念，大力推进教育观念和实践的创新。在这种理念的指导下，学校创立了独具特色的创新实验班九班，旨在汇聚并培养具有创新精神和卓越才能的学生。

2016年，在接手竞赛工作十年后，学校让我担任了高2019届九班信息学竞赛主教练的工作。这是我十年来第一次独立担当主教练工作，我深知这一使命的重要性。经过不懈的努力和精心的指导，这一届共培养了三位信息学竞赛国家集训队选手，这是成都七中历史上第一次同时有十五位同学进入国家集训队，并同时进入国家队预备队（全国共十五人）。最终王修涵同学脱颖而出，入选国家队，并获得了IOI 2019银牌，实现了个人和学校在信息学竞赛上的突破。

我珍惜与每一个参加信息学奥林匹克竞赛的学生的缘分。修是众多参赛选手中的一员，他是我第一届独立作为竞赛主教练指导的学生之一。第一次见到他是在夏令营的讲座后。他个子不高，一双渴望知识的大眼睛让人印象深刻。一天下课后，当机房里所有的孩子都离开了，我正准备回办公室，他跟在我后面小声地询问："老师，如果我没有学过编程，但是我数学还不错，我能参加信息竞赛团队吗？"我说："当然可以，你可以试试！"听到我的回答，他眼里闪过一道光，于是我给了修一本基础教程和我的QQ号码，他从此走上了信息学竞赛之路。修的天分极佳，学习速度极快，短短三四个月的时间，他就在NOIP联赛中以457分取得了提高组一等奖的好成绩，之后一路开挂，斩获APIO 2017金牌、NOI 2017D类银牌、CTSC 2017银牌、APIO 2018金牌、NOI 2018金牌（全国第三名）、CTSC 2018金牌（全国第二名），入选国家队，保送清华大学，参加IOI 2019获得际银牌。2018年，修入选国家队，这是历史性的一刻，因为这是成都七中暨王小川在1996年获得国际金牌二十二年后，我校选手再一次进入国家队。能成功入选国家队，很多人认为是修的智商高，但这一路陪他走来，我想说不仅于此，成都七中从来不缺智商一流的学生。修成功的秘诀是他具有优秀的学习品质——自律、刻苦、勤奋、不服输。用他自己的话："我并不认为自己的智商有多高，但我相信勤能补拙，能取得好成绩更多是因为我学得比其他同学更刻苦，自己选择的路，哪怕跪着也要走完。"在这块奖牌背后，是他每天十个题目的完成量，是他一个人在机房困了之后抱着海豚靠枕小憩的背影，是他在线上和国内国外选手的交流，是他在各大在线评测系统（OJ）上的身份标识号（ID），是他在无数次失利后的再战，还有无数学长对他的帮助……正是这一切才有了 IOI 2019 这块沉甸甸的银牌。虽然只获得一块银牌有点遗憾，但这次入选国家队对后面同学们的学习给予了巨大鼓舞！作为零基础的选手，他花两年的时间完成了从零到国家队的突破，具有历史性意义。当他在阿塞拜疆的赛场上对我说"蔺老师，对不起，我失误了"时，我含泪说"你很棒了！"在我心里，这块银牌就是金牌。这块奖牌属于我们 IOI 团队的每一个人！

我发现上天好像特别眷顾我，2019 年的遗憾在 2020 年圆梦。由于教练人手不足，在担任 2019 届竞赛教练工作的同时，我还担任了高 2021 届九班的信息学竞赛主教练工作。这一届学生中有一个特别引人注目的学生——蒋明润。他黑黑瘦瘦，不善言辞，但在信息学竞赛方面展现出了惊人的天赋和潜力。他总是默默地观察、学习，并在心中立下了获得信息学国际金牌的目标。

在科学的规划和指导下，蒋明润同学逐步展现出了他的天分。他沉着冷静，善于思考，有着科学家的气质。从高一入选省队，到高二冲击国家队，他每一步都走得自信而从容。最终，他成功拿下了成都七中继王小川之后的第二块国际金牌，实现了团队的共同梦想。作为他的教练，能够参与并见证这一过程，我感到无比自豪和骄傲。在这一过程中，我和孩子们都完成了各自的蜕变。

缘定 0 和 1

信息学的世界变幻莫测，计算机的价值延伸到了各个领域，功能强大，而其神奇的地方就在于这一切强大功能的背后，竟然仅是 0 和 1 来回变化。0 和 1，这两个简单的数字，是构建复杂算法和程序的基石，它们代表着信息学竞赛的核心精神——简约而强大。而我与信息学竞赛的缘分也如 0 和 1 一样，虽然简单，却能够创造出无限的可能。对我而言，它早已超越了一份职业的范畴，它是我生命中坚定不移的使命，是我对培养未来科技栋梁的一份沉甸甸的承诺。作为一名教练，能够在学生的成长旅途中，扮演一个引路人的角色，我深感荣幸。蔡元培先生说过："教育的艺术不在传授，而在鼓舞和唤醒。"我们需要帮助他们发现自我潜能，激发他们对知识的渴望和对梦想的追求。

  在信息学竞赛的征程中，每一次尝试都是对自我极限的突破，每一次成功都是对心中梦想的致敬。这里没有终点，因为每一次抵达都是新旅程的起点；这里没有失败，因为每一次跌倒都是积累经验、汲取教训的机会。我与信息学竞赛的故事，就像一曲永无止境的交响曲，每一个跳动的音符都饱含着力量与希望，奏响我们共同成长的和谐旋律。我将与孩子们一起，以代码为笔，以逻辑为墨，书写属于我们的传奇。在这个不断变化的数字世界里，我们将继续携手前进，不断探索，不懈追求，直到梦想成真。这是我们共同的追梦之旅，这是我们与信息学竞赛不解的缘分，这是我们生命中最宝贵的篇章。在 0 和 1 的无限组合中，我们的故事永远充满可能，正如我们对知识的渴望，永不止步。

那些让我印象深刻的七中学生

任益民[1]

2011年，我进入成都七中教书，至今已逾十三个年头。其间，我主要的工作是语文教学。从2015年起担任班主任工作至今，我所带过的年级有2011级、2012级、2015级、2018级、2021级、2023级，算起来也有六届学生。这些学生有的已经毕业并立业成家，有的还在国内外继续深造，他们大都很优秀，保持着对学习的热情和对知识的好奇心。每年教师节，总能收到天南海北的温馨问候短信，每个寒暑假总有学生从五湖四海赶回来看望驻守学校的我。不管是见字如面，还是短暂欢聚，总让我感觉愉快而富足。我想，为人师者，幸福莫过于此。每每回味这些幸福的时刻，脑海里总能浮现出一群又一群的学生，时隔多年，一些身影依然可以很鲜活地从记忆深处浮现。

小Y同学是一名外地生，从一个地级市远赴成都求学。他很缺乏生活自理能力，蓝白相间的七中校服总是散布着点点墨渍，一件校服穿完正面穿反面，反反复复可以穿一个月，刚好穿到他休假回家。他自己倒是丝毫不以为意。按理说用"邋遢"来形容实在不为过，他应该是大家都敬而远之的人了。恰恰相反，他人缘极好，被同学们戏称为"大师"。"大师"很有理科天分，其他同学不会的题，他都能迎刃而解。"大师"很幽默风趣，看问题的角度也常常与众不同。当时有一门作业是周末随笔，他就食堂二楼的

---

[1] 作者为成都七中语文教师。

"鸡腿"这一题材一写就是一学期，周周如此，却周周不同，总是新鲜可读，同学们争相传阅。高中毕业，"大师"考上了上海一所知名高校，专业是软件工程。据说他大一就帮助学校完成了图书馆借阅系统的重新构建。2014年跨年夜，上海外滩发生严重的踩踏事件，我很担心在上海的学生们，挨个发了短信问他们的情况，轮到"大师"，他回复我六个字："已经被踩死了。"我放心之余哭笑不得。让我哭笑不得的事情不止于此。2016年我回上海读研，约好去看他，他从实验大楼钻出来跟我见面，迎风而立，衣着随性，风神萧散，不修边幅如故，寒暄几句，依然没个正形。随后他忙着回实验室，临别了，蓦然回首说了一句："不如相忘于江湖。"剩下我在风中凌乱。本科毕业，因为专业技术过硬，他被一家日本企业录用了，于是他远赴日本开启了自己的职业生涯。他赴日不多久，我居然在七中校园遇到了他。此时，他的装束实在一言难尽——上身深色西装，下身一条喇叭牛仔裤，脚蹬一双鳄鱼皮纹的尖头皮鞋，让人忍俊不禁。那天小聚了一下，我问他为何回国，他答复，日本那家公司的工作太没有挑战性了，老板安排一个月的工作他一周就做完了，剩下三周无所事事，只好自编了一个程序天天背单词打发时间。这样浪费光阴实在意义不大，听说国内更有挑战性，索性辞去日本的工作回国内试试。那天小聚以后，他在成都软件园找了个工作，日常小聚的时候相较以前多了一些，零星听到了一些他对当下工作的调侃，大抵也是按部就班、没有难度、缺乏挑战一类。没多久，他又辞职了。辞职以后，他约着我和另外一个同班同学吃了顿饭，说算是告别，他又要离开成都了。我问他怎么打算，他说准备去美国，去读文学。随后，他挥一挥衣袖，漂洋过海去了美国。关于他一个工科生去美国读文学的原因，我并没有细问，因为我知道，也羡慕他有一颗自由不羁的灵魂。

　　小L同学，是小Y的同班同学。父亲是一名律师，她自小就养成了严谨务实的学习风格，成绩在班上一直名列前茅，老师们都对她寄予厚望。成都七中有一句名言："七中没有超人，只有超人的意志。"这句话据说是一位搞竞赛的同学说的，七中人代代相传，也就成了名言。初到七中教书的我，对这句话的认识无非是超级自律的学习态度，敢于坐冷板凳的学习精神，直到遇到小L，我才对这句话有了更加深入的认识。2014年高考是我任教以来经历的第一届高考，我的紧张是自不必说的，跟参加高考的同学别无二致。6月7日那天艳阳高照，考场内外一片庄严肃穆，让人心生敬畏。作为老师，生怕第一届学生出什么差错，以至于看到门口围满了等待采访老师的记者，我绕到后面偷偷溜走了。结果是怕什么来什么，第一堂考完，我便听班主任说小L在考场上急性阑尾炎犯了，强撑着考完了第一科。我脑子一片空白，随后浮现出的是小L在考场上脸上冒着豆大的汗珠奋笔疾书的场景。我心想："完了，接下来几科肯定废了！高三一年白干，她得多难受。"高考两天，作为科任老师，要跟班送考。考第二科的时候，我在考场门口，居然看到了她的身影，因为排队入场隔得较远没法问候，那个时刻也不宜上前问候，于是只能远远投以关切的目光，只见她脸色青白，步履蹒跚往考场走去。待她入场以后，我问班主任情况。班主任说，她中午去了医院，因为坚持要考完再做手术，只是让医院给她输液止痛，下午便又如约出现在考场上。我深知急性阑尾炎的痛感，在这种情况下坚持考试，我实在为她捏了一把汗：还有三门，其中还有理科综合这样的大挑战，换作我，可能实在没办法面对这样的严峻考验。但是，作为老师，除了表达一下关心，实在也帮不上什么忙。接下来的一天半，我在送考队伍中，默默关注她在医院来来往往，在考场门口进进出出。她脸色依然青白，步履依然蹒跚。好不容易挨到了最后一科考试结束的铃声响起，看到她拖着疲惫的身体走出考场，我悬着的心终于放下一半：她终于还是撑下来了，终于可以去医院做手术。另外一半没有放下来的心是关于最终结果的，我心想，这个状态考完的高考，结果必然不会好，她能否承受这样的结果呢？接下来的一个月，在等待录取结果的漫长过程中，除了关注她恢复的情况，我心里始终惴惴不安。然而，最终结果惊艳了所有人——南开大学！跟平时的水准相较，并没差太多。那一刻，我深刻感受到什么叫真正的七中人的"超人意志"，她是凭着怎样的毅力，在剧痛中完成了这样一场壮举！如今，十年过去了，十年前那一场惊心动魄，至今依然历历在目。后来的她，从南开毕业去了新加坡深造，然后回国就业。一路走来，一步一个坚毅的脚印，每一个脚印都印证了七中人的"超人意志"，那种超越常人的毅力让人心生敬意！

小F同学，我是中途接手他所在班级的。他们班语文老师中途回家生产，于是我成了他们高中生涯最后一位语文老师，有幸参与了他的高三生活，见证了他之后的成长。小F同学有着超强的学习能力，我们常常开玩笑说是基因里自带。他有个双胞胎哥哥，从成都七中林荫校区毕业去了清华大学经管学院，是顶级的存在。传言他们家族里，各种表哥表姐堂弟堂妹最差的是去了复旦。这个传言后来我向他求证过。他笑着回应："怎么可能！"他的高三，跟大多数的学霸一样，集各种优秀学习品质于一身：一手好字、谦逊严谨、心态平和、静得下、坐得住、有钻研精神……他最后去了清华大学建筑系，算追随他所爱，创办清华大学建筑系的梁思成是他的偶像。他的高中故事算得上波澜不惊，考上清华大学也是众望所归。然而，他最值得讲的故事，要从他上大学开始说起。他上大学的2015年，正是中国基建发展如火如荼的时候，有一群人用惊人的速度和创新的技术，在十年时间创造了一项又一项令世界惊叹的工程奇迹。怀揣着这样的梦想去到清华，临毕业的时候，却遇到了残酷的现实，"大基建时代"正在放缓它的步伐，建筑学专业的就业市场迅速萎缩。在这样一个重要的人生关口，遇到这样的大形势，我们所有人都对小F同学的前途表示担忧：一方面，学了四年，如果不继续深造，弃之可惜；另一方面，如果继续，未来前途难卜。面临这样一个所有人都难以抉择的难题，他表现出了极其从容的定力和决断力，经过理性审慎分析，他选择了去哈佛大学深造，但是转换方向改学计算机，一如他当年选择清华大学建筑系时一样坚定。我们都知道，理工科中途改换专业方向需要多大的勇气，起步晚、难度大、前功尽弃的代价并不是所有人都能承受的。如今他已经从哈佛毕业，在纽约从事计算机相关工作。谈及未来职业规划，他计划先在国外计算机行业深耕，多积累经验，未来在观察分析中再做决断。我们都很佩服他随机应变的能力和处变不惊的定力。

小W同学，大概算是给了我教学生涯的高光时刻，她是2021年四川省高考文科第一名。她所在的班级是我任教的第一届文科班。在此之前，我一直教理科班，当理科班班主任。耳闻中的文科班，相较理科班而言，大约有这样的标签——有个性、难管、敏感、散漫。接手文科班，对于班主任经历并不算长久的我大约是很有挑战的。2019 年，因学校工作安排，我不情愿地接手了文科班，也正是因此，我邂逅了一群鲜活的灵魂。而小 W，就是这众多鲜活灵魂中的一员。对于能够考到全省第一名这类学生，我们往往都有一些刻板印象，比如专注自律、心无旁骛、勤奋好学、谦虚好问……这些都没有错，但是这些优秀的标签并不足以概括这些灵魂的可爱和鲜活。小 W 同学是在其他城市读的初中，因为户籍在成都的缘故，在成都参加中考。她的初中教材跟成都有一些差异，因而中考成绩也谈不上优异，不过还是上了高新校区的录取线。高一结束分科选科，她义无反顾地选择了读文科，于是高二到了我班上。我接手文科班时，便有所耳闻她是个文科好苗子，我当然也就多了一些期待。然而相处日久，我发现她身上有一些甚至谈不上传统意义上"优秀"但是鲜活的东西：她也会偷偷熬夜看小说，她也会对某个男生怦然心动，她也会觉得有些作业量大而无意义，她也会因为跟家人起小摩擦心绪起伏，她也有保守多年不轻易分享的秘密，她也会有考试不理想强作镇定的情绪波动，她也会渴求回避干扰的时空需求……她甚至还有一起小小的"癖好"——大考之前绕操场跑几圈出一身微汗，她说这能够帮助她激活大脑到最佳考试状态。这个"癖好"，曾经差点被先入为主的经验主义所扼杀——经历高考多年的老师们大致会总结出一条经验，那就是大考前要静而不是动，她这样动起来绝对要"遭"。面对这样的"告诫"，她"特立独行"了一把，高考考前依然绕塑胶跑道小跑了两圈，出了一点微汗，然后再从容上场奋笔疾书。事实证明，经验并非面对所有个体都奏效，学习的节奏只有自己最清楚。小 W 同学还有一个很好的习惯，就是每发生一个学习行为，她就有相应的反思和修正。基于此，她还一度喜欢上知乎搜索各类博主对于一些问题的回应。她的搜索并非漫无目的，而是针对自己生活学习中遇到的一些疑难问题；她也并非照单全收，而是精心筛选试用，觉得有效再为我所用。多年以后，我看到《管子》里"君子使物，不为物使"这句话，恍然觉得大概说的就是她这样的人。2021 年 6 月 9 日，高考完了，也就意味分别的时刻来临，我目送每一个人离开，过去严肃活泼的教室一下空空荡荡，在教室里黯然神伤了一会儿。小 W 同学最后一个走，她给我送上一张明信片，上面写了八个字"经师易遇，人师难寻"。能被这样认可,我深为感动,我并不敢妄称"人师",但当成一种鞭策也十分受用。6月24日,高考出成绩的日子,那晚大概很多人都彻夜难眠。得知小W同学是全省最高分,建校十来年的七中新校区沸腾了。那晚经历了短暂的激动以后,我忽然感到异常平静,总感觉这是她应得的,或者冥冥之中感受到了一种注定。那晚,虽然因为在学校登记成绩,深夜才归家,但睡得格外坦然安稳。时隔多年,每每被问到"你当年是怎样培养状元的",我总是回答:"我们没有培养状元,只是没有阻碍状元成为状元。"我想,作为老师,我确实没有多少深不可测的东西传授给她,也没有赋予她什么独到的秘籍,如果说做了什么,那就只是切切实实地陪伴,不企图去修正那些鲜活的天性。

其实,我的教师生涯算起来并不长,但是足够精彩,因为我有幸见证了各种花朵盛放,各自芬芳。后来的后来,我还遇到很多让我印象深刻的学生,比如踏实勤勉最后考上清华大学美术学院的小P同学,比如自立自强上了北京大学法学院的小F同学,比如恬然若水读了北京大学元培学院的小Y同学……举以上例子,并非想说明清华北大才是我们的价值取向,而是想表明这些同学身上的特质造就了这样的优秀。还有一些学生,他们可能不是上的清华北大这类一流名校,但依然活跃在祖国的四面八方。他们没有丧失对知识的好奇,他们没有放弃学习的原动力,他们没有磨灭对生活的热情,他们把论文写在祖国的大地上,干一行爱一行。在他们身上,有一种叫作"七中人"的身份标识,在他们身上,也有一种叫作"人文滋养,个性成长"的价值认同,这样的价值认同在七中人血脉里潺潺流淌,在七中人身上熠熠闪光!

成都七中机器人梦工厂的故事

张　庆[①]

引言：梦开始的地方

在成都七中的校园里，有一个地方名为"机器人梦工厂"，这里孕育了无数关于梦与创新的故事。学生们不仅是造梦者，更是将这些梦想变为现实的魔法师。他们之中，有"天问一号"总体设计师缪远明、两足机器人研发博士达兴烨这样的杰出校友，尽管我与他们交流不多，但他们的传奇故事总让我心潮澎湃；也有像王耀辉这样的 VEX 机器人世界锦标赛省赛冠军，我首次带队参加机器人竞赛时，他已上高三，仍来帮忙，我还看到他和队友在全校文艺活动上表演《三国演义》的舞台剧，据说他最擅长的是街舞。这些都体现了七中"人文滋养、个性成长"的育人目标。像他们这样的机器人造梦者，我后来又遇到了很多，他们身上充满传奇色彩的故事，令我终生难忘。我曾想，我和机器人梦工厂的故事是什么呢？其实不就是和梦工厂里学生们的故事吗？日积月累，故事多得说也说不完。在我心中，最难忘的就是这些与我并肩在梦工厂奋斗的孩子们。在此就讲讲近些年发生的几个小故事。

[①] 作者为成都七中信息技术教师。

故事一：喜欢席地而坐的机器人造梦者

机器人梦工厂的前身叫"机器人社团"刚开始在格致楼的204教室，面积不大。随着机器人活动的蓬勃发展，在学校领导的支持下，社团实验室于2016年搬到了游艺楼顶楼，面积扩大了几倍。教室在装修前比较简陋，但学生们自得其乐，给实验室取了个"七中之巅"的雅号。后来在易书记的建议下，取了个很有意思的名字"机器人梦工厂"，并在2019年进行了彻底的升级装修。

装修前我请来一位设计总监现场勘察，他第一次看到学生们坐在地上搭建机器人，觉得孩子们的活动条件太简陋了，怎么能坐在地上呢！于是他全力以赴，非常用心地为机器人梦工厂设计了一个很专业的实验室。不过我知道学生们就是喜欢坐在地上搭建机器人，即便我经常给他们布置好桌凳，但他们坐不了一会儿就坐地上去了。后来在修建机器人梦工厂时，这位设计总监所在公司没有中标，但公司负责人仍把这个设计方案免费提供给了学校。我很受触动，感激之余，想到那些席地而坐的孩子们，是他们无意间感动了设计师，使设计师设计出了极具科技感和艺术感的梦工厂。我由衷地感激学生和设计师们，同时也特别感激学校领导把这个设计变成了现实，真正让梦工厂美梦成真。

而今回忆梦工厂初建场景，一切仍然历历在目。

席地而坐的机器人造梦者

2010 年的机器人实验室格致楼 204 教室

2016 年的机器人实验室游艺楼 602 教室

2019 年装修一新的机器人梦工厂

故事二：喜欢从早到晚待在梦工厂的机器人追梦者

令我感动的梦工厂学生数不胜数，谢上好同学就是其中之一。他因为准备出国留学，所以从高一担任赛队队长到高二担任社长再到高三兼任教练，一直坚持参加比赛活动，直到毕业离校。他在梦工厂待了三年，是参与时间最长的机器人爱好者之一。出国以后，他还利用周末时间，专门对新队员进行辅导，责任担当和热爱之情令人感动。

在他和队员们留下的工程笔记中，我看到一段谢上好对自己的描述："早上天不亮就到实验室，走的时候都不知道天黑了多久了，基本上见不到太阳。从小一直喜欢机器人项目，而且也参加了许多比赛，虽然被电机、麦轮在身上留下了好些痕迹，但是这些都不会影响我对机器人的喜爱。"

在这样的付出下，谢上好和队员们参加比赛活动的精彩表现令人难忘，特别是2019年的上海赛。在半决赛时，两分半钟一局，三打二胜，我在赛场外看着记分牌，内心异常紧张：在比赛关键的一局定胜负的时候，盟队突然出了问题，变成了以一敌二，这几乎是不可能胜出的任务。但奇迹出现，谢上好团队顶住了压力，在两分钟手动比赛结束时，以微弱的优势逆转比赛胜出，闯进决赛，整个赛场再一次沸腾起来！最终团队一鼓作气，夺得了该年度赛季最后一站的冠军。

2020年因新冠疫情没参加比赛，2021年他们再度夺得全国冠军。比赛成绩离不开实力的支撑，谢上好编程技术、机器搭建、比赛战术娴熟，是队里的精神领袖。他在平时活泼开朗，喜欢开玩笑，但在训练的时候，就会变得极度专注和严肃，效率极高。

记得他们为了提高机器人比赛水平，寒假期间在学校训练结束后又把场地摆到自家车库，队员们自觉参与训练。这样有实力心态又好的战队，运气自然也差不了多少，他们在2021年赛季拿下了First科技挑战赛（FTC）冠军和启迪奖等十多个奖项。

假期在家里的车库玩机器人，显然离不开家长的大力支持。令我特别难忘的，还有谢上好团队的家长们，他们的付出令人感动。几乎每一次外出比赛，家长们都安排代表陪同，参与后勤管理，陪着学生和老师熬夜、早起，配合老师带队外出，消除后顾之忧。

谢上好这个梦工厂的追梦者特别有魅力，常常给梦工厂带来意外的惊喜。记得2021年高三下期，王子卜同学参加数学竞赛被保送大学后，要求加入梦工厂，参加 FTC 机器人比赛，家长也很支持。我当时非常意外：通常是学生在高一高二参与机器人社团，从来没有高三下期才来参加的。一番了解后，才知道他是谢上好的小学同学，曾经一起参加过机器人活动，现在想和谢上好一起，继续圆他机器人爱好者的梦。我当然无法拒绝，欢迎他加入这个团队。王子卜在机器人社团只有几个月时间，但是非常认真，和谢上好他们几个新老队员一起组队，参加了赛季多次比赛，并最终在暑假夺得了全国冠军。

故事三：无处不在的梦工厂

这是 2021VEX 机器人亚太赛最高奖"卓越"奖获得者的故事：三个学生坚持参加机器人活动，有始有终，最后问鼎世锦赛线下赛最高奖"卓越奖"。获奖后小结时，我们非常开心。高一队员 MTV（队员们取的昵称）边讲边哭，现场的我一时没反应过来，后来一想，确实不容易，他们十多个高一队员，最后一战就他一个人参加。高二队员更不容易，竟然还有两个坚持到了最后的比赛。"小朋友"和"Small""MTV"三个队员组成团队，最后圆了自己的机器人之梦。

插曲一：他们仨都是住校生。因为机器人实验室在晚自习后就清场，为了打好比赛，有一次他们看到时间不够了，就把机器人带回宿舍，找个僻静的地方熬夜搭建。在他们眼里，梦想无处不在，梦工厂也无处不在。只要条件允许，学校的宿舍也是他们的机器人梦工厂。当然，作为老师是不支持这样熬夜做的，但我也理解他们。前些年我还经常陪学生们熬夜搭建、维修机器人，半夜送学生回宿舍。现在管理越来越规范，下了晚自习就结束活动，这是学校的规定和要求，应该遵守。不过，在外出比赛时，学生们无论住在哪里，为了调试好比赛场地或机器人程序，还是会熬夜进行维修测试，直到确保可以顺利参加比赛。为了确保第二天比赛操作时头脑清醒、精力充沛，我们常常要求他们早点休息，而搭建手和编程手会熬夜处理问题，直到问题解决，这是个多年来形成的参赛规则了。

插曲二："小朋友"是高二队员名字的谐音，他认真书写工程笔记，做得非常细致严谨，为最终获得"卓越奖"打下了基础。至今这本工程笔记仍在梦工厂，由我好好保管着。当时在评委评审时，他们队虽然只有三个人，但答辩做得非常出色，再加上比赛成绩也很突出，在资格赛、技能赛、淘汰赛上表现出色，最终获得全场唯一的最高奖"全能奖"（VEX机器人赛事最高荣誉）。这是该年度中国队参加VEX机器人世锦赛上的最好成绩，同时也是四川省在世锦赛上获得的首个全能奖。

故事四：梦之队的双星闪耀

2023年梦工厂又开始了造新的梦——开展了机甲大师项目比赛活动。刚开始，我发现队员里有一个爱迟到的"梦虫"——陈思危同学，周末上午的集训就他经常迟到，打电话去问，他常常还在床上睡觉。他爱睡懒觉这事被我和技术教练提醒了很多次，还联系过几次家长，结果效果还是不好。后来，我就想了个办法，直接动员他们团队选他做队长，让他做队员们的领导和表率。也许是责任心和荣誉感的促使，也许是同学们相互的影响促进，或是他找到了自己在团队中存在的价值和动力，总之，周末到机器人梦工厂"做梦"比在床上做梦对他更有吸引力了。此后，陈思危同学再也没有迟到，慢慢变了个样，表现得越来越好，最后和同学组队首次参加全国无人机大赛就获得了省赛一等奖的好成绩。现在他已在北京大学读书，希望他和所有梦工厂的队员们一样继续深造，努力去实现自己的梦想。

在机甲大师团队里还有一个"救火队长"张曦辕，2021年他高一时进机梦工厂做FTC程序员，在谢上好学长的远程指导下学习，非常认真。2022年，我校FTC活动调整为教育部白名单赛事"机甲大师"，他便在高二上期参加了机甲大师项目，担任队长，平时上课训练都做得非常好。印象最深的一次，是外聘教练突然有事耽搁来不了，我做了一个编程的PPT课件去上社团课，考虑到学生们不喜欢老师讲得太多，我便请他来讲相关内容，这是一个小小的挑战。结果他用我的PPT课件，讲得很流畅，完成得非常好。2023年高二下期，因为梦工厂又开展了教育部白名单赛事"人工智能自动驾驶创新挑战赛"活动，刚好缺一个队员，影响组队，我便找到张曦辕同学征求意见。结果他二话不说便积极参加了自动驾驶项目团队，并和队友组队，在省赛中一举夺得冠军，最后参加全国赛，荣获一等奖。

在张曦辕同学身上，我看到了一个在梦工厂不断挑战自我的机器人爱好者。

故事五：冠军不是梦

梦工厂不仅有出色的男生，也有很多出色的女生，2019年一支全员女生队就因为表现突出而专门获得过"VEX出色女孩奖"。梦工厂优秀的女生也举不胜举，这里就讲一个女生的故事吧。

2023年，四川省第21届机器人赛结束了，李喜悦所在的VEX团队夺得了冠军。赛后回到成都，我接到她发来的消息，说他们队在赛前听另一支外校强队的某个队员说，那支队伍会"让"他们拿冠军，而恰恰在决赛关键的最后时刻，那支队伍的主操作手犯了一个决定性的差错直接被判负。李喜悦说，如果这真的是"让"的话，这比赛就没意思了。我听了后马上去问现场的其他学生和老师们，最后确认，一是确实有学生在赛前"打心理战"，说过这样的话，但那个学生并不是上赛场的主力队员，且赛队都在认真比赛，根本不可能说让就让的。二是当时比赛现场这么多裁判和老师及学生观战，确认了对方操作失误的原因是因为太紧张，在比赛快结束时，把队友倒计时的提示听成了裁判的倒计时，以为到弹射任务的时间了，就直接弹射，结果提前了几秒，因违规被判"DQ"（Disqualified），被取消了比赛资格。

这事让我认识到，李喜悦作为VEX冠军队长和主力操作手其实还不够自信，冠军对她来说，也许还是梦一样。但她特别喜欢VEX机器人，于是在高二时我鼓励她继续参加机器人梦工厂的VEX机器人比赛活动。

2024年6月21日下午，四川省第22届机器人赛进入尾声，我和另外几个参赛学校的机器人教练在赛场外等结果，这时，另外一支决赛队伍的一个老师的对讲机里传来了声音："我们亚军，七林冠军！"听了后我非常高兴，李喜悦他们队蝉联冠军了！不一会儿，我看到小李出了赛场后很开心地和队员们一起合影，还主动去给其他队员拍照。此刻，李喜悦和她的队友们再圆冠军梦，相信她此刻自信心爆棚，再也不会相信那些"冠军是让给你的"的话。对她而言，冠军不是梦。

结语：梦工厂的故事，未完待续

确实，冠军不是梦，机器人梦工厂的梦不是冠军，那是什么？成都七中机器人梦工厂的梦，可以从多个维度来解读，这不仅仅是一个物理空间内的梦想，更是学校对于科技创新教育、学生全面发展以及未来社会贡献的深远期望。科技创新是实现中国梦的重要驱动力。成都七中机器人梦工厂作为科技创新教育的前沿阵地，通过提供先进的科技教育资源和平台，激发学生的科技创新热情，培养他们的科研能力和创新思维、实践能力和团队合作精神，这正是为中国梦的实现、培养未来的科技人才和领导者奠基。学生们在梦工厂做的梦，是"科技强国、未来有我"的中国梦的一部分，他们用自己的方式诠释着成都七中"人文滋养、个性成长；全球视野、中国脊梁"育人目标的深刻内涵。

因学校领导的信任和安排，我非常荣幸担任了十多年机器人社团指导老师。表面上看是我一个人在指导社团，实际上我们一直是在打"团体仗"：在社团老师身后，从校领导到学校教育处等各处室，从教研组到年级组再到社团总辅导员等，都给了非常多的指导和帮助，还有学生们、家长们和家人朋友们给予的支持和关心，这一切组合才是我们七中机器人梦工厂真正的"梦之队"。

成都七中机器人梦工厂的故事充满了挑战与荣耀，但更多的是那些温暖人心的瞬间和不懈追求的精神。这些故事，如同星辰般璀璨，照亮了我们前行的道路。未来，梦工厂的故事还将继续，更多的年轻心灵将在这里编织梦想，共铸辉煌。我们相信，机器人梦工厂将永远走在造梦、追梦、圆梦的路上；我们相信，科技强国、民族伟大复兴的中国梦一定能够实现。祝愿成都七中梦工厂的学生们不断造梦、追梦、圆梦，期待他们在未来成为推动国家科技进步和产业升级的重要力量，为实现中国梦贡献智慧和力量！

故事发源地概览——机器人梦工厂空间规划

机器人梦工厂的空间规划科学合理，分为荣誉区、竞赛区、讨论区等多个区域。每个角落都充满了孩子们的汗水与欢笑，记录着他们追梦的足迹。

梦工厂大门，展台上为荣获全国赛冠军或世锦赛大奖的机器人代表

荣誉区，社团历届成员照片及名录，参赛获奖证书、奖牌、奖杯、奖旗等

竞赛区，比赛场地、手动自动编程调试，操作练习区域

讨论区，每周例会交流学习、程序设计、机器人科研区域

展示区，展示架上摆放了十几年来VEX、FTC历届参赛主题道具、赛队照片

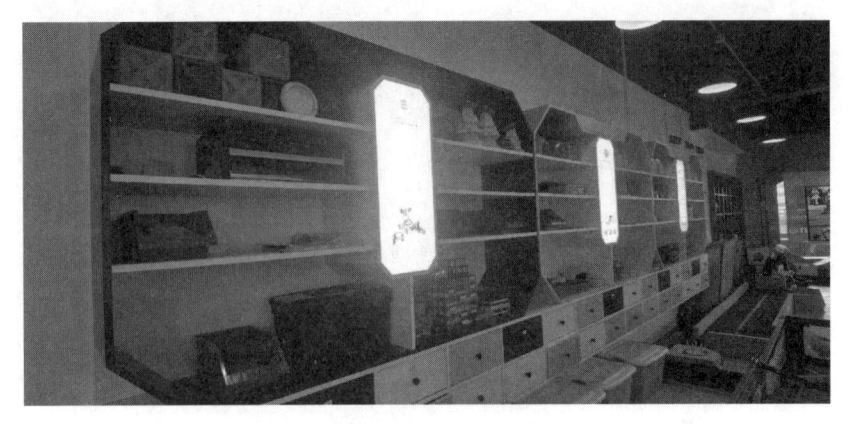

器材区，机械零件如铝材、飞轮、齿轮、电机、螺母存放区域

工作区，设计搭建、维修改装机器人区域

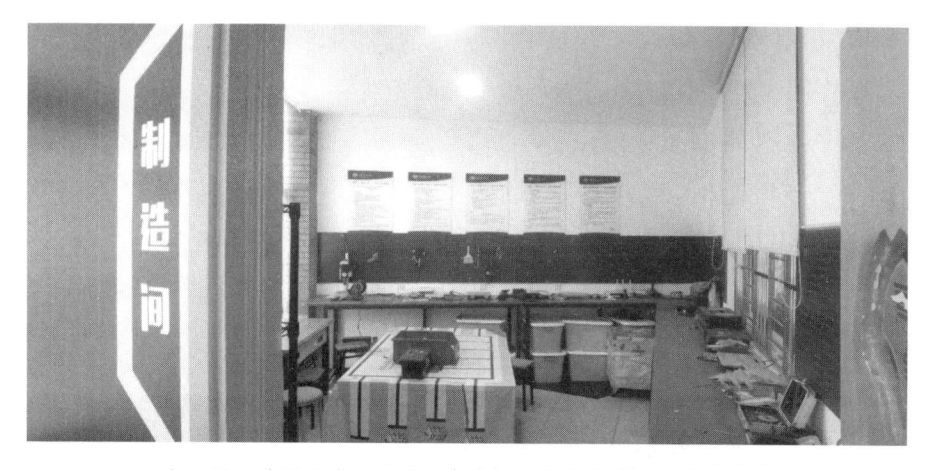

加工区，使用钻台、锯台、角磨机、热熔枪等加工制造区域

故事里的五彩梦——梦工厂的五门课程设计

成都七中机器人梦工厂引领七中学子踊跃投身科技创新活动，在2024－2025学年开设了五门特色课程。

1. VEX机器人设计与制作课程

VEX机器人赛项涵盖中小学、大学及成人等所有年龄段的机器人赛事。比赛分手动和自动两种机器人比赛，互动性强，对抗激烈，惊险刺激，突出机械结构、传动系统的功能设计，是创意设计和对抗性比赛的最佳结合。比赛将项目管理和团队合作纳入考察范围，重视竞争和结果，更重视体验过程，为参与者提供更真实的工程体验。

VEX机器人设计与制作

2."机甲大师"编程与操作课程

"机甲大师"编程与操作课程着重培养青少年的工程理论知识与人工智能实践,培养有AI实践能力的机器人竞技对抗,比赛过程中设有工程机器人取弹、步兵机器人自主识别与巡线、步兵机器人激活能量机关、空中机器人基地破甲等多种任务,涉及知识点包括机器人基础、程序设计等,逐步进阶到人工智能、机器人控制原理,并注重考查学生临场反应能力、发现问题和解决问题的能力以及团队协作能力。

"机甲大师"编程与操作

3. "走向未来"人工智能自动驾驶课程

"走向未来"人工智能自动驾驶课程对标自动驾驶前沿科技，涉及数据采集、模型训练、自动驾驶、人工智能、跨学科以及算法等多个方面，以深入了解自动驾驶技术原理和应用，培养学生的综合知识运用能力、基本工程实践能力，激发兴趣和潜能，倡导理论联系实际、求真务实的学风和团队协作的人文精神，为未来的科技发展和创新做出贡献。

"走向未来"人工智能自动驾驶

4. 仿生机器人设计与制作（仿生蝴蝶/仿生机器狗）课程

仿生机器人（仿生蝴蝶/仿生机器狗）设计与制作课程通过设计、制作、编程智能化将仿生学和机器人学相融合，培养学生对仿生机器人的兴趣和能力，开阔视野，加深对人工智能的理解和应用。课程内容有仿生机器人的架构、关节坐标体系、执行器控制、动作数据结构、姿态反馈、环境感知及反应、飞行姿态控制，学习设计并制作机器人、飞控系统开发、飞行与运动优化，实现遥控仿生蝴蝶飞行或四足机器人运动。

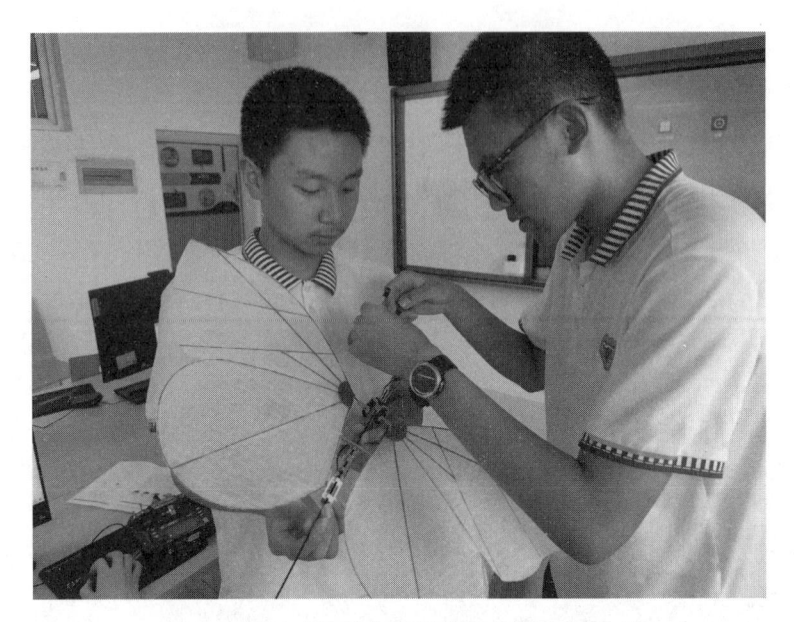

仿生机器人设计与制作（仿生蝴蝶/仿生机器狗）

随着无人机技术的发展和应用越来越广泛，在校领导的支持下，机器人社团新增了无人机编程与操作课程，包含理论实践、模拟课、操控课、编程课。以无人机综合应用为核心，涵盖无人机操控基础、无人机编程基础、无人机编队飞行技术、无人机编队飞行方案、无人机单机飞行技术、无人机蜂群技术、无人机基本理论及空气动力学等教学内容。

无人机编程与操作

故事里的足迹——机器人梦工厂竞赛简况

自2019年以来，在学校领导的大力支持和师生们的共同努力下，机器人梦工厂在造梦、追梦、圆梦的路上风雨兼程，在这里，每一个孩子都被鼓励去探索、去创造、去超越自我：梦工厂先后参加各级机器人竞赛夺得了十四次冠军级最高奖以及二十多次省级国家级一等奖。这些荣誉不仅是对孩子们努力的肯定，更是学校坚持正确教育理念的最好证明。

1. 2019年2月，获宁波第三届VEX机器人亚洲公开赛一等奖。

2. 2019年3月，获四川省2019青少儿科技挑战赛冠军。

3. 2019年4月，获第十二届VEX机器人世锦赛ARTS赛区季军。

4. 2019年4月，获重庆大学FTC亚军。

5. 2019年5月，获西宁FTC最高奖科技启迪奖。

6. 2019年5月，获四川省第十七届世锦VEX机器人一等奖、FTC一等奖。

7. 2019年5月，获FTC香港邀请赛最高奖科技启迪奖。

8. 2019年6月，获FTC上海赛冠亚军。

9. 2019年11月，获重庆VEX机器人世锦赛中国选拔赛"出色女孩奖"。

10. 2020年9月，获FTC上海邀请赛季军和"创新奖"。

11. 2020年12月，获重庆VEX机器人世锦赛中国总决赛一等奖。

12. 2021年4月，获西安VEX机器人亚洲公开赛一等奖和创新奖，晋级世锦赛。

13. 2021年4月，获深圳FTC华南赛冠亚军、最高奖科技启迪奖。

14. 2021年5月，获FTC杭州邀请赛亚军。

15. 2021年5月，获上海交大VEX全国精英邀请赛八强。

16. 2021年5月，获酒泉VEX机器人世界锦标赛亚太分区赛最高奖全能奖。

17. 2021年7月，获上海2021FTC中国地区总决赛冠军。

18. 2022年6月，获成都机器人联盟精英赛亚军。

19. 2023年3月，获"新时代·蜀少年四川省青少年文化艺术展演"总决赛一等奖。

20. 2023年3月，获重庆2023中国－加拿大VEX机器人国际赛一等奖。

21. 2023年5月，获成都市第十九届学生信息素养提升实践活动机甲大师冠军。

22. 2023年5月，获四川省科技教育成果展示赛VEX冠亚军、自动驾驶项目冠军。

23. 2023年5月，获第七届全国青少年无人机大赛四川省赛一等奖。

24. 2023年7月，获资阳"第21届四川省青少年机器人竞赛"VEX高中组冠军。

25. 2023年8月，获北京第三届全国青少年科技教育成果展示大赛总决赛一等奖。

26. 2024年5月，获德阳"四川省2024科技教育成果展示赛"自动驾驶一等奖。

27. 2024年5月，获首届VEX最佳社区奖。

28. 2024年6月，获第八届全国青少年无人机大赛四川省赛机甲大师冠亚军。

29. 2024年6月，获广安"第22届四川省青少年机器人竞赛"冠军。

30. 2024年7月，获杭州第四届全国青少年科技教育成果展示大赛总决赛一等奖。

2024年第八届全国青少年无人机大赛四川省赛机甲大师冠亚军队员合影

2024 年第 22 届四川省青少年机器人竞赛 VEX 高中组冠军合影

2024 年第四届全国青少年科技教育成果展示大赛总决赛一等奖合影

第四篇

师道如光

学生是这样炼成的

袁教逵[1]

一

1940年出生的我，小学就读于成都市茶店子小学，1951年毕业被保送进成都县中。才十一岁啊，还是个小孩子！刚读初中一年级，本性就是个调皮捣蛋鬼，睡午觉不老实，用铺盖裹着自己看能不能站起来，哦豁！不小心头向下就从上铺栽到了地板上，好在是木地板，不是水泥地面，当时就晕过去，老师和同学们急忙把我送到学校对面的成都市三医院。下午我醒过来了，你猜我向他们问的第一句话是啥子？我问："我饿了几天了？"同学们笑着说："哈哈你小子中午从上铺栽下来，差点摔死了，好在下午就醒来了。才半天啊，你一顿饭也没有落下！你呀调皮捣蛋还是个馋猫！"

二

我很幸运地成长在成都七中，随着年龄的增长，从七中的初中读到七中的高中，母校有着无数优秀的老师：曾物理、贾化学、熊三角、袁代数、张几何、陆语文……

学校的学习环境无形中让大家养成了努力学习、积极向上的风气。我

---

[1] 作者为男初七十一班甲组、高1957届二班学生。

们被教导，要学好知识为将来服务国家打好坚实的基础！在这样的环境中，我由一个不太懂事的愣头青逐渐成长为知道认真读书、学好本领报效祖国的年轻人！七中的学生就是这样炼出来的！现在回忆起来，都会真诚地感恩母校，感谢母校的培养教育让我们成为对国家有用的人！

课堂记趣

许志坚[①]

1956年秋天，我进入成都七中读高中，分在一班。那个时候，成都七中已经成为闻名成都的重点中学，学子们都以能够进入七中读书而骄傲。首先感到自豪的就是七中的师资力量很强。解子光校长声名远播，还有"熊三角""贾几何"名气很响。其实，成都七中的整体师资力量都很强。我们的班主任生物老师邓耀楷、数学老师鲁季良、语文老师罗艺文、俄语老师刘宏书、物理老师汪泽多、地理老师杨凌、历史老师聂绍成、政治老师杨礼等，都是非常优秀的。我的七中故事就从一些老师的课堂教学开始讲起。

一

代数课老师曾达义是从西北中学调来七中任课的。他是一位中年老师，中等身材，脸上总是挂着笑容。他讲课完全用成都话。非常公式化的内容讲起来并不刻板，而是像寻常交谈一样，生动活泼。比如，在数学中，正弦、余弦和正切是三个重要的三角函数，它们在计算和解决各种数学问题中扮演着重要的角色。我记得曾老师在教学过程中讲解它们之间的关系时，首先在黑板上画一个圆，然后再画一个任意三角形，a、b、c 分别为三条边，A、B、C 分别为对应的角，然后列出正弦、余弦和正切三个公式，就突然打住了。只见他慢吞吞地说："我们四川人喜欢吃鱼，但有些地区的方

[①] 作者为高1959届一班学生。

言不说'吃'而是说'七',有时候又说'切'。现在成都的郊区不少农民依然把'吃饭'说成'切饭'。"说到这里,他突然转了一个话题,说起有一位古人叫郑玄。那时我并不知道郑玄是谁,后来进大学,学习中国古代思想史,才知道郑玄是汉代的一位经学大师。他接着说:"如果郑玄吃鱼,我们就要说'郑玄切鱼'。现在我们就来看'正弦切余'的关系。"他接着讲解三个公式的关系。这个课堂情景一直在我脑海里留下深刻的印象,六十多年过去了,依然记得比较清晰。

在理科课程中,我比较喜欢化学。记得高一教我们化学课的教师是女老师胡老师。开始同学们不满意她的讲课,提了很多意见,并且反映给了学校。她也感受到很大的压力。我有点儿替她打抱不平。我觉得同学们太挑剔了,她讲课其实讲得非常清楚,就是不够生动活泼。而且她非常重视实验课,指导同学们使用仪器操作实验一丝不苟,认真负责。有一次做实验,一位同学不小心把硫酸溅到了后面正在专心做实验同学的衣服上,烧了两个洞,他们当场争吵起来。胡老师知道我是干部,就让我去劝解他们,还让我帮助她监督同学们遵守实验室的操作规程,认真做实验。

通过化学课的学习和实验操作,我学到了一些基本技能,收获还是挺大的。后来学校交给我一个新的实验任务,我就知道怎样按规程操作,化学课对锻炼我的动手能力起了很大作用。

第二年,化学课老师换成了毛学江老师。这位老师很有学者风度,讲课条理清晰,而且将生活实际和实验操作结合起来,让我对化学课很有兴趣。在课堂上请同学站起来回答问题,他习惯说的两句话是"快点说""说准确"。有问题我也喜欢问毛老师,他总是有问必答,对学生都显得彬彬有礼的。几十年之后,他和夫人有一次在百花潭公园的北门看到了我,主动招呼我说"你是1959届的"。当时我非常惊讶,这么多年过去了,毛老师还记得我让我非常感动。

二

我们上高中的时候，正好碰到课程改革的一个重要课题，那就是将语文课分为两门课——文学课和汉语课。课表上都是分开排课，但却是同一个老师教。在我的记忆里，这大概只实行了一个学期。以后依然是语文课，也没有单列一门课专门讲语法。

后来我查了一下保留至今的成绩通知单，证明我的记忆没有错。我们在七中读高一的时候，第一学期文学和汉语的成绩都是各自单列，到第二学期就只有文学课了，汉语课既没有单列，更没有单列的成绩。

教我们班文学课的是一位新来的女教师。她的名字叫韩肃，表面看起来性格还真有点儿含蓄。她的模样和衣着打扮有点民国范儿。

文学课本开篇就是《诗经》，而《诗经》选的课文头两篇就是《关雎》和《氓》，都是讲感情的。也许她那个时候不但没有结婚，很可能还没有谈恋爱，讲着讲着她脸红起来了，讲得也不那么流利了。同学们对她的讲课不满意，提了一些意见。两周以后，讲《左传》的有关课文，涉及晋文公重耳逃亡的故事，她显然做了充分的准备，同学们聚精会神地听她讲，这一次对她的印象开始有了改变。

韩肃老师讲课还是认真负责的。她教了我们一年的文学课，后来就调走了。我至今还保存着她要求我们完成的一次作业，就是把《氓》改写成一篇散文。她在批语中对我的改写给予了充分肯定，"改写得清楚"，也指出了不足之处，"有些平板"，给我评了四分，让我这个从初中开始学苏联实行五级记分制以来得惯了五分的学生十分沮丧。紧接着布置写作文，题目是《参观四川省农业展览会》，我在五百多字的作文里，注意营造气氛，渲染参观过程的情绪变化。韩肃老师写的评语是"有内容，写得真实生动"，给我评了五分，让我着实高兴了一阵。

几十年之后，听一位同学说她已不幸离世，我们都感到十分惋惜。今天翻出当年的作文，注视她的评语，依旧怀念这位可敬的老师。

三

高一还开设了人体解剖生理学。从成绩通知单上可以看到，高年级还开设了"达尔文主义基础"。这是只有七中才开设的课。

七中还开设了军事学和制图课。据我了解，其他的学校都没有开设这两门课。这就是七中的奇特之处，因为讲授这两门课要有专任教员。七中专门聘任了两位现役军官沈图和李忠诚给我们上课。其中，沈图在七中的时间更长一些。沈图担任我们高1959届一班的军事学课。他很有军人作风，但无论是在训练场上还是在课堂上，也有满脸笑容的时候。我在高一担任少先队大队长时，组织训练参加国庆游行方队队列，还专门请他指导并且检阅队伍。他的身体力行对我组织能力的锻炼与提高有很大帮助。初中部的少先队员们都很喜欢他。在他的指挥下，少先队员们操练起来特别有劲，很有精神。

上制图课的是一位女老师，姓李。她讲课特别认真细致，而且注重培养同学们的动手能力，要求同学们制图以后还要会晒图。十分有趣的是，她教我们如何用直尺和圆规画出一个非常标准的五角星。她还教我们学写仿宋字。我的仿宋字写得比较好，得到过她的赞扬和鼓励。直到大学毕业以后，我下放工厂劳动锻炼时能看图，当我说出一些术语时，厂里的技术员都大为惊奇。而我的仿宋字在以后搞宣传工作时经常运用，这也得益于我在七中奠定的那些基本功。

这两门课，我的学期成绩和学年总成绩都是满分五分。我至今还怀念这两位可敬可爱的老师，他们教给我很多做人做事的宝贵东西。这也是我难忘的七中故事之一。

名师叶有男

张多能

叶有男先生是在成都七中教书最久的老师。他1940年从四川大学外语系毕业后就在成县女中教书，直到1976年从七中退休，为七中工作了三十六年！他出身名门，英俊潇洒，学历又高，学术精深，但一辈子为人低调谦和。有篇文章名为《有诗有酒有故事，在指挥街品味地道成都》，其中提到这条街上的三家名人，李劼人、马识途和叶氏一门三杰，叶氏就是叶有男先生家。祖父叶大丰从日本留学回来，曾任四川省高等法院检察厅厅长。父亲叶伯和是当时有名的音乐家，东京音乐学院毕业，与李叔同是同学加朋友，1909年回国，有著作《中国音乐史》流传于世。另外，叶伯和又是我国用白话写新诗的开拓者之一，有"成都泰戈尔"之称。

叶有男先生专业严谨、精深。他在七中教书育人一辈子，他的教学和为人深受广大师生的喜爱。在七中，他曾任外语教研组长，非常注重大力培养年轻教师。同时他也拉得一手好提琴，不愧来自叶家这个音乐世家。他也曾是成都海登乐社成员之一。成都海登乐社是一个由音乐教师组成的爱国社团，在抗战宣传活动中非常活跃，曾积极参加抗战义演，为抗战募捐。

1944年春原成都县女中同仁合影，学校疏散在雍家渡，校长陈毓奇。后排右一闵震东，倒数第二排右二周菊吾，右五叶有男，右六张伯通，前第二排左四叶胜男

叶有男先生的妹妹叶胜男、妹夫闵震东早年在成县女中教音乐和外语，叶胜男老师1929考入上海音专，与贺绿汀同学，她主修钢琴和大提琴，1941年受聘于成县女中。闵震东老师毕业于国立成都大学外文系，后入燕京大学研究院，不但学问高深而且多才多艺。1959年调往重庆西南师范学院教授英语。

20世纪60年代初的七中外语教研组老师，后排左一闵震东老师，左二叶有男老师，前排右二沙伊诺夫老师

叶有男老师的儿子叶尚雄在成都七中高 60 届二班,那是著名的尖子班,在"保高三"前的全省统考中名列第一。就在这样一个人才济济、强手如云的班级中,叶尚雄也名列前茅。他是一名高水平的无线电发烧友,年仅十五岁就能独立装配和修理五个电子管乃至六个电子管的超外差式收音机。

叶有男老师的女儿是七中初 1963 届、高 1966 届学生,后来又是成都七中育才学校的物理老师。她秀外慧中,蕙质兰心,深受学生爱戴。四五十年前毕业的学生现在还常常邀她一起活动,并年年以各种方式问候她。

叶有男老师的孙子目前在成都七中电教中心工作。

叶有男先生和他的家人与成都七中真是极有渊源,体现了薪火相传的精神。感谢叶有男先生及其家人对七中所做的贡献。

20 世纪 60 年代叶有男先生(左一)与七中外语教研组同事步出办公楼

我读高中时的语文老师

邓祖铭[①]

1960年9月，我进入成都七中读高中。语文老师名叫佘万福，二十多岁，据说是刚刚大学毕业分配来七中的。他为了摸清学生的文化功底，特意将入学后的第一次作文安排两节语文课连上，谁做完作业谁先下课，作文题目是《我的家乡》。这题目很合我的口味，我很快就找到了切入点，开篇就是"我的家乡，是一个四季如春、风光迷人的城市。她好似一朵诱人的芙蓉花，盛开在绿色的川西平原上"。然后第二段写我最熟悉的望江楼，第三段写武侯祠，第四段写杜甫草堂，第五段写人民公园的辛亥保路运动纪念碑，点出主题：成都不仅是一座历史悠久的城市，还是一座英雄的城市。作文最后，我收了一个光明的尾巴："每当太阳升起，看吧，新的生活，正招引着，踏着曙光前进的人们！"这篇作文交上去后，获得佘老师的高度赞赏，在第二次作文课时，作为范文在全班逐句逐段点评。以后的几次作文，也是获好评不断，我也因此被推选为语文科代表。

不知道为什么，佘老师教了我们一学期就被调离，换成了雷患生老师。雷老师对鲁迅有很深的研究，同学的作文他都能嗅出鲁迅的气味来，他特别欣赏蒲友俊常带"鲁迅笔法"的作文。雷老师个子不高，讲课时常常双手撑住讲台，看一眼讲稿然后就即兴发挥。印象最深的一次是他讲得眉飞色舞，连他自己都被感动了，迫不及待地将"新发现"抄写在他的讲稿上。

---

① 作者为高1963届三班学生。

上高三时，我们的语文老师换成了大名鼎鼎的白敦仁老师。这位曾去波兰东方大学教授过中国文学的著名学者，回国后婉拒几所大学的邀请，选择到七中任教。白老师对中国古典文学有很深厚的学养。一次在主楼阶梯教室上大课，讲屈原的《涉江》，当白老师讲到"乘鄂渚而反顾兮，欸秋冬之绪风"时，他竟声音哽塞，潸然泪下，整个教室里的同学以及来观摩的老师们无不为之动容。古诗都是能够吟唱的，白老师特地吟唱示范了李白的《黄鹤楼送孟浩然之广陵》、杜甫的《江畔独步寻花》等诗给我们听，使老友张基得以真传，在往后的岁月里多次作为表演的保留节目。白老师特别赞赏清寂堂诗句"柳从黄瓦街头发，花向红墙巷里看"，说得我们常常去黄瓦街、红墙巷寻怀古之幽情。白老师对中国新诗评价不高，对一些所谓"名作"常常嗤之以鼻。他的很多观点影响了我的一生。白老师从不摆名师架子，常邀我们几个对语文感兴趣的同学去他的宿舍"开小灶"。

1991年10月，我所在单位搞职称评定，需要学历证明。我的高中毕业证不知弄到哪儿去了，单位负责人说找学校开一张证明也行。我自高中毕业后，由于种种原因一直再未回过学校，那日走进学校，发现整个学校变得焕然一新，连大门都变了个方向。我在收发室说明来意后，被告知去主楼找教务处。我沿着七里香花架下弯曲的走廊，走进似曾相识的主楼，亮灯的过道里不见一个人。在一间挂着教务处牌子的门前，我敲了敲虚掩着的门，听见有人在屋内应声"进来"。我走了进去，还未看清屋内的情况，只见坐在藤椅中的一位老师站了起来，面向我叫道："邓祖铭，你怎么来了？"我大惊，仔细一看，原来是佘老师呀！他当时已是教务处主任了。离校二十八年，我从少年变中年，佘老师从青年变老年，我们彼此能一眼认出，这是一种怎样的师生缘啊！佘老师大概说了一些自己的情况后，非常关心我离校后的种种遭遇，鼓励我自强不息。诉说了一个多小时，我才依依不舍地告别。

从小学到高中，我所遇到的好老师不少，我深深地感谢他们对我的教诲！我最崇敬的白敦仁老师，已于2004年5月仙逝。我殷切希望我的恩师佘老师、雷老师健康长寿！

他们谱写着教育的诗篇

洪时中

我是成都七中高1960届二班的学生，1957年秋进入七中，1960年夏毕业，虽然只有短短的三年时间，却留下了终生难忘的记忆。当年七中的那些领导和老师，在我们的心中留下了不可磨灭的印象。

校办工厂

我们在成都七中读书的那个年代，毛学江老师可算是全校教师中最有风度的一位。当年七中的所有老师中，穿西装打领带的只有两人：一位是教历史的杨麟老师，另一位就是教化学的毛学江老师。毛老师比杨老师年轻得多，一表人才，身材修长，潇洒帅气，气宇轩昂，颇有几分当年顶级电影明星孙道临的风采，更为引人注目。

毛老师的化学课教得特别好，听他的课简直是一种享受，他的演示实验堪称一绝，指导学生做化学实验也很有一手，深受学生的欢迎。其实，早在给我们上课之前，他在校办工厂的表现就给我留下了特别深的印象。

为贯彻"教育与生产劳动相结合"的方针，从1958年开始，成都七中办起了一些校办工厂。当时分配我到化工厂参加劳动，搞木材干馏。所谓木材干馏，就是将木材放在封闭的容器中隔绝空气加热，生成固态的木炭、液态的木焦油和气态的木煤气。之后还要对木焦油做进一步处理，得到醋酸、甲醇、丙酮等化工产品。

这个项目主要由毛学江老师负责，化学教研组的其他老师也积极参与指导，我们一大帮学生具体操作。就靠一本从苏联翻译过来的《木材干馏学》，毛老师自行设计了全套设备。干馏釜是用废旧汽油桶和钢管等改装的，委托校外加工，冷凝器等装置则是买来一些陶制坛子自己拼装而成。一切都是因陋就简，土法上马。我们在七中后操场一个角落砌了一个炉灶，费了很大的劲安装好了设备，又运来许多木材和煤炭，很快就点火开工了。

在那些日子里，毛老师一改平日里文质彬彬的模样，一顶草帽，汗衫背心，满脸灰土，浑身汗水，与同学们一起在现场操劳，言传身教，深受同学们的崇敬和爱戴。

在运行的过程中，遇到了许许多多的具体问题，毛老师带领几位高年级的同学逐一解决，终于走上了正轨。当第一批产品出来时，大家欢呼雀跃，非常激动。后来，我们不断提高质量，甚至进一步制出了冰醋酸（纯净的无水乙酸），这可是一个了不起的成绩。

可惜，靠这种原始的生产装置，原料和燃料的成本太高，成品的产出率又太低，经济上很不划算，效益太低，加之那个汽油桶制成的干馏釜太单薄，没用多久就烧穿了，还引起了一场小小的火灾，所幸值班的同学赶紧找来灭火器，很快就将火扑灭，没有造成更大的损失，更没有人员伤亡。鉴于安全和效益方面的原因，这一项目终于被迫下马。

尽管如此，毛老师那种能文能武、善于解决实际问题的能力，还是给我留下了深刻的印象。听说他在大学里学的并不是化学专业，教化学完全是因工作需要而改行，这更加令人钦佩。

多年之后，第一个教师节来临之际，成都七中高1958届毕业生、时任中共成都市委书记的黄寅逵向早已退休的毛学江老师送上了一束鲜花，代表成都市委和市政府祝全市教师节日快乐。这一仪式在电视上全程直播，影响很大。这是毛老师的光荣，更是整个成都七中的光荣。

"郑玄切鱼"

与风度翩翩的毛学江老师截然不同，熊万丰老师恰恰以不修边幅著称。而更为出名的是熊老师的平面三角教学，那简直达到了出神入化的境界。

平面三角的计算题，都离不开《四位数学用表》。做课堂练习时，曾多次出现这样的情况：有的学生在查《四位数学用表》时，老是查不到三角函数的准确值，口中念念有词，"sin 28°，sin 28°……"却老是查不出来。熊老师一旦听见，往往会大声报出数字，并说出在《四位数学用表》第几页，然后快步走到那位同学面前，帮助学生查表。再换几道题，他也都一口说出相应的三角函数值。这简直太神了！顿时，"熊老师能够背诵全本《四位数学用表》"的传说不胫而走。

其实《四位数学用表》根本没有背诵的必要，也没有背诵的价值。当时的数学教材比较稳定，习题比较固定，平面三角这门课中涉及的具体三角函数的值估计也就那么几十百把个。熊老师早已把这门课教得滚瓜烂熟，自然有可能记住许多具体的三角函数值，要用之时就能脱口而出。

各种三角函数在不同象限的符号，很不容易记住，熊老师却轻而易举地让大家掌握了其中的规律。记得他在黑板上唰唰两笔，画了一个大十字，把整个空间划分成四个象限，然后在这四个象限中分别写上"郑玄吃鱼"四个大字。他写的"吃"字是繁体字"喫"，还特意用四川某些县份的土音把"吃"念成"切"的音，引起哄堂大笑。他又解释说："郑玄是东汉时期的一个著名的文人，你们只要记住这四个字就行了。"

"'郑'（正）表示第一象限所有的三角函数都是正值。

"'玄'（弦）表示第二象限只有正弦是正的，其他几种三角函数都是负的。

"'喫'（切）表示第三象限正切和余切都是正的，其他两种三角函数是负的。

"'鱼'（余）表示第四象限只有余弦是正的，其他几种三角函数都是负的。"

原来如此！这四个字我一辈子都忘不了，印象特别深刻。

这就是成都七中的名师，像这样高水平的名师，成都七中有一大批。

教育的诗篇

我们在七中就读的时候，解子光校长还不到四十岁，但威望极高，同学们都尊称他为"解老"。我们这些普通学生对他的了解，主要来自多次听他的报告。

解老是一个天才的演说家,他的报告具有极强的说服力、感染力、亲和力和人格魅力,全校师生都特别爱听。他做报告时,从不用讲稿,好几个小时的演讲一气呵成,大家听得聚精会神,全场鸦雀无声,不时爆发出一阵阵哄笑,效果极佳。甚至有同学说:"听解校长做报告,比吃熬锅肉(回锅肉)还安逸!"

我印象最深刻的一次,是他给我们讲《教育的诗篇》。

当时,成都七中的学子往往心高气傲,高考时非清北复交之类的著名高校大多都看不上眼,更不愿填报师范院校。但国家非常需要大量的人投身普通教育事业,每年高校的实际录取人数中,师范生都占了相当大的比例,因此每年都要对毕业生进行填报师范院校的动员。当年苏联教育家马卡连柯写的纪实体长篇小说《教育诗》十分畅销,根据该小说改编的电影《教育的诗篇》也很受欢迎。七中就专门为高中毕业班学生放映这部电影,解老也亲自出马,为毕业班的全体同学做报告。他本人早已把《教育诗》这本书看了不知多少遍,所以结合自己多年从事教育工作的切身体会,一口气讲了两三个小时,讲得头头是道,充满激情,极具感染力,听得许多同学深受感动,热血沸腾。结果,我们1960届的毕业生三百余人中,仅进入西南师范学院一个学校的,估计就有二十人以上。

20世纪80年代初,解老出任成都市教育局局长,我当时在新成立的成都市地震办公室工作,与他同在市政府的职工食堂排队打饭就餐,偶得重逢,更有两次在人民西路的一家小面馆邂逅促膝谈心的难忘经历。当我问到他当局长的感受时,他语重心长地告诉我:到教育局工作,比在七中当校长担子重多了。他去过许多农村的基层中小学,特别是山区的一些学校,缺钱,缺教师,有的学校甚至连课桌椅也凑不齐。他深感责任重大,但只能砥砺前行,争取在有生之年为国家、为老百姓多做一点实事。我不禁想到他当年讲《教育的诗篇》时的情景。解老是一位杰出的教育家,他的一生,就是在谱写一首诗,一首教育的诗篇。

其实,像毛学江、熊万丰等许许多多的老师们,乃至成都七中的历届领导和所有老师,不也都是在用自己毕生的心血,共同谱写教育的诗篇吗?

他们永远值得我们崇敬与怀念!

我的七中老师

肖 建[①]

从 1955 年到 1961 年，我在七中读了六年书，浑浑噩噩度过了懵懵懂懂的青葱岁月，只是教我们的老师一直留在我的心里。七中的老师当年的名声是很响亮的，如"曾物理""贾化学""熊三角""张几何"四位老师，堪称成都中学教育界的"四大金刚"。教我们的"熊三角"老师，不讲究穿衣打扮，上课时端一只已经长满茶垢的茶杯、趿一双破旧的鞋子就进了教室。他把茶杯拖在讲台上，清清嗓子，便开始了一天的教学。他上课不用备课本，一切知识都了然于心。他也不带圆规直尺进教室，只徒手在黑板上画图，30°的角度绝不会是 20°、31°，画出的圆更是无可挑剔。熊老师的粉笔头那叫一个厉害，教室里无论是第一排还是最后一排，只要他发现有学生在"打梦觉"（睡觉），他的粉笔头就飞了过去，正中"打梦觉"学生的额头。被粉笔头击中的同学傻傻一笑，赶紧把眼睛落在书本上。当年师生关系融洽，教学气氛宽松。

有不讲究的老师，也就有很讲究的老师。比如上历史课的杨麟老师，永远是笔挺的西装、漂亮的领带、擦得锃亮的皮鞋，加上鼻梁上闪闪发光的金丝眼镜，仿佛是十里洋场的来客。有一次在三楼图书馆举办纪念"一二·九"运动的讲座，杨老师主讲，不过那天他闹了个大笑话，把"饕餮"念成了"号餐"。只是你不要以为老师不识字，他无非是跟学生幽默一回。还有杜老师，高高的个子，一头浓密的鬈发，一身淡青色的旗袍，足蹬一

[①] 作者为高 1961 届七班学生。

双黑色的高跟鞋，就是在今天也算是妥妥的美女。她身上透出因学识而高贵的气质，上她的课，没有学生敢开小差，全都被她的威严镇住了。上地理课的甘老师上课时爱"打胡乱说"，说当年国民党溃败到了云南，散兵游勇慌不择路，坦克从蟒蛇身上碾过，蟒蛇居然一动不动，照样呼呼大睡。这个故事惹得学生哈哈大笑。老师的良苦用心是要用这个故事勾起同学们对云南的山川地貌的浓厚兴趣，进而对地理学产生兴趣。后来这位老师调到四川师范大学做了讲师。

我今天在这里还要说的是教我们高中语文的白敦仁老师、张思文老师。时间过了六十多年，我还记得他们的音容笑貌。

人工智能"文心一言"是这样描述白老师的：白敦仁是成都七中的一位语文老师，他在1960年从波兰讲学归来后，在成都七中执教。他曾指导青年教师备课，深受学生和同事的尊敬和喜爱。白敦仁老师在杜甫研究方面有着非常深厚的造诣，他强调体会杜甫提出的"晚节渐于诗律细"，并告诉青年教师："要学好格律诗，必须懂得和掌握律绝的句式。每首律诗或绝句，都是由那几种句式组合而成的。"

七八年前的一天我在大慈寺喝茶，茶铺小院子里阳光明媚，茶客们熙来攘往，或高声喧哗，或谈笑风生，茶客中四个衣着得体、眉发皆白的老人格外引人注目。他们面容和蔼可亲，正轻声细语叙说着什么。突然，一个熟悉的名字传到我耳里——白敦仁。毋庸置疑，他们一定是我七中的学长，于是我走到四位长者桌前，问道："四位学长，你们是五几级的？我是六一级的。"一位学长笑了笑说："你看我们像不像五几年的，我们是四五年成县中的学生。"啊，我为自己的冒失脸红了，同时在心里升起对学长们的敬意。我没有问白敦仁是不是教过他们课的老师，而是惊叹在这里与另一个时代的学长的相会，也惊叹白老师的声名远扬。

白老师个子不高，比较瘦，言谈举止透出他做人做事的睿智和深邃。"文心一言"对白老师的叙述并不准确。白老师是从七中调到波兰去教汉语的，1960年回国后正好教我们语文。1957年，周恩来总理率代表团访问波兰，波兰政府举行盛大的酒会欢迎周总理，白老师也受邀出席了欢迎宴会。在彩灯摇曳、欢庆热闹的气氛中，周总理走到他面前，当得知白老师是教师时，一连说了三次"啊，教师"！

有一次上课，教室后面坐了一排来听课的客人，原本还有些活跃的课堂变得鸦雀无声。我回过头偷偷瞄了一眼，注意到后排座位的客人中一位是寿眉格外长的老人，他专注地听着白老师讲课，不跟同来的那些人交头接耳。后来我们才知道这位老人竟是大名鼎鼎的叶圣陶，一位优秀的现代作家、教育家、出版家和社会活动家。不久后我又在《光明日报》上看到了叶老和白老唱和的诗词。白老师是研究型的学者，对杜甫的研究在圈内有口皆碑。正因他的学术成就，白老师被调到成都大学做了中文系主任。在以后的日子里，我离开了学校，对白老师的情况就很少知晓，直到有一天在新闻里看到新年杜甫草堂举办"人日"祭拜活动时，又见白老师的身影。他用他那低沉的川音咏唱杜甫的诗作，一年又一年，直到他离世。

如果说白老师是研究型的学者，在学生眼里，张思文老师则是不折不扣的教育艺术家。

张老师是我们的语文老师，还担任过我们的班主任。在我们这群学生娃娃眼里，张老师个子很高，嗓音洪亮。关于他的身世，学生中流传着两个版本：一说他母亲是个革命者，初期就是县委书记了；一说他是抗战时流亡到四川的东北学生。但不管怎样，张老师一定是北方人。他有点像《放牛班的春天》里的那位老师，当班主任绝不婆婆妈妈，让学生尽量做自己。高1958届的学兄兰台曾在他的回忆录中回忆道，因为兰台喜欢文艺，张老师带着他到自己的宿舍里，让他在他自己的藏书中任意挑书来看。在课堂上张老师总是激情洋溢，声情并茂。说到"龙飞凤舞"，他在黑板上画了龙飞凤舞的大字，四个字填满了整个黑板。说到音乐，他让学生到他寝室拿他的小提琴到教室，当场演奏一曲优美的小提琴曲，学生和他自己都沉浸在美妙音乐中，感到阳光明媚、春风和煦。总之在七中的老师中，他独树一帜。他重知识教育，更看重学生阳光开朗性格的养成，他是个有什么就说什么的人。记得有一次我走了神，张老师说："你是饿了。我也饿呀！"足见张老师的真诚。

时光荏苒，转眼间六十年过去了，七中已经日新月异了。在时光里，那不变的眷念依然还在……

我的外婆张玉如

张轶文[①]

我的外婆叫张玉如，毕业于四川大学数学系，1950年至1977年在七中工作，最初是数学教师，后来担任教导主任，1958年至1961年被派到成都师范专科学校工作，1962年该校停办后又回到成都七中当教导主任。七中的老教师都说我外婆是校长解子光的得力助手。外婆不但协助解校长管学校的教学工作，也经常顶替有病、有事的老师上高中数学课。外婆退休后，曾经被七中返聘，主持七中的数学实验班工作。外婆非常热爱数学，热爱教师工作，热爱成都七中。

从小起，外婆在我心目中就是特殊的存在。每个孩子的成长记忆里都有一个温暖的港湾，而我的港湾就在外婆家。那是一个充满生活智慧的地方：厨房里飘着迷人的香气，桌上放着新鲜的水果，书架上摆满了有趣的图书。每次回成都看望外婆，都让我对下一次重逢充满期待。

1983年，我十三岁，因父母工作繁忙，我从上海来到成都外婆家暂住，同时在七中借读。那半年光阴，成为我童年最珍贵的记忆。

彼时外婆已经从七中退休，这让她能有更多时间陪伴我。周末她会带着我去杜甫草堂的竹林小道散步，生日时她会特意去春熙路唯一的蛋糕店给我买生日蛋糕。我生病，她整夜陪在医院守护。我退烧醒来，第一眼看到的就是她关切的面容。

[①] 作者为1983年七中借读学生。

而每天最让我难忘的风景,是在外婆的书房。那里有一张宽大的书桌,安置在花窗下。午后的阳光穿过彩色玻璃,在地板上落下斑斓光影。外婆常常坐在那里,专注地翻阅各种数学著作。有时她会点一支烟,烟头在光影中明灭。每当我放学回家,推开门大喊一声"外婆",她就会回头,给我一个温暖的笑容:"乖儿回来啦。"这幅画面,几十年后的今天,我一闭上眼睛,便会清晰浮现。那不仅是一位退休教师的闲适时光,更是一个慈祥长辈、一位永葆求知欲望的智者的永恒影像。

那时我还太小,虽然我在七中的老师们时常会提起外婆在学校时的往事,但我难以想象那些场景。不过我知道,即便退休了,外婆的课堂从未真正结束。记忆里,家里时不时会有七中的高中生来访请教。每当这时,外婆就会放下手中的书籍,愉快地招呼他们坐下。我至今记得外婆耐心讲解的样子:她会先仔细听学生说明困惑,然后用循循善诱的语言,带领他们理清思路。那些来访的七中的大哥哥大姐姐脸上,会露出时而专注、时而恍然、时而欣喜的表情。虽然那时的我听不懂他们讨论的内容,却由衷感叹:外婆好厉害啊!如今,这些七中的学生很多已经是各行各业的栋梁,但我相信,在他们心中,一定依然保留着那个在台灯下耐心解惑的张老师的身影。

而我也得到外婆的指点,上了人生最难忘的一堂数学课。那是在我即将开始学习一元二次方程时,外婆问起我的功课,我提到了即将学习的新内容。外婆听了,兴致勃勃地说:"我来给你讲讲几个难点吧。"就这样,在一个下午的短短两个小时里,她为我打开了因式分解的新世界。她的讲解方法令我终生难忘。她不是简单地告诉我公式、方法、解题步骤,而是带着我从高处俯瞰整个代数体系,让我理解这些公式的来龙去脉、思路逻辑。那感觉就像习武之人得到了一本绝世秘籍,让初识代数的我豁然开朗。这番点拨不仅使我那个学期的数学学习一路领先,更重要的是,它改变了我对学习的整个认知方式。在离开外婆家后的漫长求学路上,这种高屋建瓴、从全局切入的思维方式一直指引着我,令我获益无穷。

在外婆的教育理念中,知识从来不是零散的点,而是相互交织的智慧网络;教学也不是单向灌输,而是交流互动的启发过程。她教给学生的不只是解题的技巧，更是思考的方法。每当她与我分享历史典故、人生经验时，总是娓娓道来，让道理在故事中自然呈现，让智慧在交谈中悄然生长。直到我步入社会，才真正领悟到外婆教育观的超前：在她眼中，每个孩子都是独特的个体，都蕴含着无限可能。她用尊重和鼓励培育这些可能，让它们生长出绚丽的翅膀。她的教育，赋予我的不仅是知识，更是自爱自信、勇于担当的人生信念。

外婆不仅是一位杰出的教育者，更是一个永远保持进取之心的学习者。记得在她去世前一年，我回成都探望她时，发现她正在专注地研读新出版的《邓小平文选》。她兴致勃勃地与我分享读后感，谈起改革开放给祖国带来的巨大变化，眼中闪烁着光芒。她还说她想学习英语，想了解更大的世界。那一刻，我被这位老人对知识永不止息的渴求深深打动。即使在生命的暮年，她依然保持着旺盛的求知欲，永远充满好奇心，永远在探索未知的世界。

千禧年的除夕夜，我与友人在苏州乐园迎接新纪元的第一声钟响。当午夜烟花在头顶绽放，我不知不觉地掏出手机，拨通了外婆的电话号码。电话一直无人接听，我才惊觉外婆已离开我们两年有余。眼前光点璀璨，我却仿佛看见了当年书房里透过花窗的阳光与明灭的烟头。那一刻，我既感到难过又温暖，仿佛漫天的光影中，是外婆在给我打招呼，问我一切可好，说她会在新纪元继续陪伴我。

外婆的一生都在成都七中度过，教数学，搞教育管理，从 1950 年直到她 1977 年退休，整整二十七年。

我家人中在七中工作、就读过的有好多好多。

我妈妈是七中高 1960 届的，是被七中保送到西安军事电讯工程学院（现西安电子科技大学）的；我大舅是七中高 1965 届的，从七中考入清华大学；我大舅妈是七中高 1966 届的，从七中去了冕宁上山下乡当知青，后来上大学，读硕读博；我小姨是七中初 1968 届的，也是从七中下乡到冕宁当知青，1978 年考上大学，当记者；我小舅舅是七中高 1975 届的，跟随七中教师子弟下乡，后来读师范院校，继承外婆的事业当了数学教师。我三外公也是七中的语文教师，还有表兄弟姐妹若干，都就读于成都七中。前后算起来，一共有二十多人吧，所以说我们一家都是七中的，一点也不为过。

如今我虽然选择了不同的人生道路，但每到人生的关键时刻，我总会想起外婆。她的睿智与远见，她对知识的挚爱，她待人的温暖，都深深影响着我的为人处世。她教会我的不只是如何学习，更是如何做一个温暖而有担当的人。这大概就是教育最珍贵的意义——那些美好的品格与智慧，会生生不息地影响下一代，让我们成为更好的自己。

这一刻，我认为，我也是一个七中人！

高山仰止　风骨长存
——写在成都七中一百二十年校庆前

廖常伟[1]

  他们是蜡烛，燃烧了自己，照亮了别人，当一根根蜡烛聚集在一起，便成了火炬，温暖人心，为莘莘学子照亮前进的道路，指引他们奔向诗和远方。以解子光、谢晋超为代表的成都七中教师群体，就是火炬，一代一代，薪火相传。

  秋水长，树叶黄，一夜北风，气温骤降，蓉城街头，行人稀少。

  2024年11月18日下午，冒着凛冽的寒风，成都七中老三届高1966届的廖常伟，高1967届的黄惟公、周洵、程若熹、颜泽鲁，初1966届的吕帖，相约一起到少城养老服务中心去看望谢晋超老师。风是凉的，心是热的，我们满怀热诚，也有一丝忐忑不安。

  前段时间，高1966届二班许仁忠等同学去看望过谢老师，后来有同学告诉我们，患帕金森综合征的谢老师病情转重，行动受限，已不能自主行动和说话，记忆力减退，基本上不认识人。动身前，专门护理他的小杨发来消息，说谢老师每天总是昏睡。我们心头发紧，但无论如何，我们一定要去看望他，即使他不能说话，不认识我们，探望他是我们的思念和心愿。

---

[1] 作者为高1966届五班学生。

师生合影

谢晋超老师是成都七中的一位传奇人物,头衔众多,光环耀眼。他曾任四川省数学会常务理事、中国数学奥林匹克高级教练员,享受国务院政府特殊津贴,是四川省有突出贡献的优秀专家。他的不少学生后来成为专家学者,桃李满天下,遍布海内外。在他的精心培养下,有数名学生获得了国际奥林匹克竞赛金牌,创造了奇迹。有人统计过,在中国互联网大佬中,出自成都七中的占了半壁江山,包括原搜狐 CEO 王小川和 B 站 CEO 陈睿,在百度、腾讯、网易的高管中,也不乏七中人的身影,他们都曾是他的弟子。但在我等的心目中,这些都不重要,他只是我们可亲可敬的谢老师。

走进养老中心的大门,进入谢老师的房间,他已起床穿上衣服,我们扶他坐到临窗的沙发上,围着他。谢老师状态不错,穿着红色的外衣,头发花白,略瘦但脸色正常,比我们预想的要好。这时,心直口快的护理员小杨脱口而出:"你们这些学生,看起来和他差不多大。"大家哈哈大笑。她不知道,谢老师不仅仅是我们的老师,更是我们的兄长,他和吕帖同学同为原川医的教师子弟,在华西校园里比邻而居,谢老师就是他的谢大哥。

同学们相约少城养老服务中心看望谢晋超老师合影

谢老师1958年毕业于成都七中，当年高考成绩优异，数学满分，上北大清华也不在话下，但当年的政策是"好钢好马上师范"，他被当年的西南师范学院数学系录取。五年后，临毕业，他的母校知道这位学生的能力，七中教导主任亲自出马，把他要回了七中。我们应该是他在七中的第一批学生。站在讲台上，他是我们的老师，课后和同学们站在一起，我们没有多大差别，毕竟他只比我们年长五六岁。但在教学上，他是当之无愧的好老师。

当年的成都七中，有一位出类拔萃的好校长。解子光校长毕业于成都七中的前身成都县中，1942年考入武汉大学哲学系，1947年毕业，1953年回七中任校长，直至1979年调任成都市教育局局长。从学生到校长，他先后在七中学习工作了近三十年，七中被他称为"妈校"。坊间关于他的传说和回忆众多，笔者在此仅举亲历一事，略作补遗。1964年，法国总统戴高乐冲破重重阻碍，在欧美国家中率先与中国建交。1966年3月，作为回应，中国政府邀请法国驻华大使佩耶到西南访问，并安排他到访成都七中。当年的成都鲜见高鼻梁蓝眼睛的西方人。为了做好接待工作，解子光校长专门做了一次报告，讲话的内容大多记不得了，但核心的一句，深深印在我的脑海里，至今难忘。他说："在见到客人时，要'面带微笑，不卑不亢'。"他说的是待人接物的基本礼仪，这何尝又不是人生的基本信条和理念。面对逆境、挫折和苦难，不自卑、不沮丧、不悲观，面带微笑，直面现实，自强不息；在春风得意时，不要迷失、忘其所以，不要傲气、要有傲骨。这也是七中人的传承。

解子光校长任成都市教育局局长时，身上揣着不少学校的饭菜票，到学校检查工作时，不接受宴请，一律到食堂就餐。解校长2010年逝世时留下遗言，不开追悼会，不搞告别仪式。我班一位同学闻讯前往悼念，才知道他生前一直住在原二十四中的两居室宿舍，简朴狭窄，家具陈旧，作为成都市教育局的局长，他的两袖清风、一尘不染可见一斑，令人敬佩。

在解校长的带领下，七中形成了一个优秀的教师群体。老教师德高望重、学养深厚、知识渊博。教我们几何的熊万丰老师，人称"熊三角"。上课铃声响起，他背着双手，踱着方步，走上讲台，经常两手空空，不带课本，也没有教案，教学内容他已稔熟在胸，讲课时幽默诙谐，妙语连珠。有一次，一位同学课间拿着苏联中学数学竞赛题问他，说这道题他反复演算，无论如何和答案对不上。熊老师看了一下，斩钉截铁地说："书上的答案印错了，你是对的。"一锤定音，不容置疑，令人叫绝。

比起这些德高望重的老教师，七中的青年教师群体毫不逊色，和学生们的关系也更亲密。他们青春焕发、朝气蓬勃、谦虚谨慎、视野开阔，并勇于进取。谢晋超老师就是他们中的佼佼者。

虽然初上讲台，但他扎实的数学功底、丰富的知识储备、睿智的思辨、严密的推理，让同学们折服。上课时，大家专心致志听他讲课，生怕漏掉了一句话，课后围住他，为一个概念、一个定理争论得热火朝天。大概在1965年，为备战成都市中学生数学竞赛，学校在我们年级各班选调了一到两名同学，组成课余数学小组准备参赛，由谢老师负责指导。我有幸被选中，和他有了更多面对面的接触，深深为他的专业水平所折服。他开放的思维模式、严密的逻辑推理、求知好学的精神影响了我的一生。

2005年,七中百年校庆,我班同学在分别近三十年后,第一次集体聚会,曾经朝夕相处的同学多数都认不出我了,在场的谢晋超老师指着我毫不犹豫地说出了我的名字,这让我深为感动。解校长曾说:"没有爱,就没有教育。"这是一句至理名言,也是七中的重要传承。

浮想联翩,思绪万千,还是让我们回到少城养老服务中心。大家在谢老师房间坐定后,坐在他旁边的我发现旁边半掩的窗户吹来阵阵凉风,我怕他受凉,说把窗户关上。这时,惊喜发生了,我清晰地听到,一直不言语的谢老师轻声地说:"不要关,没关系!"同学们也都听到了,大家一阵欢呼,异常兴奋,这说明他不仅仅听见了我们说话,并且头脑清楚,思维正常,能用语言表达,完全颠覆了前段时间看望他的同学转述的印象。

同学们问候谢老师

大家开始自我介绍,想激发他说话。但毕竟二三十年未见,并且我们都是七十多岁的人了,外貌变化很大,但当黄惟公介绍到自己时,谢老师说:"川大的。"黄惟公很高兴。黄惟公是川大的子弟,由于特殊原因,谢老师很了解黄同学的父亲和家庭。

我们拿出手机,向他介绍昔日的同学和学校的情况。他在手机屏幕上轻轻滑动。显然,他想了解更多的信息。当吕帖问他是否还记得洪时明时,他举起手,作握笔状,一边划动,一边说"洪"。原来二十年前,洪时明同学回七中去看他,他知道洪时明字写得好,号称"洪体",便叫洪同学为他写幅字。洪时明虽忙于科研,仍练了两个星期,但觉得拿不出手,便罢。原来,二十多年后的谢老师仍在向洪时明讨字。

谢老师听我们介绍同学和学校情况

现场的氛围使小杨也很开心。她高兴地说:"这是这段时间谢老师状态最好的一次。精神好,也是用语言表达最完整、最多的一次。"

时间过得很快,时间也不允许我们过久逗留,怕影响谢老师休息。我们向他告别。我们刚要离开,他突然想要站起来。小杨见状忙扶他起身,把我们送到门口,但他仍不停步,直到把我们送到电梯口,轻声地说:"再来!"我们正要关电梯门,他说"不行",走进电梯,又把我们送到底楼大厅。到了大厅门边,我们无论如何不让他再走,又扶着他回到了电梯口。在电梯门边,我和他握手告别。他紧紧地握住我的手,紧得我的手微微发痛,他就是不松手。电梯不能久等,小杨见状,用手掰开他的手指,才关上电梯门。

与谢老师分别

行文至此，我眼角湿了，鼻子发酸，此时无声胜有声，紧握的手，表达了说不出的千言万语。

谢老师，多保重。您在七中曾经创造了奇迹，相信您，也一定能在疾病面前创造奇迹！

感谢同行同学们，特别是黄惟公、程若熹、颜泽鲁提供照片和视频。

我和我的成都七中

刘纳新[1]

1986年7月,我从成都七中毕业,从初中到高中共六年,学的都是俄语,我们二三十个同学一直在一个班,称为五班。六年同窗,同学们感情好得跟亲兄弟亲姐妹似的。2025年,母校迎来了建校一百二十周年的大喜日子,真有点百感交集。

2024年高考结束后,初中教我们数学的刘正平老师邀请我回林荫校区。这是毕业之后我第一次回校园,睹物思人、睹物生情,一幕幕往事如电影一般在脑海里闪现。如今刘老师退休十多年了,他陪伴和守护了一届又一届的学生,但关于1986届同学的记忆依然清晰无比。他说:"带你们的时候,我还年轻,就和你们一样啊,朝气蓬勃。"

在我印象中刘老师一直坚持晨跑,风雨无阻。他穿雨衣在大雨天跑步的身影时常出现在我的回忆中。我坚持游泳锻炼的习惯也是在那时养成的。言传身教、教书育人,刘老师是也。

七中在外人眼中以严管著称,但七中何尝不是调皮娃娃成长的摇篮?有一次春节刚过,苟泓把鞭炮带到学校,他和吴斌用火柴点了两次都没点着,我和陈军抢过来点着了,迅速扔在教室走廊里,鞭炮噼啪作响,吓得周围同学"鸡飞狗跳"。班主任张老师闻声冲进教室,责问:"这是谁干的?"同学们讲哥们义气,默不作声。张老师见我们都不说话,就把我们带到办

---

[1] 作者为高1986届五班学生。

公室:"不说,就不准放学!"中午的时候,我妈见我没回家,跑来学校找人,知道事情原委后,对着我们骂道:"你们调皮捣蛋!你们不吃午饭,害得老师都吃不了午饭!还不赶紧承认错误!"张老师看在我妈的面子上才把我们放了。

我和刘正平老师

高一的时候我们换了一个班主任,川师毕业的陈红娟老师,也是我们的化学老师,因为老师长得漂亮、能歌善舞、性格活泼,我们男生都盼着上化学课,学习热情高涨,我的化学成绩破天荒地上了九十分。

高三的时候压力很大,班主任周姥姥(我们的亲切称呼)天天念叨"不蒸(争)馒头(争)口气"。我的同桌萧勤同学,是以二十四中第一名的身份考进七中高中的,自学能力超强,上课不听讲,考试成绩还经常考前几名。七中当时已经有图书馆,他每天上课看课外书籍,《罗曼·罗兰》《梦的解析》

等。毕业二十多年后的一次聚会上，他才告诉我，原来他经常熬夜，晚上就把作业、功课都做好了，所以上课的时候就看课外书。但他没有按时睡觉，个子不咋长，比我们矮了一大截。

七中的课外活动十分丰富。我当时参加的是航模组、美术户外活动小组，还有无线电小组，初三和高一我还去了夏令营。受父亲的影响，我一直想成为一名地质学工作者，通过努力，如愿以偿地考上了中国石油大学。考大学前同学们都很紧张，但刘兵还痴迷于武侠小说。一次他在教室里偷看《射雕英雄传》，董老师走过来，幽默地说："都要考大学了，还有人在研究绝顶轻功。"同学们哄堂大笑。刘兵数学有一定的天赋，严重偏科，但老师偏偏安排他当语文科代表和外语科代表，搞得他十分不自在，现在想起来也觉得搞笑。

风雨数十载，但七中同学之间的感情却从未改变，同学们都保持着联系，如一个大家庭一样，相亲相爱。

人生走过壮年，最怀念的却是青春时光，最感激的是老师的培育之情，从他们身上我们感受到了关怀、宽容。

成都七中不仅是一所中学，更是一个象征，在我们心中她更是永远的归宿、永远的家。在母校建校一百二十周年之际，我祝愿她永远朝气蓬勃！

时光流转三十余年的七中启示

王 松[1]

纵然我已于成都七中毕业三十余年,但七中人的精神高度和格局,令我感受至深并深受启发,至今一直影响并激励着我。回想起来,一切宛如昨昔。

"数学是思维的体操""书要从厚读到薄,再从薄扩展到厚",语出张朝中老师,当时七中教务主任,我们敬爱的数学老师。张老师为我们上第一堂数学课时,在黑板上书写了一个工整的数字"1",指出学数学要由"1"说起:"1"是一个很神奇的数字,小到一个人、一棵树,大到一辆车、一栋房,乃至一整个宇宙,世间万事万物,无不可用一个"1"概括。三十余年后,聆听国内知名教育专家暨高校教育科学教授谈"大概念在基础教育领域的探究与实践",其实多年前张朝中老师即化繁为简、高屋建瓴地给予学生数学指导,激发学生学习数学的动力和兴趣,今日更深刻地体会到张老师教授数学的高度和格局。

高挑、靓丽的语文老师汪晓丹教授名篇——作家冰心的散文《樱花赞》,学习体验令人难以忘怀。冰心通过赞美樱花来赞颂中日两国人民的深厚情谊,但在上这堂语文课前,樱花以至日本人文风情在很多同学头脑中皆为模糊。课堂末,同学们正回味《樱花赞》文字的优美,讲台后的汪老师忽地不见了,转眼间汪老师已换了身靓丽的和服,按下带来的录音机的播放键,

---

[1] 作者为高1990届六班学生。

伴随着音乐翩然起舞。同学们学习名篇《樱花赞》，更沉浸在汪老师精心准备的应景教学中，多年后都记忆犹新。现在基础教育阶段学生和家长颇为关注、欢迎的融入表演、舞蹈等反映教学内容的"戏剧教育"，三十余年前同学们在七中的课堂上就已零距离体验、感受过。

把化学教科书印在脑子里的杨鸿吉老师，同样也烙印在了同学们的脑海里。高一进校，化学课进行摸底考试，班上汇集的各校精英学子们，曾经皆是初中化学拿高分、满分的，但摸底考试结果一出，不仅不见高分，得分七十、八十分的同学竟然也为数不少。同学们顿时少了浮躁之气。化学课时间到了，杨老师走上了讲台，从知识点的介绍，到例题的讲解及知识点的应用，无须看书而娓娓道来；课堂上板书一气呵成，全程不用翻看书本，仅用一支粉笔即将头脑中的知识全面呈现。杨老师还介绍他带队参加国际化学奥林匹克竞赛的经历，极大拓展了同学们的化学视野，点燃了大家攀登化学学习高峰的青春梦想。杨老师超强的大脑和广博、精深的化学学科知识，深深地赢得了同学们发自内心的敬佩与尊重。

忆七中时光

李肖光[①]

在 2004 届李丹校友的邀请之下，我参加了 2024 年 11 月 30 日在深圳举行的成都七中大湾区校友会，由此打开了尘封多年的对于中学时光的回忆。

文仲瑾老师是我高中三年的语文老师，教我们的时候已经临近退休。记忆里的文老师高个儿，留着平头，高度远视，读课文时需要把书拿得离自己老远，上课时一口地道的成都话讲得抑扬顿挫、铿锵有力。高 2001 届八班高一时是理科实验班，高二拆班，但班上一直都有很重的重理轻文的风气，文老师凭借个人魅力和威望，硬是在一帮理科生的脑子里种下了人文学科的种子。文老师教我们时的几件小事，让我受益匪浅，甚至影响了我后来的人生。

我高中成绩比较差，特别在理科实验班时期，有一次考过班上最后一名。我那时也是孟浪，就考最后一名这事儿写了篇文章投稿到《朝花》，没想到居然被选中，刊登了出来。文老师在语文课上点评了我写的文章，让我备受鼓舞，感觉自己也不是那么差。后面还有一次，文老师觉得我一篇课堂习作写得不错，推荐给《朝花》刊登，也让我开心了好久。

文老师是科幻爱好者，有不少关于他和科幻的故事。最传奇的是 1999 年文老师押对了科幻感十足的高考作文题目《假如记忆可以移植》。虽然文老师一直对这件事都很低调，但他在高中给我们组织的两次和《科幻世界》

[①] 作者为高 2001 届八班学生。

杂志主编的面对面交流,给我们留下了非常深刻的印象。《科幻世界》创立于1979年,是全国最有影响力的科幻杂志。第一次是同当时的《科幻世界》主编谭楷老师交流,他向我们深入和系统地介绍了科幻、科幻作品、科幻作家等,那是我人生中的科幻启蒙课,从此我对科幻一直比较感兴趣。第二次是同当时新加入《科幻世界》的主编阿来先生交流,他讲的话题就更广,不仅有科幻,还有文学、他对文学的理解以及他个人的创作经历。那次交流之后,我特地去买了阿来先生的《尘埃落定》拜读,不久便听说《尘埃落定》获得了第五届茅盾文学奖。

  文老师的离开非常突然。记得是2006年初,天气还很冷,我刚工作没多久,正在重庆大渡口区的一个化工厂做审计。那时候老同学间没有微信这样高效的沟通方式,同学和学校的信息主要通过当时流行的ChinaRen校友录获取。一天晚上在客户办公室加班,得空刷了一下ChinaRen校友录,突然看到高中同班同学蒋梅佳的一条留言,说文老师病逝。当时一下蒙了,起身躲进一间没有人的办公室,眼泪夺眶而出。晚上给我妈打电话,说起此事,我妈向我说起了一件文老师对她影响挺大的旧事:那时候我成绩一直挺差,我父母都很焦虑,不知道如何是好。有一次家长会后,我妈找到文老师了解我的情况,文老师告诉我妈不要只看成绩,未来的竞争是多方位综合素质的竞争,他肯定了我的不少优点,也提出了我需要改进的地方,例如练好字、多阅读,这些都是让人终身受益的事情。我妈说她跟文老师聊了之后,有种豁然开朗的感觉,对我也有了信心。

  文老师故去已近二十年,在这期间我从未向人提起过上面的事情。很感谢能借这个机会把这段回忆写下来,我觉得它值得被记录。我也想对文老师说:"感谢您让我在少年最挫败的一段时期保留住了自信,没有让心中的火焰消失。在离开七中之后的二十多年里,能克服生活和工作中的很多困难,做成一些事情,那些坚持的力量都来自那团火焰。文老,缅怀您……"

  除了纪念文老师之外,还有几位老师和同学我也想提及并表示感谢。

  魏华老师,高中三年的数学老师。魏老师讲课之精彩,曾让全班集体为其鼓掌。在我的学生生涯里,魏老师是唯一一位能把学生讲到鼓掌的老师。别看魏老师个头不高，却是如假包换的篮球高手，三分球精准无比，就靠一招三分球，常打得我们毫无招架之力。十几年之后，当斯蒂芬·库里在NBA掀起三分球热潮时，我才恍然大悟，原来魏老师早已参透了现代篮球的真谛。

杨斌老师，教务处主任。记忆中我在七中六年，杨老师一直是教务处主任，所以我开始一直以为杨老师就是搞行政的，不会教书。直到后来有一次课外活动，由于安排出了些问题，临时找杨老师来救场。他给我们上了一堂内容非常丰富的科普课，讲了最新科技发展动向、知识产权保护、创新思维等很多内容，让我大开眼界，很是佩服。七中教导处主任的教学能力也是杠杠的呀。

王闻宇，高中三年同班同学。王闻宇应该算我们年级第一个创业成功的同学。他早年跟华中科技大学的师兄一起创业，成立了PPlive（后改名PPTV），并于2013年被苏宁以4.2亿美元收购，之后继续创业。王闻宇间接地影响过我的职业生涯。2007年，在四大会计师事务所苦熬的我在上海和王闻宇见了次面，他跟我讲了很多创业和融资的故事，我第一次了解到了什么是VC（风险投资）、什么是PE（私募股权投资），并对这个行业产生了兴趣。2009年，我来到香港，2010年加入了PE行业并一直从业至今。

我在香港做投资超过十四年，投资过近百家公司，其中有两家公司是七中校友参与创立的：一家是"镁佳科技"，是国内领先的汽车智能化解决方案提供商，创始人兼CEO是1996届校友庄莉；另一家是"Matrixport"，是一站式加密货币金融产品服务平台，创始合伙人兼COO是2004届校友吴梦夏。两家都是非常优秀的公司。

永恒的文学梦
——我的七中故事

徐欣雨[1]

时光荏苒,岁月如梭。我在成都七中高新校区度过了人生中最美好的六年岁月。初中入学时,学校对面还是大片的油菜花田;高中毕业之后,学校附近越来越有了繁华大都市的样子。我们和学校周围的环境一道,变化着、成长着。在"学霸"云集的七中,我从来不是成绩最优秀的那个,但在这六年里,我找到了热爱一生的事业,确定了今后人生前进的方向,这何尝不算是一种难得的机缘。人人都道七中以理科竞赛闻名,而我在七中找到的,却是永恒的文学梦。

在七中,我遇到了多位恩师,其中教授语文的谭笑老师、胡丹老师和耿荻秋老师对我的影响十分深远。谭老师的初中语文课堂风趣精彩,我在那时成了语文科代表,这份职责一直持续到高三毕业。谭老师学识丰富,我们迄今仍然保持着联系。她爱读书、爱生活,积极向上的生活状态感染着全班每一个人。在她的影响下,初一时我在学校的校本课程中选择了朝花文学社。尤记得第一天上课前的下午,我首次走进芙蓉书院,怀着忐忑的心情,在教室角落悄悄落座。我们在文学社谈诗论道,分享各自创作的小说,偶尔在明信片上接龙赋诗。后来我得知我是选这门课的唯一一名初中生,但大家并未因此轻视我,还让我加入学生节的活动中。我们用自制

---

[1] 作者为初 2016 届三班、高 2019 届一班学生。

明信片在操场摆下了"朝花"两个大字，吸引了不少关注。当时在我眼中，社团的高中哥哥姐姐们是那样高大伟岸。从那天起我便立志，等我成为一名成熟的高中生之后，要继续加入朝花文学社。

朝花文学社参加学生节活动

高中的我如愿走进了芙蓉书院。高一教我们语文的是大才子胡丹老师。直到前段时间，同学之间都还在观看、讨论胡丹老师参加的山东卫视节目《超级语文课》。毕业多年，我们有幸又在云端上了几节胡老师的语文课。依然是最熟悉的"配方"——令人深思的问题导入、别出心裁的课堂设计，我们仿佛又回到了高一争先恐后回答问题的语文课堂。得知胡老师获全国季军后，大家都欢呼雀跃、奔走相告。胡老师是我高一两次假期研究性学习的导师，他曾向我们提议过"现代汉语语境中'呵呵'的用法研究""红楼梦的女性人物书写研究"等题目，都具有很强的学术研究价值。尽管这些题目对高中生而言有些困难，但得益于胡老师在研究过程中的不断鼓励，我们最终取得了不错的成绩。而胡老师曾就读的华东师范大学中文系也在那时成为我的高考梦想。

高二进入文科班学习后，我遇到了耿荻秋老师。耿老师气质优雅，普通话极为标准，每一次课堂或升旗仪式听她诵读诗文，都是一场听觉的享受。苏东坡是耿老师最喜欢的词人。犹记得一节诗词导入课，耿老师只拿一支粉笔便向我们勾勒出苏东坡的一生。在诗词之外，苏东坡乐观豁达的人生态度对我影响至今。即使现在我已经在中文系度过了本硕六年时光，但我接受过的最好的古代文学教育，仍是在耿老师的课堂上。她告诉我们要"为天地立心，为生民立命，为往圣继绝学，为万世开太平"。我们的学习从不局限于书本，课余闲暇之时，耿老师为我们补充更多的诗词名篇进行背诵。因此，当这些诗词出现在大学古代文学课本中时，我才发现我早已比同龄人走得更远。

尽管一直热爱文学，但我也曾经历过一段被语文"抛弃"的时光。那是在高三上期，不管我如何努力，每次语文考试总是要错上三五道选择题。我找到耿老师倾诉烦恼，她温柔地鼓舞了我，让我沉下心来继续积累，说总有一天这些沉淀会在成绩上展现出来。高三后期，我的语文成绩终于稳定在了一百二十分。一个晚自习的课间，我和耿老师坐在教室门外聊天，我坚定地说未来也要选择中文系。耿老师露出灿烂的笑容，欢迎我成为中文系"同行"。幸运的是，高考之后一切如愿。目前，我成了一名中国现当代文学专业的硕士研究生。我每年向耿老师发送教师节和新年祝福，还会汇报一下近期的学习进展情况。尽管我的学术成果还并不显著，但我们都知道，能将自己最喜欢的事变成一份事业，是何等的幸运。

差点忘记了我的朝花。高一入学，我便按计划进入了朝花文学社。一年之后，我勇敢地参与朝花文学社高新校区社长选拔，并如愿以偿。我从文学社中最不起眼的初一学生，变成了统领事务的一社之长，至今想来都觉得很奇妙。和当时学长学姐对我的关照一样，我不敢有丝毫架子，注重社团在初中部的宣传，并为其注入了不少新鲜血液。我继续让校本课堂成为文学社社员尽情探讨的地方，犹记得我们讨论了《百年孤独》《霍乱时期的爱情》等书，还播放了一次二十五周年纪念版的《歌剧魅影》。此外学生节变得更隆重了，我带领社团小伙伴们穿上汉服，一位极有才华的小伙伴还留下了"朝花永存"的藏头诗。当时社团内盛行的一句话是"走遍天涯海角，依然心系朝花"。当时并肩作战的伙伴们如今已分布在世界各地，但我想，朝花是独属于每一个人的温馨记忆。

六年间，对我影响深远的班主任石莹老师、王朝霞老师、赵永胜老师，无一不是数学老师，他们同样对学生有着深厚的人文关怀。初中的记忆有些淡忘了，但仍记得石老师的温柔、王老师的风趣。在我们那一届，赵永胜老师第一次带文科班，他也"入乡随俗"，高三的每个晚自习，都会在黑板上为我们留下一句心灵鸡汤。高考第一天考试结束，赵老师让同学在黑板上写下"因上努力，因果随缘"。这句话至今仍是我的座右铭。赵老师在日常教学中也金句频出，如"人难我难我不畏难，人易我易我不大意"。大学之后的每一次考试，我都会回想起这句话。高中时每次考试成绩一出来，大家心情不好，总会找赵老师进行心理咨询，往往是愁眉苦脸地进，喜笑颜开地出。如今想来，当初的那些日子是多么令人怀念啊！

当年还有许多与恩师有关的故事，这里不一一提及了。有七中优秀的老师们出现在我的人生岁月中，我感到十分幸运。在应试之外，七中的老师们总是强调优秀习惯、独立思考能力的养成。他们告诉我们，人生一定要有理想。未来若有机会，我也十分向往成为他们中的一员，将他们传给我的知识与梦想继续传承下去。

关于七中的记忆

汪 燕[1]

  2025年的1月1日，我有幸参加了成都七中建校一百二十周年活动发布会暨校友代表交流会，更荣幸担任了启动嘉宾，这样的荣誉来自一套珍藏了三十多年的七中校服。这套校服静静地躺在箱底三十多年，某一天被我父亲拿了出来。我一看，这不是我当年七中的校服吗？居然还新崭崭的，完好如初，没有什么磨损痕迹。这要归功于当年学校只要求周一升旗仪式那天必须穿校服，平时我实在没有强大的自信穿火红耀眼的一整套衣服，是能不穿就尽量不穿，所以就这么完好如初地保留下来了。我们那时候男生校服是天蓝色的，女生是鲜艳的大红色。据说有女生给自己的校服起了个别名叫"火闪娘娘"，足见穿上它是多么吸睛。班上有个子高的女生直接换成了蓝色的男式校服。当我以为这些老物件早就没有了的时候，没想到父母把我的东西一直珍藏着，直到某一天同学们讨论到七中历代的校服，我拿来佐证了一下我们当年校服的样子。正好赶上学校建校一百二十周年活动在收集这些历史资料，李萍同学联系到我，这套静静躺了三十多年的校服终于有机会重见天日，成为我们这代七中人的纪念，也成为七中历史的一部分。

---

[1] 作者为初1990届、高1993届六班学生。

成都七中校友代表交流

因为捐校服，我有幸在刘老师的热情接待下重游了母校，看到现在越发美丽的校园——现代化的教学楼、美丽的花园、池塘、亭台楼阁、图书馆、校史馆，一路来到顶楼，走廊的尽头就是当年我们高三六班的教室，恍惚间我又想起了课间时分就是在这个楼道里，同学们围成一圈踢着毽球，随着白色羽毛上下起伏飞舞，青春的活力尽情挥洒，学习的压力在这一刻得到了释放。透过三十多载的岁月更迭，我仿佛又回到了踏入七中大门的第一天。当初我一踏入这个全新的陌生环境，一眼就喜欢上了面前这栋白色的教学楼，翼型的设计，像一只张开翅膀正在飞翔的白色大鸟，鲲鹏展翅，志在千里，这样的造型也许寄托着学校对七中莘莘学子的厚望。我入读那年是这栋大楼新落成使用的第一年，我们这一届新生成了它迎来的第一批使用者。窗明几净的教室让人欢喜，而这里更让人欣喜的是有一群充满爱的老师和同学们在等着我，经过了三载同窗最终成为人生道路上的知己、陪伴。

初进校，当我还没来得及认识新同学，就匆匆穿上绿军装和其他英姿飒爽的"小战士们"一起被军用卡车载到几十千米之外的龙泉柏合镇军械修理所接受军事训练。阵地转移，同学成了一个战壕的战友。站军姿时，时间一久只觉腹中咕咕作响，赶巧隔壁乡镇饼干厂传来扑鼻香气，更让人饥肠难耐，我旁边的虹战友用眼神示意我："要不要去买点？"我挤下眉回她：

"被逮到咋办?"我们还没来得及策划具体实施方案,就听闻有人吃饼干拉了肚子,计划就此搁浅。

晚上站岗,接班的同学手持电筒照着自己下半张脸,蹑手蹑脚靠近正在讲鬼故事的岗友,正听得心惊肉跳的当值战友一回头:"妈呀,鬼真来了!"两个小时的轮岗成了可以悄悄摆龙门阵搞恶作剧的大好时光,半夜站岗比白天训练还来劲,双目炯炯有神。军姿站着站着有人就倒下了,理所当然可以去阴凉坝休息了。此间有心法流传:"眼睛一闭,就倒下去了。"我试验了一盘,根本没得用嘛,眼睛一睁依然直挺挺地立着。一会儿听说有人没站好被罚去"跳阴沟"了,一会儿又听说有人内务检查不过关被子从二楼窗户扔下去了。我们训练起来甭提有多卖力了,不管面前是不是臭水口口,眉头都不会皱一下,就英勇地扑上去了。当然训练成绩也不完全靠英勇就可以提高,实弹射击可是实打实地要射到对面山上的靶子上才算。对于我们这些视力不够好的学生来说,方法掌握了也是白搭,只见对面山上旁边的靶子上面已有多个弹孔,然而我对面的靶子上似乎没找到弹孔。

军事训练太消耗体能,但又明令禁止吃一切零食,于是吃饱三顿饭成了头等大事。一个班围成一圈,班长舀一圈下来菜盆盆就见底了,等我细嚼慢咽完再想添都没了。于是势必要拿出吃了上顿就没下顿的劲头吭哧吭哧加油吃,不够就再抓个馒头垫垫底。回来以后觉得什么都是美味,胃口一下打开了,此是后话,暂且不表。为期十二天的军训就这么连滚带爬地结束了,我们学会了河南班长的口头禅,学会了一不怕苦、二不怕脏,耐力加速度并重。当身心都接受了军事化洗礼之后的同学们唱着"打靶归来",被大卡车载回了学校,我们才回归学习的主场,开始新的挑战。

军训结业合影

　　回到学校，我就被班主任左老师委以副班长的重任。以前班长、团支书都当过，也荣获过成都市优秀学生干部的光荣称号，不过还真不知道副班长到底有什么工作内容。刚到一个新的环境，也搞不清楚状况，不晓得该干啥。左老师给了我一点思路，让我自由去发挥，比如如何激励班上每位同学。根据这个思路，我设计了一个评比的表格，按大家平时的表现打分并进行评比。工作相对琐碎细致，每天我都要记录下同学们的好人好事，让大家多多发现身边的闪光点，只要是好的行为就加分进行肯定，多宣传好人好事，互相影响，让积极向上的行为蔚然成风，构建一个团结有爱、健康有活力的班集体。现在回想起来，七中的老师总是善于充分调动每个学生的能动性，让学生主动地去思考我能做什么、我可以怎么做、怎么才能做得更好，给我们试错的机会，不会过多干预，给到学生足够的自主性。这也给我的人生上了很好的一课，却对我而言也是非常大的锻炼和挑战。

　　高一语文石家骏老师的课堂非常有趣，他把古文的通假字用灯谜的形式让大家猜，让人印象非常深刻。他还用班上同学的名字举例。谜面"看花"，打我们班一人名，谜底是张华，因为"张"同"看"，"华"通"花"，特别有意思。这么生动有趣、贴近生活、通俗易懂，让我从此爱上了猜灯谜，最喜欢元宵猜灯谜这活动。我跟董静同学还参加了石老师办的美学社，那会儿还没看过朱光潜、宗白华的著作，也没听过蒋勋的大名，是石老师给了我们美学的启蒙。跟着石老师我们学会欣赏美、发现美、在艺术与生活之中去感受美。社团的学习培养了我们的审美情趣，提高了我们对美的鉴赏能力，也让我们保持一辈子对美好事物的热爱与追求。记忆中，美学社组织的江油之行让参加的同学毕生难忘，晚上我们四个女生住在一起玩游戏，谁输了就敲着盆出去跑一圈。也是在这样的欢声笑语中，我和董静成了一辈子的至交。

七中的确是一个非常好的学习平台，在这里我第一次上了外教课，跟外教交流才知道自己的口语多么不地道。我还记得老师在课堂上请我来描述形容他。我当时想用比喻夸张的手法形容魁梧的外教的鞋子像只小船，结果发音太烂了，外教根本没听明白，我只能连比带画，尴尬极了，一下涨红了脸。若干年后，我的同桌兼好友给我写信提到这件事，说外教当时说："You are a pretty girl!"为此几个小伙伴嘲笑了我好几天。哈哈，看来谜底揭晓，善意的老师加上一群可爱的小伙伴，都是我要学好英语口语的动力来源，这生动的一课让我意识到学语言必须张嘴，不能学哑巴英语。

一年的欢乐时光很快就结束了，高二文理分科，我和一些原三班的小伙伴分到六班理科班。数理化的学习压力让我埋头苦学，原来心目中起码九十多分才能算高分，但是到了七中，这个概念必须修改，物理平均分就是六十分，能拿到八十分在我心中已是惊为天人，虽然高手就在身边，但偷偷抬头一望，难以望其项背。印象最深刻的是化学考试时我们大部分同学还在绞尽脑汁思考，那些顶尖高手们已经纷纷交卷。老师说，分数是考核的一方面，速度也是非常重要的一个方面，卷子都会以交卷顺序排序。虽然物理还在及格线上挣扎，但因为对生物的喜爱，我还是参加了生物兴趣班。满以为是像以前初中一样，参加生物兴趣小组就是去田里捉捉蚯蚓、下河捞捞螃蟹就完了，结果七中的生物班是周末去旁边的中学集中上大课，来自不同学校的同学在那里一起集中学习。虽然没有我想象的那么有趣，但是对我高考生物科目能获得不错的分数大有裨益。

运动会让每天两点一线的学习生活按下暂停键，可以喘口气，去操场尽情地奔跑舒展。我们班主打一个重在参与，印象最深刻的是集体项目男女生五十米迎面接力比赛。我平时也没怎么练习就直接披挂上阵，当朝我飞奔而来的男队友最后关头腾空而起扑向了地面时，其他五个班的队伍已经全部跑完，观众已在纷纷退散，偌大一个赛场只剩我一个选手还在那铆足力气奋起狂奔直到跑完这场比赛的最后一棒。跨栏比赛我们班派出了大长腿某萌同学，虽然从第一栏就开始挂栏，一路跌跌撞撞，直到摔倒在地，仍然坚持完赛，破皮的手肘和膝盖实在让人心疼。虽然我们没有取得好的成绩，但依然体现了六班同学不屈不挠的体育精神。什么是胜利？坚持就是胜利，完赛就是胜利。女子两百米比赛，我是第二组参赛，虽然被第一名骆芸同学远远甩在后面，但在强大的领跑者的带领下我也跑出了自己的最好成绩，最后两组总评我竟然获得了第三名。与优秀的同学做伴，无形中自己也会得到提升。

　　因为家离得远，我申请了住校。住校的生活也是艰苦学习之下的精彩时光吧。一个寝室八位女生各具特色。温柔的M、多才的F、娇憨的D自然就组建了一个温馨的"三口之家"，还有口若悬河、滔滔不绝的师父带出聪明伶俐、伶牙俐齿的徒儿。羡慕天天躺在床上看书就是不近视的大眼睛，一边听音乐一边能光速完成作业的倍速小能手，躺在上铺能享受来自下铺的"足底按摩"，半夜听到的梦话都是"卤代烃"，早上一起被罚跑操场，一场全寝室都在陪着一起谈的跨国恋……虽然后面我改为走读，但我的床铺一直保留，一到中午就在小伙伴掩护下回到寝室，永远都是女生寝室的一分子。快毕业的时候，我们在寝室的各个角落留下了各种合影，以纪念属于我们共同的青葱岁月。毕业后，读大学也经常串门，到她们的阶梯教室跟着一起上大课，互相写信，现在天各一方，仍有微信让我们天涯咫尺。

　　时光一晃，过去三十多年了，很多记忆都模糊了，有些老师已经离开我们，好多同学也散落在天涯，但依然还有些点滴小事让人终生难忘，还有几个最真挚的同学朋友一辈子陪伴。

一张老照片引起的回忆

刘朝纲

前两天李都老师通过微信发来一张照片，说大约是1982年春天带学生到凤凰山春游拍的，问我是否还记得。那时我们都是初1984届的班主任。说实话，那年春游的事情我是真的记不得了，但这张珍贵的照片，引起了我许多的回忆。当时我四十岁，梳着"蜡波"头，戴着变色眼镜，虽穿着蓝布制服，也算有点"超"了。20世纪80年代初，虽改革开放不久，但人们的思想已解放不少，慢慢地开始时髦起来，照片中便可以看出一些。当年教初中的教师男老师少，女老师多，这张照片就反映了这点：我当了"娘子军"的"党代表"。带初1984届是我在七中第一次当班主任，也是最后一次当班主任，以后我就去搞语文组的工作了。

照片中的人物从右到左坐着的一排，我之后的第二人是付勤宗老师，她是生物老师，比我们年长，是个心地善良、"爱管闲事"的老师，虽是科任老师，但是热心帮助班主任工作，只要有班科活动，一喊就到。第三位就是历史老师李都，当时她三十七岁，风华正茂。她是西南师范学院历史系1966届毕业的，和我同校同级不同系，直到七中我们才相识。我在初1984届一班当班主任，她在三班当班主任，我们都只当了一年。1981年高中改制，高中由两年恢复至三年，学校没有高1982届，所以她到初1984届当了一年班主任。1982年下半年为了"保高三"，初1984届三班班主任工作由余森老师接替，李都调到高1983届文科班教历史，以后又当历史教研组长。第四位是七中鼎鼎大名的黄家玥老师，她最初是音乐老师，之后是七中的专职少先队辅导员,一直到退休都担任这个职务。她仁慈善良,富有童心,把自己的一生都奉献给了少先队工作。四川许多省市领导当年在七中当学生时都是她手下的大队委、中队委。

凤凰山春游合影

后排从右到左第一位是王培慧老师,那时她刚到七中两年。说来凑巧,她的英语老师就是我的高中英语老师莫若健。她来七中时可能没满二十岁。她年轻、活泼,教我班英语,孩子们都喜欢她。当年日本电视剧正在中国热播,山口百惠家喻户晓,王培慧样子有点像她,于是学生叫她百惠老师。我去搞教研工作后,王培慧老师接替我当一班班主任。当时还发生了一点小风波。班上学生家长多是来自当时川医、川大和科分院的高级知识分子,他们觉得王老师刚毕业,怕她管理不了学生,要留住我,后来学校做了解释,说我仍然留在这个班当语文教师,协助王老师工作,家长们才放了心。我教了这个班整整三年,后来虽然没有当班主任,但是这些学生仍然跟我格外亲，不少学生毕业几十年了，有的即使出了国，还时常跟我联系。他们还在网上给我建了一个群叫"刘老师的1984届一班"，我们直到现在还有来往。王培慧老师后来在七中发展得很好，曾作为七中中美互换教师到美国任教一年。遗憾的是，她后来辞职到美国学习并留在了美国，在美国的有些学生和她还有来往。

　　站在王培慧老师后面的是教政治的胡洁兰老师，当时也是刚来学校不久的一位青年教师，高高的个子，肤白体丰。她和王培慧都是我在七中指导的青年班主任教师。胡洁兰老师在七中发展也不错，后来还成为成都市优秀青年教师，遗憾的是后来她也离开了七中，自主创业开了一家文化公司。不过这也说明改革开放过后，青年人的出路更自由更广阔了。

　　胡洁兰后面是谭得秀老师，她是四班班主任，四川大学中文系1967届毕业，和我同岁，是老庚。她比我先调到七中，为人热情，心直口快。她是我到七中后第一个熟悉的老师，大约同岁，情况差不多，所以见面就熟。她瘦瘦的，就没见她胖过。她上课时她说学生也说，课堂闹闹嚷嚷，当时叫作管不住学生，放在今天来看她这叫民主教学、快乐教学。当时提倡班主任要有"抱鸡婆"精神，教师护学生就像老鸡护小鸡，老谭就是这样的人，自己的学生个个都护着。不仅她是这样，七中的许多班主任都是这样。所以七中的学生最记得的教师往往就是班主任。

　　这里还要补充一个照片中没有出现的人——二班班主任张碧珍老师。张碧珍老师原来也是音乐教师，年纪大了就没有再教音乐，只当班主任，她是当时语文教研组长张思文的夫人，是我到七中时和我搭班的第一任班主任。那是1980年下半年，这个班是当年没有考上高中再回七中复读的学生组成的，称为"回笼班"。这些学生都是"文化大革命"时期招的当地农家子弟，好多学生都受"造反有理"影响，调皮捣蛋，不想学习。好在"文化大革命"期间我在农村教过多年书，啥子学生没有见过，山区的娃娃无论多淘气我都搞得定，会怕这几个娃娃？所以没有几天就把这些娃娃"归顺"了，不仅配合张老师顺利完成了这个班的教学任务，还奠定了我在七中教书的基础，所以才有了在1984届当班主任的资格。张碧珍老师当年已经五十多岁，她做二班班主任。我不当一班班主任后就教两个班语文，这样我又当了张老师班的科任老师。张老师也是一位非常爱学生、极其负责的老师，每天都在班上泡着，随时都能看到她的身影。她教完这个年级就退休了，但她热爱学生、认真工作的态度深深影响了我。七中的老师们就是这样一代一代地影响下去！

　　谢谢李都老师发来的这张照片，它让我想起了在七中的许多时光。我们也曾风华正茂，也有年轻时代。看这张照片，个个都面带笑容，神态自若，这是改革开放后教师重新获得解放、身心放松的模样；是教师重新被认可，有了获得感的模样；是进入七中后，有了教师幸福感的模样！

林荫街边的语文人生

黄明勇[①]

应该是20世纪80年代末的某一天,我随当时在川大读研究生的一位段姓同学不经意来到林荫街的一所学校。我问他这是什么样的学校,他也不清楚,据说还行。我随意地从铁门往里面望了一下,心想应该到这所学校来工作。我似乎于2000年上半年的某月某日就来到了成都七中教书。那时的成都七中好像没有明显的校牌,只是在林荫街边的一簇草丛里插着一个小木牌,上面写着"成都七中"字样,我才知道这就是"成都七中"。我在此开启了我的又一段语文人生。一晃二十多年过去了,虽然我先后去了几个学校,而成都七中的任教时光是我职业生涯中最长的一段。清点我的人生作业,发现我写的大量文章,包括论文、随笔、诗歌,几乎都是关于这个学校的。同时,我身上的病痛以及日渐枯槁的躯体,也似乎与这个学校有关。虽然而今著名的成都七中已不是人们过去能想象的样子,但走在日日行走的林荫街,望着校园青了黄黄了又青的银杏叶,总有一些人和事在我脑中挥之不去。

文、张、刘三位前辈和"夹磨"

成都七中是全国四所"国家级示范性普通高中样板学校"之一,学校地处林荫街,低矮的校牌被葱茏的树荫遮蔽,几乎看不到。在这里,我遇到

[①] 作者为成都七中语文教师。

的最有趣的事就是青年教师献课、赛课和"转转课"。记得我献的第一堂课就是《茅屋为秋风所破歌》。备课中，我几乎翻阅了所有能看到的杜甫以及研究杜甫的文章。上课时，备课组的老师一次次听我的先行课，反复提意见。我的指导老师文仲瑾老师要求非常严格，对于教案的细节、上课的流程、提问的方式都一一指点，听前几节先行课都板着脸。经过一番"夹磨"，我终于迎来了正式献课，不但有整个语文组的老师来听，还有来自全国各地的老师，甚至还有香港的百名校长。这就是成都七中著名的一年一届的教育研讨会，这盛况是我从未经历过的。但我一上课便进入了杜甫的精神世界，讲得十分投入。下课铃响了，文老师笑了，对青年教师近乎严苛的文老师笑了，这就是肯定。文老师虽已作古十多年，但我时时想起他。谢谢您的"夹磨"，是您让我在名校成都七中站稳了脚跟。之后，几乎年年献课，我都被评为一等奖。

对青年教师的培养称为"夹磨"，这是成都七中的发明。所谓"夹磨"就是磨课和磨性，"夹磨"的背后是深深的关爱和期待。还记得我刚来七中就被安排上高三。那年，学校以张道安老师为代表的各科老专家天天来听我的课。有一天，正值隆冬，下着雪。我起床一看天气，顿感轻松，心想：今天专家们可能不会来听我的课吧。结果一走进教室，老专家们早已整整齐齐坐在教室后排，我顿时被震惊了。那不再是压力，而是感佩和崇敬。后来，我被推举为学校语文教研组长。开始我并不在乎这个"芝麻官"。就在那年春节，按惯例退休教师都要回校共庆佳节，聚餐时老组长张道安老师带着和王正可老师跟老教师们挨个儿敬酒，他认真地介绍说："这就是我们语文组新任组长黄明勇、王正可老师。"老教师们那信任和期待的眼神，那隆重的场面，让我顿感教研组长这个职位之光荣与沉重。谢谢您，敬爱的张老师，也想告慰您在天之灵："七中语文组而今发展很好，请您放心。"

"夹磨"的过程居然也慢慢成了我享受语文教学的过程。老组长刘朝纲穆老师听我上了"转转课"《归去来兮辞》后很高兴，说我讲解陶渊明"静穆的伟大和非静穆的伟大"有深度。其实，哪怕只是堂"转转课"，我备课时也在这篇课文之外，研究了陶潜的大量作品，特别是陶潜晚年的诗作，对《归去来兮辞》做了个性化的解读。刘老师后来又让我参研省级课题"西方方法论与中学语文教学研究",他说七中的语文老师不仅要当教书匠,还要当教育家。虽然刘老师可能早已忘记了他说的话,但他的严格要求和对我的鼓励,让我从此把每堂课都当成献课,把"夹磨"当成了享受。我几乎天天上课都着正装,因为每堂课都是我的节日。

感悟:语文老师是怎么炼成的?"夹磨"。七中前辈,一代宗师,先贤遗风,让我警醒:中学语文老师不仅要当教书匠,还要当教育家。

集体备课和电视散文《邻居》

每周四上午是固定的语文集体备课时间。我们一般以备课组为单位,提前一周安排教学任务。中心发言人提前准备,人人参与讨论,分工合作,智慧碰撞,这是我经历的最真实最高效的集体教研活动。评课没有恭维,只有真诚建议;发言没有等级,只有真理辨析。我们经常为一个观点争得面红耳赤,但转瞬即言谈和欢。

我们备课组曾开展过一次"野草之旅——成都七中大型散文读写活动"。经集体讨论,学生要自拍电视散文。有人提议,既叫学生拍,那我们老师也来拍一个,大家说好。我刚刚发表了一篇散文《邻居》,孟祥君和殷志佳两位老师当晚就把它改编成剧本,第二天下午我们到郊外三圣乡的农家乐去拍外景,刘敏老师任导演,付阳老师任制片人,并和我搭档主演,黄鹏老师摄像,丁红杰老师配音,王慧老师做艺术指导,我们每个人都在剧中扮演了角色。虽然我们从未"触电",但那一招一式却颇有明星的专业范儿。我们只是开了一次集体备课会,利用一个下午就完成了一部微电影的"大制作"。给学生播放后,全场欢呼,人人感动。后来,这部微电影在成都市和四川省的新课改培训会上展映,老师们啧啧称赞。我们自制的《邻居》宣传海报还被收录在四川省政府当年上报给国务院的大事年鉴里。

集体备课很温暖。我在七中教书,最想去的地方有三个:教室、图书馆和语文组办公室。办公室很朴素,没有什么装饰,但这里的人很好,氛围温馨,没有文人相轻的忧虑。有毕业学生李玉楼在《记语文组的先生们》里写道:"黄明勇老师和他带领的语文组如窗外那壁生机盎然的爬山虎,每一位先生都是一双坚定稳健的脚,牢牢地抓紧成都七中这片土地,与学生共成长,用最沉静青翠的颜色调和喧哗艳丽的校园。"

感悟:任何人到七中都是平凡的,也是享受的。七中是一群有智慧的人在这里碰撞,用集体智慧创造七中语文人的神话,谢谢我的同事!

课题、交流与正道语文

2010年,新课改的东风终于吹到了西部成都的秋天。虽然是秋季,但那年成都七中语文组却春意盎然。那时老师们都深感中国基础教育沉疴深重,开放的成都七中语文人从20世纪90年代就着手教学改革,实施大语文教学和"3+2"拓展阅读,还开展了丰富多彩的语文课外活动;21世纪初引进西方方法论,并开展语文研究性学习。但是,研究如何让学生真正喜欢语文并提高语文教学质量,作为教研组长的我,依然任重道远。

新课改的实施,特别是国家选修课程的实施,为语文课程改革带来了机遇。我们申报并立项省市两级课题"高中语文选修课程新范式的实践与实效研究"。我领衔主持,课题组老师们非常投入,特别是殷志佳老师做了大量工作,大家阅读理论,实践课例,梳理成果。经过三年的课题研究,我们在语文核心刊物上发表论文三十多篇,被人大复印资料《高中语文教与学》全文转载五篇,课题不但顺利结题,而且被评为省市优秀课题。我们探索出的高中语文选修课教学"三四式"教学范式不但在成都七中实施,还在四川省内很多学校推行,得到了学校、同行和同学们的广泛认可。语文选修课成了最受同学们欢迎的语文课,同学们的阅读量和语文素养大获提升。2013年10月,受全国中学语文教学研究会邀请,我在第十届年会上做题为"语文也可以这样'玩'"的学术发言,介绍了我们的选修课课题成果,并倡导"玩语文"。"玩"不是娱乐,而是对语文功利教育困境的突围,是开放的语文课程观的实践。慢慢地,我的开放的"玩语文"课程观形成。

特别感谢我的导师顾之川先生。我在成都、北京、沈阳、河南、重庆等地推广课题时,都得到了尊敬的全国中语会理事长顾先生的提携和关怀。后来我又主持了一个国家级课题"高考改革背景下语文原初阅读研究",也得到了顾先生的指导和鉴定。还有姜联众、王建锋两位主编,谢谢你们的关注、引领与帮助,谢谢《语文教学通讯》给我提供了表达的平台。

感悟：做真课题和做真研究是语文老师由匠人走向名师的正道。教、学、研、交是语文老师成才的四大法宝。

未来教育家项目和教学楼

2013年某一天，学校一位同事说，成都市要评"未来教育家"，鼓励我去试试。经过一轮轮考查、讲课、面试，我终于成了成都市首批"未来教育家"培养项目二十名学员中的一员。参评的整个过程十分严格、十分公正，完全看重一个人的学术能力。

负责这个项目研修的张怡主任，是北京市西城区教师研修学院教授，我们都习惯叫她张老师。她亲切、美丽、知性、大方，不管是学习点评，还是生活小聚，她总是尽力照顾到我们每个学员。可能因为我是这些学员中唯一的一位普通教师，感觉她对我特别关注，几乎每次学员发言，她总以关切的眼神鼓励我。我们这个班的同学十分优秀，他们的视野都很开阔，思想都很深刻。记得有次在成都培训后的一次小聚，她看我频频举杯给同学和老师敬酒，十分高兴，说我现在爱说话了、敢说话了，说看到我的变化真高兴。说实话，这些年，作为一名普通的中学语文老师，不仅要完成繁重的教学任务，还要坚持从事教育科研，一路走来的确不易。我身边很多人都在想如何升官发财，但我真的不羡慕、不在乎，也不愿意。我认为现阶段我们的中学学科教学乃至整个中学教育都有功利化的迹象，如果没有人去深入思考一些问题，努力地从自己的教书育人中去改变一些现象，那未来的教育真的是"遥远的未来"。即使我如此坚定，走过三十年的教学生涯，仍然不时感到疲乏，很多时候不想说话，更不想大声说话。但很幸运，我参加了"未来教育家"学习班，遇见那么多优秀的同学，从他们身上看到了另外一个全新的自己，见了那么多博学睿智而又充满教育情怀的顶级专家，从他们身上感受到，一个教师不仅要拥有学识、才华、思想，更重要的是要拥有胸怀天下、海纳百川、慈爱他人、悲天悯人的博大情怀。

我已近五十岁了，天命可知，教育路尚远。生活的盆地看来难以走出，但思想和情怀已经沿蜀道走向了更广阔的天地。望见高山仰止的专家，我更看到了一个更加开阔的自己。

我们七中教学楼有这样几幅标语：一楼是"做一个优秀的七中人"；二楼是"以仁义礼智成修齐治平；仰不愧于天，俯不怍于地"，三楼则是"美美与共，天下大同"。最顶一层没有文字，归于普通。在参加"未来教育家"培训时，北京教育科学院的褚宏启教授告诫我们："先做最优秀的教师，最后，归于平静，做一个无为而为的淡泊宁静之人。"

感悟：阅读、思考、写作、交友、课堂、感恩、迁善是一个真正的语文老师走的正道，名利非吾所好，最高境界是平和而开放。静界即境界，举重若轻，云淡风轻。

作为一个语文教育工作者，回首来路，徜徉讲台，看清自己：黄明勇，男，已婚，育有一女，现居成都，以教语文为业。我马上就退休了，退休后再进成都七中就难了。那时，我依然可以理直气壮地行走在林荫街上，也可能会站在成都七中的校门口轻声说，我曾经在这里工作过。

致我们永不褪色的青春

王正可[1]

1990年的秋天,你们走进成都七中校园。那年你们十五六岁,我二十八岁。

穿上七中校服的你们浑身朝气,满眼憧憬,一脸青涩,那是我看到阳光映照下你们青春最美的模样。那时站上讲台没几年,青涩尚未消退的我怀着"我们看海去"的冲动和热忱,走进高1993届的语文课堂。

还记得我第一堂课的主题是"慢慢走,欣赏啊",这是阿尔卑斯山路牌上的一段话,是朱光潜先生追求的美学态度,也是我想送给你们的成长箴言。我想让语文带你们去海蓝蓝的远方遨游、冲浪。风声雨声读书声,家事国事天下事,广阔的世界和生活都是我们的语文教材,更不用说唐诗宋词中外名著更是我们必登之堂、必入之室。我希望你们以审美的姿态学习语文,学习终身受益的语文。从此,我们共同开启一段诗意与梦想的旅程。于是,有了同属于我们的三年不可更改的履历。

你们说,"见过最漂亮的七里香"是在七中,拥有"最真挚的同学朋友一辈子的陪伴"是在七中,"对未知世界探索的欲望被彻底点燃"是在七中,"塑造我们品格、个性和灵魂"的地方是在七中,"十分忙碌的十六岁,除了没有忙学习,其他都很忙"的别样校园生活也是在七中,获得"失败也能上演另一番风景"的经验还是在七中……你们说,"在这里,我们被看见,被

---

[1] 作者曾为七中语文教师,1987年2月至2017年6月在七中任教。

信任，被关怀，被尊重""我们曾拥抱文字、公式和梦想"。你们说，"如今七中学子屡登清北金榜，但比成绩更耀眼的，是当年共守的求真热望"。

林荫中街1号的往事，恰似老式放映机里流转的胶片，斑驳而弥足珍贵，怀念，感恩，你们深情满满：龚廉光老师用粉笔叩醒的物理公式，仍在某个平行时空里与文仲瑾、石家骏老师的美学和灯谜游戏翩然共舞；当番茄同学在化学课上坦然选择文科时，杨鸿吉老师眼中闪烁的，是教育者最珍贵的宽容；还有王希平老师那堂《一碗阳春面》的数学课，以及个子小能量极大的王德琼老师，慈爱如母的陈祥玉老师，渊博学者风范的范学瀚老师，名士派头的罗国富老师，日本影星一样的王培慧老师，行事利落的张军老师，教会我们认识生活的钟裕文老师，严格又亲切的曾渊馥老师，慈祥而不失担当的黄婆婆……这些细碎的记忆碎片，遥远又清晰，在你们的文字里被打磨成珍贵的琥珀，让审是迁善的墨气与少年心气交融生辉。

在成都七中充满理想的日子里，我们共同种下的不仅是知识的种子，更是对生命的热爱与对精神世界的向往。

令我欣喜的是，你们不约而同怀想着"大语文"学习。每学期一百篇练笔，结果把你们"虐"得这么神采飞扬，几十年难以忘怀。是的，那是你们想说的心里话，想写的眼中事，想记的梦中人。当贺瑛穿梭课桌间收发练笔本时，那些稚嫩文字里跃动的，是思想破土的倔强和心灵泉水的流淌。那时，没有太多习题要练，语文作业似乎只有练笔和读书笔记。阅读你们的练笔是我最喜欢的工作，也几乎占据了我在学校教学之外的全部时间。和一群看得见的有血有肉的青春文字会心交流，见证甚至参与你们辛苦又美丽的成长，能不让人喜欢和欢喜吗？每周一次的练笔交流是你们也是我最期待的时光。那是你们展示才思的舞台，也是你们关注自我、眺望远方的窗户。当你们在讲台上分享自己对生活的观察、人性的思考、理想的憧憬时，"每一张脸上都有光"。你们还忆起当时由刘朝纲老师主持的朝花文学社。是啊，在文字中成长的日子，才是最值得回味的韶华。这一切，让"写字这个事情成了毕生爱好"。

你们告诉我："2025年母校百廿华诞，重翻泛黄的'百篇练笔'本，忽忆杨振宁先生所言'物理之美'——教育的终极答案，何尝不是教会我们凝视万物之美？"

有学生说，老师你那时胆子也真大。是的，语文五节课敢用两节课来完成读和写的活动，学教材上没有的诗歌和文章，没人说你超纲。这就是我们成都七中，老师可以让你们随意写，嬉笑怒骂皆成文章，爱与哀愁也是妙词。一所好学校，可以让年轻老师随心所欲地教，而自有法度；让学生们随心所欲地学，而不逾矩。成都七中先进超前的育人理念是我们的底气，语文组"大语文"观的倡导给我们引领，老教师们和师父的指点迷津，给我鼓励和手把手传授，加之你们一点即通的心有灵犀，才有了你们回忆中有滋有味的七中语文。那些关于语文的美好，永远定格在成都七中的校园里，定格在了1993届同学们的记忆里。

曦园的树木依然挺拔，教室里的书声依旧清脆，我们的话剧会演还那么火爆，我们的校刊《朝花》已经185期，我们有了更丰富多彩的社团，我们再忙也还在阅读分享和随笔交流……这些美好的东西在七中生根，源远流长。

值此百廿华诞，特别想把你们的文字比作时光胶囊，从中触摸到时光馈赠的奇妙质感。在课堂发言的面红耳赤的少女，如今已是法庭上妙语连珠的律师；总爱在历史课走神的男孩，终在简牍堆里寻得毕生志趣……你们用半生光阴印证着：七中的语文教育，从来不在试卷的方寸之间，而在让每个灵魂都能找到属于自己的表达，共同编织出自由生长的精神摇篮，形成七中人的精神长相。

不知道谁说的，"我们不可能同时拥有青春和关于青春的感受""时光带来的礼物，总是厚重而温润"，那些藏在你们心灵深处的爱与温暖，在时光中发酵，酝酿成你们用文字搭建的光影长廊。它们不仅让青春有了可供停泊的港湾，更让教育的真谛在叙事中显影。愿这些故事永远鲜活在七中的晨昏四季里，愿七中精神如江流不息，愿每个途经七里香花廊的少年，都能在此寻得照亮生命的星光。合卷远眺，锦江水正载着七里香的花信奔向远方。

亲爱的孩子们，当年那个站在讲台上，带着满腔热忱与你们相遇的二十八岁的我，如今已是两鬓微霜。时光如水，带走了我们的青葱岁月，却带不走老师对你们的牵挂。我想对你们说：人生如同一条蜿蜒的长河，沿途有时是巍峨高山，有时是开阔平原；有时是急流险滩，有时是平静湖面。重要的是学会在匆忙中驻足，在浮躁中沉淀，在喧嚣中寻找内心的宁静。在 AI 时代，能够静下心来感受生活的温度、触摸文字的力量、聆听内心的声音，是多么难得的能力。更重要的是，我希望你们慢下来，保持独立思考的能力，唯此，才能看清世界的本质。希望你们永远做一个有见识、有良知、有个性的人。

愿你们永远年轻，永远热泪盈眶，永远激情澎湃；愿你们永远保持对生活的热爱，对美好的向往；愿你们做个幸福的人，读书运动一辈子！

让我们一起：慢慢走，欣赏啊！

杨惠老师二三事

杨俊锋[①]

我于2011年从成都实验外国语学校调到成都七中工作，那时林荫校区英语组的教研组长是杨惠老师，副组长是刘钰老师。现在，杨惠老师虽然已退休好几年，但她的人格魅力、对工作的精益求精与创新精神、对年轻人的关心爱护、对英语组队伍建设的殚精竭虑与不遗余力，依然历历在目。

杨惠老师对组上年轻人的培养不遗余力。初到七中，杨老师在给刚进校的青年教师培训时，提出了三句话的要求，"三年合格加胜任，六年骨干有特色，九年市上有名头"，我现在都还记得。有这样的明确要求，大家在日常工作中也会更有规划。杨惠老师对年轻人的发展路径也非常重视。记得有好几次中午在食堂吃饭时，杨老师问我："你觉得你最大的特长是什么？你对未来有什么规划？你希望未来朝哪个方向去发展？"当时被问到这样的问题，感觉有点蒙，但是也很感动。因为英语组的确会根据年轻年人的想法，尽量为年轻人搭建舞台，创造机会，助力成长。

杨惠老师做事情素来认真。还记得有一年的亚洲教育论坛，有一场主题活动在七中高新校区举行，由于有外宾参加主题分享活动，现场需要安排交替传译的译员。杨老师知道我之前考过口译证书，于是就推荐我去。我当时心里其实还是有些打鼓，杨老师一方面鼓励我，"要抓住机会大胆去尝试，要敢于站到舞台中央"；一方面又叮嘱我，"每次台前亮眼的呈现都离

[①] 作者为成都七中英语教师。

不开背后的精心准备。做事情，就要自己去深入研究了才有力量。做事情之前要去想你做完这件事后大家对你的印象会是什么样的，是觉得你敷衍了事，还是觉得这个年轻人做事认真，还不错"。

带着杨老师的叮嘱，我认认真真备了课，查了不少资料，也提前熟悉了相关材料，当天活动现场效果还不错。令我没想到的是，外宾在最后答谢时，专门表扬了当天的翻译。那天的活动，之后在不同场合还偶有同事提起。这件事情在工作态度上给我留下的"遗珍"就是：凡事一定不能打无准备之仗。精心的准备是对工作的尊重，是对所有参与工作的同事付出劳动的尊重，长远看也是对自己的尊重。

英语组素来有重视教研的传统，杨老师也不例外。但骨子里有着浪漫主义的杨老师往往不拘泥于形式，而是更追求效果的达成。

还记得有一年，一次集体备课的内容为"聚焦教材的英语诗歌单元"。当时大家对于英语诗歌的讲述和处理都还比较传统，更偏重知识的讲解，对如何挖掘诗歌意象的妙处，似乎没有那么多具体的方法。

杨惠老师当机立断，立马使出高招。隔天，组上就通知我们，下周的教研活动，组上邀请了在英文诗歌方面有高超造诣的四川大学外语学院博士生导师朱徽教授，为大家做"英语诗歌赏析"讲座。我们原以为这样的讲座也许就是在学校的会议室，像常规教研一样，大家正襟危坐，教授讲、我们记。不料杨老师说："诗意的讲座需要搭配诗意的环境。"于是，组上把讲座地点定在了美丽的望江公园。教研组专门跟学校办公室说明情况，为大家集体外出请假。

杨老师带着大家为活动做了精心的筹备，比如要求我用 Photoshop 软件做了海报，请广告公司喷绘出来，在学校里面张贴。杨老师说一则是邀请有兴趣的同事们一起参加；二则其实也是以一种无声的方式告诉更多的人，我们在以一种不一样的方式教研。

于是在一个水光潋滟、天色晴好的春日上午，全体英语老师高高兴兴地在望江公园一个鸟语花香的幽静角落坐了下来。那天朱徽教授给我们介绍了英文诗歌的很多知识。一晃十一年过去了，但很多细节我都记忆犹新。

朱徽教授从文学语言的分类切入，先从传统与现代、格律与自由、内容与形式等方面向老师们介绍了英文诗歌的类型，进而带领大家从语言的四个层面指称（Referential）、描述（Descriptive）、比喻（Figurative）、象征（Symbolic）层层分析诗歌文本，与大家一起从主题、题材、形式、修辞、音韵、意象、翻译手法等方面深入地探究了五首不同主题的佳作。"思想上的交流比语言的交流来得更加深刻、感人""听得到的旋律是甜美的，但听不到的更甜美"……朱教授的妙语连珠将老师们自然而然地带入了诗歌的美妙境界。

朱徽教授还让老师们现场朗读，去感受五步抑扬格韵律的美丽，感受诗歌本身的美丽。一开始老师们还有点不好意思，但是当站在春风轻拂、鸟语花香的公园中，一起分段朗诵起诗歌的时候，音韵的美、意境的美牢牢抓住了每一位老师的心。

那天，老师们充满感情地依次朗读了 *Silent Meaning*（无声的意义）、*Song of the Sky Loom*（天空织机之歌）、*Green Rain*（绿雨）、*To the Avon River Above Stratford Canada*（致加拿大的艾文河）等诗歌。当活动结束，大家说说笑笑结伴返回学校的时候，心里面都还有点依依不舍。在那天我感受到了孔子和弟子们"莫春者，春服既成，冠者五六人，童子六七人，浴乎沂，风乎舞雩，咏而归"的那种快乐。

从那个时候起，大家讲述诗歌时，除了教材本身要求的内容之外，对于诗歌题材的深度发掘便更提升了一层。

还记得有一次，在谈到为人处世的人生态度时，杨惠老师说："当老师的人，就该有一种使命感在身上。我们可能成不了参天大树，但是至少可以成为一棵'中等个子'的树，生长着可以给人带来阴凉的枝叶，在酷热时，能让人在树荫下停留片刻，感受到温柔的风。"杨惠老师是这样要求我们的，也一直是这样做的。英语组团队卓越、人人优秀，英语组的老师们个个都温柔善良、尽职尽责，想来，也跟这样的风骨与传承息息相关。

抱朴守拙　问学求精
——我在七中教化学

叶昌平[1]

我出生于1980年，是沐浴在改革开放和煦春风中的"八〇后"一员。我们这一代，自出生至成长，每一步都深刻烙印着改革开放的辉煌足迹，享受着政策红利带来的各种机遇。我是独生子女政策的首批受益者，亦是大学扩招政策的第一批受益者，这些变革为我铺设了一条宽广的人生道路。在我的人生旅途中，幸运如影随形，几次重要的机遇、几位重要人物更是点亮了我的前行之路。2003年，大学毕业的我有幸签约到了一所位于地级市市区的省重点高中，这让身边的同学纷纷投来羡慕的目光。尤为幸运的是，我工作后所在的化学教研组汇聚了众多教学名师：S老师，仅凭一支笔、一个本，便能匠心独运，命制出高品质的考试试题；W老师，作为全省最年轻的省级示范校校长，其领导才能与教育远见令我崇拜；X老师，以其幽默风趣的授课风格，成为学生心中的偶像；H老师，对每一个实验都精益求精，亲自示范，让学生直观感受化学学科的魅力；还有X老师，其任教班级的平均分始终傲视群雄，高出同层次班级十多分……这些老师，个个身怀绝技，教学技艺炉火纯青，为我树立了教学的标杆。在这样一个卓越的集体中，我勤勉耕耘了十个春秋，同时也汲取了十年的智慧与养分。前辈们的言传身教，不仅锤炼了我的教学基本功，更为我日后的教育生涯

---

[1] 作者为成都七中化学教师。

奠定了坚实的基础。对此，我满怀感激之情，正是他们无私的传授、帮助与关怀，促使了像我这样的青年教师稳步前行，我也有幸在教学上荣获市级赛课一等奖，在教育工作中被评为市级优秀德育工作者。时光荏苒，当我在教育岗位上迎来第十个年头这一重要时刻，命运再次垂青于我。通过激烈的公开招聘竞争，我有幸踏入成都七中高新校区的大门，成为学校高中化学教师队伍中的一员，这标志着我教育生涯第二个十年的崭新启航。在这里，我将续写我的教育传记，探索教育的无限可能。

困厄启思

自2013年入职成都七中以来，我曾先后任教高2013级、高2015级、高2017级、高2020级、高2023级，直至2024年，我已在这片教育沃土上深耕细作了十一载春秋。古语云："十年磨一剑，霜刃未曾试。"是利是钝我不知，但十年中我确实经历过不同寻常的磨砺。初入七中，第一学期便受校领导之深厚信任与重托，任教两个实验班并担任行政职务，这对于新入七中的我而言，既是荣耀也是挑战。我投入满腔热忱，抱以无限憧憬，以期尽快在成都七中站稳脚跟。我倾注了几乎全部的时间与精力，在行政与教学之间精心平衡，力求两全其美。可是就在第一学期的半期考试中，我任教班级的平均分落后了，随之而来的就是各种质疑。有人说"这个老师的教学进度太慢了"，有人说"用一句话就可以讲清楚的结论这个老师却要用半节课去探究"……这些声音如同迷雾般笼罩，让我一时难以自辩，心中那份对教育的美好憧憬似乎也被现实的风雨所撼动。我开始深刻反思：是专业知识的储备尚显不足？是教学方法有待革新？还是对七中独特的教学环境理解不够深入？面对困境，我选择了重新自我定位，采取寻求突破的行动。我去听每一节网班的课、去听同组老师的每一节课，试图找到成都七中课堂教学的高深要领。这大概就是我在成都七中教学的第一个阶段——为了站稳七中的讲台而努力向身边的同行学习。

回望过去，那些曾经艰难的时光，却成了塑造今日之我的宝贵财富。我并不害怕说起这些令我难堪的困厄，我们"八〇后"的大多数小时候都是吃过很多苦头的，所以我的人生经验告诉我：曾经最难的过往可能会成为以后最强的力量，困难没有把你打倒就必将使你变得更加坚强。在艰难的时期，我有幸遇到了两位对我影响深远的教学指导专家——钱明祥老师和程嘉老师，他们不仅是学术上的巨匠，更是品德上的楷模，他们用智慧和人格魅力，为我点亮了前行的道路。两位专家会经常光顾我的课堂，我也会主动邀请两位专家多来听我的课。每次进行课后交流的时候，我感受到的是来自专家真切的关心、平等的教学探讨、和蔼可亲的相处。从钱老身上我学到了对教学细节的精雕细琢，比如化学符号应该用什么字体、应该如何对齐，感受试管温度是用手心还是手背等细节。钱老的亲身示范让我对成都七中"治学严谨"的办学传统有了深刻而具体的领悟。有时我在课堂上出现的个别失误，钱老以一个老专家的资历完全可以直接指出，可是他会先去非常认真地查阅资料，然后以探讨的语气告诉我他的理解。这种谦逊的态度，实乃大家风范之体现，令人敬佩不已。程老每一次的课后点评充满了智慧与启迪，让我在教学实践中不断反思、不断进步，我也会在笔记本上整理出程老讲话的要点。我非常感激程老这份传承与分享的精神，愿意把这么多年沉淀下来的教学经验无私地分享给七中的后人。在此我也很乐意与大家分享一些我记录的要点：

试题讲评课不要就题论题，而是要挖掘试题中隐形的价值；

局限在一节课看教学进度可能很慢，但放眼三年却不一定；

课堂效率不仅要算时间成本，还要考虑学生的产出能力；

新课要给学生试错的机会，不要着急把正确的知识直接告知学生；

不要以教师的知识结构来衡量知识的难易；

一些技能不是老师说完学生就会的，需要学生过手操练。

我想对两位恩师表达我最深的敬意与感激之情。你们的悉心指导与真诚关怀，让我在教学之路上不断前行、不断成长。我也愿意将这份感激之情转化为实际行动，将你们传授给我的知识与经验继续传承下去，为培养更多优秀的学子贡献自己的力量。

砺学悟教

自踏上教师这一神圣岗位以来，我怀揣着满腔的热情与不懈的干劲，投身于教育事业的广阔天地。首个三年间，我努力汲取学校的文化底蕴，深入洞察学生的学情百态，不断试炼并精进自身的专业素养，"新"引领着我的第一个三年。转眼间，第二个三年悄然而至时，青涩已然褪去，取而代之的是淡定与从容。我深知，每一次反思都是成长的阶梯，每一份不足都是进步的契机。第一个三年留下的每一丝遗憾，都化作了推动我在第二个三年教学技艺不断改进的新动力。当第三个、第四个三年接踵而至，我开始深刻反思：新的内核动力又该是什么呢？正是这份对自我超越的不懈追求，促使我在职业生涯的第十二年，即进入成都七中任教的第二年，选择了进入专业阅读与专业交往的新阶段。我广泛涉猎教育理论的前沿动态、教学方法的创新实践、专业知识的精深探索乃至科学史籍中的广博智慧，这些阅读不仅让我深刻体会到教师职业所承载的崇高使命，更见证了知识间的相互滋养、学科意义与本质逐步显现的美妙过程。同时，我积极寻求与学科课程专家、全国知名化学教师的专业对话，他们不仅是我专业成长的引路人，更是精神世界的灯塔。王磊教授、郑长龙教授、任学宝主任、江敏老师、罗滨校长、陈进前老师、保志明老师、支瑶老师、白建娥老师等化学教育领域的大家，让我领略到了大师级精神风貌的高贵、言谈举止中的深邃智慧，以及教学艺术中那令人叹为观止的精湛技艺。这些经历大概构成了我在成都七中教学生涯的第二阶段——一个以高强度输入驱动输出的时期。

每一次认识的突破都是一次关键的成长。认识的突破可能发生在日常教学的点滴中，也可能发生在沉静时的自我对话当中，又或是阅读、学习过程某句话的触动中。刚参加工作时，阅读的主要方向是补偿性阅读，备课过程中遇到疑点时查一查大学教材，进行某一章节的备课时在网络上搜罗一些课例看看，或是读一读化学教学相关的期刊。这个阶段通过阅读虽然弥补了一些专业知识上的缺漏，但反观自照，这样阅读获得的知识太过于碎片化，只是在被动吸收一些别人二次加工的成果，并没有体会到知识的原味，不利于主动生成自己的经验和体会。就像是在电视上看风景，虽然也很美，却少了那份亲自攀登、触摸现实的激动与满足。

在中国科学院跨年科学演讲中，曹则贤老师提到"文献的层次决定你知识的层次",这句话不仅是对学术追求的一种深刻洞察,更是对我个人阅读习惯的深刻启迪,为我指引了阅读的新方向。文献作为知识的载体,具有天然的层次性。这种层次性可能体现在内容的深度、广度、专业性、创新性以及发表平台的权威性等方面。选择阅读的文献层次也反映了我们当前的知识水平和认知能力,所以勇于挑战更高层次的文献,可以不断拓展自己的知识边界和认知能力。我把这种高层次文献的阅读称为学术性阅读,为了获取阅读材料,我开通了个人知网账号,并从超星数字图书馆下载了不同版本、不同时期的大学化学教材,另外购买了全套最新版本的大学教材。我采取分模块对比学习的方式重学了大学专业知识,通过这样的学习加深了对知识本体的本原性认识,增强了知识间的关联性认识,提升了知识的结构化程度。

在新冠疫情的特殊时期,线下教研活动的空间受到了前所未有的限制,这一挑战却意外地催生了网络教研这一新兴且充满活力的模式。互联网上随之涌现出海量的高质量网络教研资源,犹如璀璨星辰,照亮了众多教师自我提升与学习的道路。以我个人为例,2022年,我的网络教研学习时长共计三百三十九小时,观看网络学术报告一百四十九场,观摩网络研究课一百节。这些学习激发了我的深度思考:网络上这些精彩的报告、名师优课是如何产生的?我要如何才能设计出这样的优质课例?我要如何才能成为这样的老师?江敏前辈的一句话似乎给了我一个很好的解答:别人的课始终是别人的课,自己的课一定是基于自己的阅读经历和文化底蕴。那么什么样的阅读能促进形成自己的教学风格呢?我认为是研究性阅读。我的研究性阅读是从读有关费曼的书开始的,如《发现的乐趣》《费曼物理学讲义》《费曼学习法》等。费曼不仅是一位才华横溢的物理学家,也是一位优秀风趣的大学老师。费曼以其机智和幽默著称,他的课堂教学生动有趣,经常将复杂的物理概念以简单易懂的方式呈现出来;他对世界充满好奇,研究兴趣非常广泛,喜欢观察生活中最普通的自然现象,并试图找出其中的科学原理;他的批判性思考也给了我很多的启发。书中的费曼几乎改变了我的认知方式,在深入研读有关费曼的书籍后,我深受其思想启迪,我的教学观念经历了深刻的转变,进而确立了一种全新的教学追求——有理、有趣、有味的教学。"学然后知不足，教然后知困"。随后的阅读中，我还涉猎了化学史、科学史、哲学方面的书籍，以期不断丰富自身的学识底蕴与思想深度。

躬耕乐道

一位我非常崇拜的前辈多年前赠予我十二个字："学习理解，应用实践，迁移创新。"学习的目的是教学实践，学习输入与实践输出相互依存、相互促进，长期的输入与输出会产生循环提升的效果。"转转课"是成都七中的传统教学活动，即每学期每一位教师须在本备课组内上一节公开课，全备课组的其他成员均须到场听课。这个活动的好处很多：促进教师之间教学经验共享和碰撞，提升授课教师教学水平和教学质量，增强团队协作的能力和凝聚力，增强学生的学习体验等。2017年我拟订了一项教学行动计划：以"转转课"为载体，"一期磨好一节课，一期磨一节好课"。至今这一行动我已坚持八年，共计磨课十四次，形成好课十四节。如基于证据推理的"化学键"、以科学的视角看化学"开学第一课"、基于大观念建构的"合成氨工业的挑战与启迪"、认识真实历史事件中的科学之"原子结构"、一个物理量的产生过程之"物质的量及其单位——摩尔"、原理性知识本原性探索促创造性思维培养之"原电池原理"等课程。磨课过程中，对每一点不足的修正都是一个充满挑战与蜕变的过程，对每一个细节的推敲都是一场深度的自我更新，对每一个问题的精准打磨都是对完美教学的不懈追求。于我而言，磨课收获的不仅是一堂课，更重要的是一种教学自觉的坚持和教学敏锐度的提升。

作为教师，教学日常中经常会有一些心得、感悟、教学得失、课例反思、试题研究、学习思考等，这些素材既是往后教学的重要参考，也是教师个人专业成长的重要基石。我发现在自己的专业圈子当中有不少同行以推文的形式记录并分享他们的教学智慧与心路历程，2021年，我也鼓起勇气申请开通了微信公众号"启迪化学"。其实当时不管是对于写作内容的公开发布还是自己的写作水平，我都很没有底气。当时我的想法是不管写的推文有多少人看，至少这种公开发布的方式会促使我去写，只有去写才会触发更多、更加深入的思考与探索。一开始写推文我有非常强的焦虑感，不知道该写什么，怕自己写不好，担心花费太多的时间，后来我逐渐领悟到，真诚与真实才是连接读者与作者最坚实的桥梁。我开始勇于展现自己的真实想法与真实水平，享受每一次思考与表达。"启迪化学"微信公众号是我的一块"精神自留地"，在这里我能感受到内在自我成长的强烈愿望。这就是我在成都七中教学生涯的第三个阶段——以热情和投入追求化学教育的新境界。

最后，我认为教师应该是一个理想主义者：始终保有超越现实的愿景，坚信在不远的前方是一个美好的未来；积极反思现状，勇于探索未知，敢于创新，积极尝试新教育理念、新技术、新方法；以积极的态度看待学生，相信每个学生的无限潜力和可能性；不被眼前短期的分数利益蒙蔽，以长远的目光看待学生的发展，陪学生播下精神和智慧的种子。

跋

百廿薪火　弦歌不辍
——致七中的过去、现在与未来

成都七中党委副书记、校长　张　翼

岁月如诗，墨池流淌着百廿光阴的倒影；师道如光，曦园沉淀着代代师生的跫音。当《最忆是七中》的最后一页轻轻合上，那些关于成长、传承与追问的回响，仍在字里行间萦绕不散。成都七中的故事，从来不是简单的追忆，而是一场跨越时空的对话——是前辈与后生的共鸣，是传统与创新的激荡，更是老师与学生共同谱写的生命乐章。

一、根与魂：百年积淀中的文化密码

七中的历史，是川蜀教育史的一个缩影。从墨池书院到芙蓉书院的文脉绵延，从青龙街到林荫街、盛安街的时空跨越，七中始终以"审是迁善，模范群伦"为精神底色。一代代七中人筚路蓝缕、锐意革新，一代代七中人用行动诠释着"何以七中"的答案：教育之根，在于对真理的敬畏；学校之魂，在于对理想的坚守。

书中那些老教研组长的群像——谢晋超的先锋探索、龚廉光的严谨治学、张道安的润物无声等，无一不是七中精神的具象化。他们如古树虬枝，以学术为根须，以育人为枝叶，在岁月中织就一片教育的绿荫。正如刘朝纲老师所言："七中的教育教学传统，是靠这些教研组长们一代代传下去

的。"这种传承，不仅是知识的接力，更是文化的共生。

二、人与情：师生共生的教育诗篇

教育最动人的力量，往往藏匿于平凡的细节中。唐清文校友笔下的解校长寒冬动员，是师者热忱的缩影；陈睿校友记忆中的编程课堂，是自由探索的启蒙；邱意扉校友回望平凡岁月时的坦然，是七中包容文化的见证。在这里，教育从不是单向的灌输，而是师生心灵的共振。

王正可老师的"百号练笔"，让文字成为青春的镜像；钟裕文老师的辩证寓言，让哲学照进现实的生活；李萍老师对"学渣"的鼓励，让尊严超越分数的桎梏。七中的课堂，是知识与人格的双重锻造场。当李治德校友家族四代人从七中走向世界，当"火闪娘娘"校服成为代际记忆的符号，当《校歌的故事》被代代传诵，教育的意义早已超越了知识，化作血脉中的精神基因。

书中那些啼笑皆非的青春片段——翻墙买烤鸡的学农时光、接力赛的狼狈坚持——教育的密码或许就藏在那些被粉笔灰覆盖的窘迫时刻，藏在接力棒脱手时依然向前的集体呐喊里。它不是课堂里庄严的训诫，而是让年轻的生命在笑泪交织中明白：所谓成长，不过是学会与不完美共舞，在烟火人间里找到属于自己的生命韵律。

三、破与立：面向未来的教育叩问

"何以七中，七中何为？"刘国璋前辈的发问，是历史的回响，更是未来的指南。百廿七中，从不沉湎于过往的荣光。当杨璐涵持基因剪刀探索生命奥秘，当王小川用搜狗连接汉字与数字文明，当阿鲲以音符震撼世界，七中人用行动回答：以天下为己任，做时代向上、向善的力量。

易国栋书记在书中对"哪吒精神"的呼唤，恰是七中自我革新的隐喻。如哪吒抛却肉身、重塑莲身一般，七中在智能时代主动打破经验的窠臼：从"不当教书匠，要做教育家"到"三体"教育理念的实践；从全日制远程直播教学的普惠探索到国际课程的视野拓展；七中始终以先锋姿态，回应时代的叩问。

然而，革新从未背离初心。当马宁校友在诗中将教育比作"细水长流的浸润"，当卜钢校友笔下排球少年们的友谊跨越三十载光阴，当田敏校友的练笔本成为"写给时间的家书"，我们恍然发现，七中的变与不变，本质是"人"的命题——变的是方法，不变的是对"完整的人"的成全；变的是形式，不变的是对"真善美"的信仰。

四、光与路：教育星火的永恒奔赴

百廿七中，恰如一棵巨树，枝叶伸向天空，根须深扎大地。它的繁茂，不仅因枝干的坚实，更因每一片叶子的独特光芒。那些走出校门的学子都在各自的轨迹上诠释着七中的精神内核：志存高远，气定神闲；力戒浮躁，极反媚俗。七中的教育使命，正是让每个学子在"曦园的沉静光芒"中，看清自己的热爱与责任。

结语：写给未来的七中

百廿华诞，既是里程碑，更是新起点。处在人工智能和加快建设教育强国的新时代，七中需要继续回答"何为"之问：如何让科技与人文共舞？如何丰富"以人文滋养、个性成长、理想信念为拔尖创新人才早期培养铸魂"的育人价值追求？如何在践行"三体"教育思想中实现"全球视野，中国脊梁"的培养目标？答案或许藏于历史，更需向未来探寻。

愿七中永远如少年——信念永恒，光彩依然；愿七中永远如七里香——不争春色，却赠人间芬芳；愿每个七中人在"审是迁善，模范群伦"的路上，成为照亮彼此的光。

此去星辰大海，归来仍是少年。